普通高等教育“十三五”规划教材·公共基础课系列

赢在校园

大学生创新创业实用教程

YING ZAI XIAOYUAN
DAXUESHENG CHUANGXIN CHUANGYE
SHIYONG JIAOCHENG

主　编　傅　赟
副主编　许　菁　杨　蕾
　　　　张　杨
主　审　罗映光

重庆大学出版社

图书在版编目（CIP）数据

赢在校园：大学生创新创业实用教程/傅赟主编. -- 重庆：重庆大学出版社, 2020.9

ISBN 978-7-5689-2452-8

Ⅰ.①赢… Ⅱ.①傅… Ⅲ.①大学生－创业－高等学校－教材 Ⅳ.①G647.38

中国版本图书馆CIP数据核字（2020）第185387号

赢在校园——大学生创新创业实用教程

主　编　傅　赟

责任编辑：关德强　　版式设计：关德强

责任校对：万清菊　　责任印制：邱　瑶

*

重庆大学出版社出版发行

出版人：饶帮华

社址：重庆市沙坪坝区大学城西路21号

邮编：401331

电话：（023）88617190　88617185（中小学）

传真：（023）88617186　88617166

网址：http://www.cqup.com.cn

邮箱：fxk@cqup.com.cn（营销中心）

全国新华书店经销

重庆升光电力印务有限公司印刷

*

开本：787mm×1092mm　1/16　印张：18.25　字数：289千

2020年10月第1版　2020年10月第1次印刷

ISBN 978-7-5689-2452-8　定价：48.00元

PREFACE / 前言

创业者，一直是头顶着各种光环、万众瞩目的焦点。各种新闻报道中，总是少不了马云、马化腾等大公司CEO的身影。这些都让企业家成为人们向往的职业。然而在光鲜的背后是什么呢？据统计，中国每年有超过100万家企业倒闭，平均每分钟有2家企业倒闭，能存活到5年以上的企业不足7%，存活到10年以上的企业不足2%。创业者在光鲜的背后又背负着什么呢？

三百六十行，行行不容易。

董明珠做客央视财经节目时表示，在疫情的影响下，2020年二、三月格力空调销售量几乎为零。面对危局，65岁的董明珠选择直播带货，与网红们同台竞争；浙江杭州，疫情期间员工无法到岗，为了准时将货物送到客户手中，快递网点的老板一人干16人的活，7天派出了4 000个包裹，员工不够，老板来凑。无论突发的意外也好，初创的艰辛也罢，面对企业经营过程中无处不在的困难和挑战，能否让创业精神支撑企业渡过风浪才是真正事关企业存亡的大事。

创业的模样，由你决定。

创业不是一种职业，而是一种能力。能够在逆境中寻找机会的能力，能够整合资源的能力，团队合作的能力，创新能力。每一种能力的养成，都将是你未来在职场从容不迫的资本。

如果你想创业，有一句我很喜欢的话送给你："不是那些安于舒适生活的人推动人类社会进步，而是那些冒险的人。不被嘲笑的梦想是不值得去实现的。"创业应该是一个你真正热爱的事情，甚至应该有一个梦想为之努力，而不是只为了去当一个老板。抓住机会，努力拼搏，你就是这个时代的骄子。

随着我国产业结构的不断调整，市场竞争日趋激烈，大学生的就业压力越发突出。尽管大部分人都知晓创新的重要性，但是对创新的关键所在存在较大的认知差异。创新才有机会。创业不仅可以创造更多的就业机会，而且还可以加速科技成果的转化，对促进经济发展与社会和谐稳定具有积极的作用。

加强大学生创新教育，强化大学生创业素质培养，提高大学生自主创业竞争力，使他们尽快顺利地走上就业岗位，更好地为我国经济建设服务，这既是大学生创新创业、立足人生发展的战略选择，也是出版本书的真正目的和意义。

本书严格按照教育部关于"加强国民素质教育"的要求，结合大学生群体的实际特点帮助大学生了解和掌握创新创业的相关知识和操作规律，提高大学生的创新意识和创业能力。本书以创新创业素养培养为主线，紧密结合大学生创新创业的新形势和新特点，依照创新创业教育活动的基本过程和规律，从激发创新意识开始，梳理创新思维、创新技法、创新能力等创业者的必备素质，逐步延伸到创业精神、创业机会识别、商业模式开发、创业团队组建、创业资源整合等知识点，最终使读者具备创办并管理新企业的基本能力。

由于本书融入了最新的教学理念，力求严谨，注重与时俱进，具有知识新颖、内容丰富、贴近实际、注重素质培养和创新能力提升等特点，因此本书既可以作为普通高等院校、大学生创新创业教育的教材，也可以作为大学生创新创业的指导手册，还可以为广大有志于创业的青年提供有益的参考和借鉴。

本书编写过程中，我们参阅了大量有关大学生创新创业教育等方面的最新文献，引用了国家和教育部历年颁布实施的国民素质教育与大学生创新创业就业相关的法律法规和政策要求，并得到有关专家的具体指导，在此一并致谢。因作者水平有限，书中难免存在疏漏和不足之处，故恳请同行和读者批评指正。

编　者

2020 年 5 月

CONTENTS / 目录

第十章 新企业的开办

第十一章 新创企业的管理

第一部分

创新

第一章　激发创新意识

创新是一个民族的灵魂，是一个国家兴旺发达的不竭动力。在建设创新型国家的总体战略部署下，大学生培养创新能力既是实施科教兴国和建设创新型国家的必然要求，也是提高大学生自身综合素质的重要途径。

第一节　创新原理

一、相关概念

（一）创新

创新是指人类为了满足自身的需求，不断拓展对客观世界及其自身的认知与行为，从而产生有价值的新思想、新举措、新事物的实践活动。

（二）创新能力

创新能力是运用知识和理论，在科学、艺术、技术和各种实践活动中不断提供具有各种价值的新思想、新理论、新方法和新发明的能力。它是个人在完成以原有知识、经验为基础的创建新事物活动过程中所表现出来的潜在的心理品质。也可以理解为，创新能力就是一个人（或群体）通过创新活动、创新行为而获得创新成果的能力，是一个人在创新活动中所具有的提出问题、分析问题和解决问题三种能力的总和。

（三）发现

发现是指人们对客观存在的事物及其规律的认识有了新突破、新进展，并且获得的新认识与事物自身原有的状况、性质及其规律相符。也就是说，发现的内容是客观世界的存在和天然性成果的正确表述。

（四）发明

发明是指人们获得的人为性的创造成果。发明成果并非天然存在，而是在发现的基础上，通过人们的创新能力直接作用于相关物质和信息的产物。

（五）创造

创造是指个体或群体基于一定的目标（或任务）开展的、运用一切已知的条件（或信息）产生出新颖并有价值的成果的认知行为和活动的过程。然而，当某个创新活动所产生的创新成果并不具有新颖性，却依然具有价值时，则称其为再造或模仿。

二、创新的内涵

从广义上来讲，创新是指人类为了满足自身的需要，不断拓展对客观世界及其自身的认知与行为的过程和结果的活动。具体地讲，创新是指人为了达到一定的目的，遵循事物发展的规律，对事物的整体或其中的某些部分进行变革，从而使其得以更新与发展的活动。

创新作为一种理论，形成于 20 世纪初。1912 年，美国哈佛大学教授熊彼特第一次把创新概念引入经济领域。熊彼特认为，创新就是要“建立一种新的生产函数”，把一种从来没有的关于生产要素和生产条件的“新组合”引进生产体系中去，以实现对生产要素或生产条件的“新组合”。他认为，“创新”是资本主义经济增长和发展的动力，没有“创新”就没有资本主义的发展。

三、创新的特征

创新的特征：问题性、突破性、新颖性、继承性、发展性。

问题性是指创新的起点在于问题的提出。爱因斯坦说过，提出一个问题往往比解决一个问题更重要。因为解决一个问题也许仅仅是一个数学上或实验上的技能而已，而提出一个问题则需要想象力，这也标志着科学的真正进步。

突破性意味着创新的关键在于突破。要创新，就要突破常规戒律，突破固有的习惯，突破条条框框，突破已有经验，突破过去的思维定式。创新就是对传统的变革。

新颖性表明创新的本质在于新颖。创新的意义在于“出新”，新是创新的本质，是创新的价值所在。所有创新都必须在创新思维的作用下，用新的思路、新的方法去解决问题，从而获得新的理论、新的技术、新的设计、新的方案、新的产品。

继承性则说明创新的基础在于继承。牛顿说，如果说我比别人看得远的话，那是因为我站在了巨人的肩膀上。这就很好地说明了新与旧的关系，无旧便无新。新是在旧的基础上发展变化而来的。所以，继承是一切创新的基础，只有在继承的基础上创新，才是科学的。

发展性意味着创新的目的在于发展。创新的目的性很明确，就是要看是否有利于自然界的发展，有利于社会的发展，有利于人类的发展。

四、创新的原则

创新原则是开展创新活动所依据的法则和判断创新构思所凭借的标准，概括起来，主要包括以下五点。

（一）科学原理原则

创新不得违反科学规律，在进行创新构思时，要注意以下几点：首先，应进行科学原理相容性检查。与科学原理是否相容，是检查创新设想有无生命力的基本标准。其次，还必须进行技术方法可行性检查。如果设想所需要的条件超过现有技术方法可行性范围，则该设想在目前还只能是一种空想。最后，新设想的功能体系是否合理，关系到该设想是否具有推广和应用的价值，因此，必须对其合理性进行检查。

（二）相对较优原则

创新不可盲目追求最优、最佳、最美、最先进。许多创新设想各有千秋，需要按相对较优的原则，对设想进行判断选择。首先，可从创新技术先进性上比较，看谁领先和超前；其次，从创新经济合理性上比较，看谁合理和节省；最后，从创新整体效果性上比较，看谁全面和优秀。

（三）机理简单原则

在现有科学水平和技术条件下，如不限制实现创新方式和手段的复杂性，所付出的代价可能远远超出合理程度，使创新的设想或结果毫无使用价值。因此，在创新的过程中，要从新事物所依据的原理是否重叠，是否超出应有范围；所拥有的结构是否复杂，是否超出应有程度；所具备的功能是否冗余，是否超出应有数量等方面进行检查，始终贯彻机理简单原则。

（四）构思独特原则

兵法中一直强调“出奇制胜”，所谓“出奇”，就是“思维超常”和“构思独特”，创新贵在独特，也需要独特。在创新活动中，往往要从创新构思的新颖性、开创性和特色性几个角度进行系统的检查和思考。

（五）不轻易否定，不简单比较原则

不轻易否定，不简单比较原则是指在分析评判各种创新方案时应注意避免轻易否定的倾向。创新的广泛性和普遍性都源于创新具有的相容性。我们应在尽量避免盲目地、过高地估计自己的设想的同时，也要注意珍惜别人的创意和构想。简单的否定与批评是容易的，难得的却是闪烁着希望的创新构想。

五、创新与创业

（一）创新是创业的动力和源泉

创新是创业的动力和源泉，是创业的本质。创业通过创新拓宽商业视野，获取市场机遇，整合独特资源，推进企业成长。创新能力是最重要的创业资本，创业者在创业过程中需要具有持续旺盛的创新精神、创新意识，需要独特、活跃、科学的思维方式，这样才可能产生富有创意的想法或方案，才可能不断寻求新的思路、新的方法、新的模式、新的出路，最终获得创业成功。

（二）创新的价值常常体现于创业

创新的价值就在于将潜在的知识、技术和市场机会转化为现实生产力，实现社会财富增长，造福人类社会。通过创业实现创新成果的商品化和产业化，将创新的价值转化为具体、现实的社会财富。创业者必须具有能发现潜在商业机会并敢于冒险的特质，科技创新成果也必须经由创业者推向市场，使其潜在价值市场化，使创新成果转化为现实生产力。

（三）创业的本质是创新

创业应该是具有创业精神的个体与有价值的商业机会的结合，是开创新的事

业，其本质在于把握机会、创造性地整合资源、创新和超前行动。创新包括技术创新、制度创新和管理创新。对于创业者及其所创建的企业来说，创新就是将新的理念和设想通过新产品、新流程、新市场需求以及新的服务方式有效地融入市场中，进而创造新的价值和财富的过程。

(四) 创业推动并深化创新

创业可以推动新发明、新产品或新服务的不断涌现，创造出新的市场需求，从而进一步推动和深化科技创新，提高企业或是整个国家的创新能力，推动经济增长。创业的关键在于创新，创新是创业的源泉，持续创新必然推动和成就创业。创新和创业相辅相成，二者的动态融合以及相互影响对于创业成功和企业成长至关重要。创业和创新的融合是一个动态整合、集成与优化的过程，这一过程中，创新精神、创业能力和市场意识始终是创业成功和企业持续成长的内在动力。

第二节　创新精神

一、创新必备的心理素质

创新应具备的心理素质是多方面的，但最主要的是积极的人生态度，这是从世界观的高度看问题；肯定的自我意识，这是创新的先决条件；较高的动机水平，这是创新的强劲动力；创造性的认知风格，这是创新的人格特质；积极的情绪状态，这是创新的心理环境。

二、创新知识结构

任何创新活动都离不开知识基础，创新知识结构则是创新活动赖以成功的基础。但是有知识并不意味着一定会有创新，因而培育有利于创新的知识结构至关重要。

(一) 知识与创新的辩证关系

人的创造力的大小并不完全以读书多少为标准，知识的积累与知识的创新有着不同的规律。一般来讲，知识渊博的人，创造性智能发展程度相对较高。但是，知识基础并不绝对等同于创造性智能。创新离不开以往的知识，创新更要突破以往的知识。

（二）创新知识结构模式

不同的领域、不同的专业，要求建立不同模式的创新知识结构。这里的创新知识结构，是指人类知识在创新型人才头脑中的比例、内容、相互联系以及由此而形成的整体的功能。

1. 塔式结构

它有利于把知识集中到一点，突破主攻目标，取得卓越成效；有利于迅速接近科学前沿。这是科技专业人才目前普遍采用的一种知识结构模型。

2.T 形结构

T 形结构中的"一"表示知识的宽广度，它包括与本专业相关的各种基础知识以及与所学专业相邻、相关的知识。这些知识有利于开阔视野，获得创新启迪。T 形结构中的"I"表示对本专业掌握的知识深度，它要求纵向精深，并要求不断追踪本专业前沿的最新动态和最新成果。

3. 网络式结构

网络式结构以自己的专业知识为核心，把其他相关的知识作为网络的各个组成部分，相互联结成一个适应性较大，能够在较大范围内左右驰骋的知识结构。网络式结构对于管理人才比较适宜。

4. 飞机型结构

飞机型结构由三部分组成。机头部分是宏观理论，起主导作用；机尾部分是微观理论，起平衡作用；机身部分是微观与宏观理论同实践结合的经验，起稳固作用。

5. 帷幕型结构

其结构如舞台的帷幕。企业各类人员大致需要具备六方面的知识，包括技术、管理、财政、商业、会计、安全等。由于工作岗位不同，职责范围不同，所具备的知识比重也不同。越在基层，需要硬科学的比例越大；越在高层，需要软科学的比例越大。

上述五种知识结构模式尽管有知识组合上的差异，但从系统论的视角看，它们都要求知识的整体相关性、层次性、动态开放性与服务于特定专业、特定课题的创新目的性。这也就是创新知识结构的基本特征与基本要求。

三、创新精神

（一）创新精神的意义

创新精神是指综合运用已有的知识、信息、技能和方法，提出新方法、新观点的思维能力和进行发明创造、求变革新的意志、信心、勇气和智慧。创新精神是一个国家和民族发展的不竭动力，也是一个现代人应该具有的重要素质。创新精神属于科学精神和科学思想范畴，是进行创新活动必须具备的心理特征。它包括创新意识、创新兴趣、创新胆量、创新决心以及相关的思维活动。

创新精神是一种勇于抛弃旧思想、旧事物，创立新思想、新事物的精神。例如，不满足已有认识，不断追求新知；不满足现有的生活生产方式、方法、工具、材料、物品，根据实际需要或新的情况，不断运用创新精神进行改革和革新；不墨守成规，敢于打破原有框框，探索新的规律、新的方法；不迷信书本、权威，敢于根据事实和自己的思考，向书本和权威质疑；不盲目效仿别人的想法、说法和做法，坚持独立思考，说自己的话、走自己的路；不喜欢一般化，追求新颖、独特、另辟蹊径、与众不同；不呆板、僵化，灵活地运用已有知识和能力解决问题等，这些都是创新精神的具体表现。

创新精神是科学精神的一个方面，与其他方面的科学精神不是矛盾的，而是统一的。例如，创新精神以摒弃旧事物、旧思想，创立新事物、新思想为特征。同时，创新精神又要以遵循客观规律为前提，只有当创新精神符合客观需要和客观规律时，才能顺利地转化为创新成果，成为促进自然和社会发展的动力；创新精神提倡新颖、独特，又受到一定的道德观、价值观、审美观的制约；创新精神提倡独立思考，不人云亦云，但并不是不倾听别人的意见、固执己见，而是要团结合作、相互交流；创新精神提倡胆大，不怕犯错误，毕竟出现错误认知是科学探究过程中不可避免的；创新精神提倡不迷信书本、权威，并不反对学习前人经验，因为任何创新都是在前人成就的基础上进行的；创新精神提倡大胆质疑，而质疑要有事实和思考的根据，并不是毫无根据地怀疑一切。

创新精神是创新的活力动能。实践证明，只有解放思想，实事求是，与时俱进，尊重人的自由探索，尊重人的首创精神，才能提出新见解，开拓新领域，创造新事物。创新能力必须凭借创新精神进行牵引拉动。

（二）创新精神的内容

通过上述分析，创新精神可以概括为以下九个内容。

1. 开拓精神

开拓精神就是追求卓越、争先创优地开拓进取精神。最能够遏制团队创新的是随遇而安的悠闲心态和不思进取的苟且作风。一个无所作为的消极团队或个人，是难以萌生创新动力的。有进取心才有创新欲，有开拓力才有创新力。创新属于永不停滞、自强不息、开拓未来的团队和个人。

2. 开放精神

开放精神就是面向世界、放眼天下的开放包容精神。只有从封闭狭隘的小天地中走出来，以博大的胸怀、开阔的视野、高远的境界，站在世界的、时代的、行业的前端，才能够看到山外之山、天外之天，才能够感受到波澜壮阔的时代创新潮流，才能够涌动起汹涌澎湃的创新浪潮。开放精神收获的不仅是满眼新鲜的向往，更主要的是扩展出包容通达的接纳追赶的创新动力和方向。

3. 科学精神

科学精神就是实事求是、严谨缜密的科学至上精神。创新精神的实质是科学精神，即不急功近利、急于求成，必须尊重规律、求真务实。尊重科学，就要在实施创新中尊重实际、尊重规律。创新必须从客观实际出发，坚决规避好高骛远甚至故弄玄虚。创新是为了效益效率，绝不能出于猎奇，只求新奇。创新特别要遵循科学规律，绝不可盲目冒进、盲干、蛮干。

4. 学习精神

学习精神就是广闻博学、深钻细研的虚心好学精神。不学无术、自以为是的创新，是对工作的毁灭性打击。只有在知识的海洋中遨游之后，才能到达创新的彼岸；只有经过学术探索的艰苦历程，才能实现创新成功。

5. 改革精神

改革精神就是求新求异、革故鼎新的改革首创精神。我们必须反对僵化保守，崇尚理性质疑，鼓励好奇心，敢于否定落后陈旧，勇于打破常规旧制。创新是对新事物的肯定。我们不仅要敢于改革创新，还要善于改革创新。创新的改革不是简单武断地否定一切，而是在传承的基础上的扬弃、创造。

6. 冒险精神

冒险精神就是敢担责任、不怕挫折的冒险精神。创新的抉择要慎重，论证考量要谨慎。但是，任何创新都不可能百分之百成功，许多创新都要承担风险，都有挫折乃至失败的可能。我们要力争拥有足够的创新成功的把握，但是不能犹犹豫豫、畏首畏尾、患得患失。迟疑可能会贻误最佳时机，果断勇敢就要敢负责任、敢于担当，当然也要把风险控制在可以承受的范围。

7. 执着精神

执着精神就是持续坚毅、持之以恒的执着追求精神。创新很难速战速决、一蹴而就、快速成功。

8. 团队精神

团队精神就是集思广益、通力协作的团队攻关精神。团队创新需要领军人物，需要由出类拔萃的人率领，同时更需要团队的集体智慧、优势互补。孤掌难鸣，孤雁难飞，再优秀的人，也离不开团队的协力共进。创新的攻关越艰难，越需要诚心默契的合作。从某种意义上看，团队创新成果是集体智慧、心血、汗水的结晶，是团队合作的果实。

9. 奉献精神

奉献精神就是不计名利，以事业为重的甘于奉献的精神。创新劳动是创造性的劳动，是成就事业的创举。创新的目的肯定具有功利性，但是创新本身不能把创新者的名誉、利益看得很重，而要出于对事业、集体的忠诚奉献和对创新事业的追求。创新的过程是智慧才华的展示过程，是人生价值的实现过程，也是造就创新型人才的实践过程。没有奉献，会极大地淡化这个过程的宝贵价值。在这个过程中培育的奉献精神，可以使创新力增添神圣的精神力量。

（三）创新精神的培养

创新精神的培养，关键在于对学习或研究的事物有好奇心、怀疑态度、追求创新的欲望、求异的观念、冒险精神以及永不自满。

1. 要有好奇心

牛顿少年时期就有很强的好奇心，他常常在夜晚仰望天上的星星和月亮。星星和月亮为什么挂在天上？星星和月亮都在天空运转着，它们为什么不相撞呢？这些疑问激发了他的探索欲望。能提出问题，说明在思考问题。在学习过程中，自己如果提不出问题，那才是最大的问题。好奇心包含着强烈的求知欲和追根究底的探索精神。想在茫茫学海获取成功，就必须有强烈的好奇心。

2. 要有怀疑态度

不要认为被人验证过的都是真理。许多科学家对旧知识的扬弃、对谬误的否定，无不从怀疑开始。伽利略始于对亚里士多德“物体依本身的轻重而下落有快有慢”的怀疑，发现了自由落体定律。怀疑是发自内在的创造潜能，它激发人们去钻研、去探索。事物在不断地变化，有些知识现在适用，将来不一定适用。对待我们所学习或研究的事物，我们应做到：不要迷信权威，应大胆地怀疑。

3. 要有追求创新的欲望

如果没有强烈追求创新的欲望，那么，无论怎样谦虚和好学，最终都是模仿和抄袭，只能在前人划定的圈子里周旋。要创新，我们就要坚持不懈地努力，勇敢地面对困难，要有克服困难的决心，不要怕失败，应相信：失败乃成功之母。

4. 要有求异的观念

不要人云亦云，创新不是简单的模仿。要有创新精神和创新成果，必须要有求异的观念。求异实质上就是换个角度思考，从多个角度思考，并将结果进行比较。求异者往往要比常人看问题更深刻、更全面。

5. 要有冒险精神

创造实质上是一种冒险，因为否定了人们习惯了的旧思想可能会招致公众的反对。这里的冒险不是那些危及生命和肢体安全的冒险，而是一种合理性冒险。大多数人都不会成为伟人，但我们至少要最大限度地挖掘自己的创造潜能。

6. 要做到永不自满

一个有很多创造性思想的人如果因为自满就此停止思考，或习惯了一种成功的思想而不能产生新的思想，那么他就停止了创造。

第三节　创新意识

创新意识是人类特有的最宝贵的精神财富。人类社会的历史实际上是一部不断创新的历史，从远古的钻木取火到今天的信息革命，人类在创新意识的驱动下，展开创新思维和创造活动。造纸术、火药、蒸汽机、发电机、汽车、飞机、计算机……一个个划时代的发明改变着自然界和人类社会，创造出浩瀚的人类文明。要创新，就必须培养和不断强化创新意识。创新意识是创新活动的出发点和内在动力，是创新思维的前提。

一、创新意识的含义

创新意识是人们对创新活动的一种价值取向，可以理解为对创新活动意义的认识水平以及由此形成的对待创新的态度，并以这种态度来规范和调整自己的活动方向的一种精神状态。创新意识包含创新的动机、素养、意志等对创新活动有重大影响的各种精神因素。其强烈程度推动创新活动不断地向前发展。

需要注意的是创新意识是受创新者的个性特征制约的一种特定心理状态。不同的创新者身处不同的环境，其个性特征必然千姿百态，在创新活动中表现出的动机素养、意志也就不同，因此创新者个体的创新意识也就会多种多样。

二、创新意识的内容

创新意识贯穿创新的全过程，从精神上支撑着创新实践，总体来看，它主要包括以下几个方面。

（一）创新动力

创新动力是创新意识产生的源泉。为什么要创新？为什么会忘我地投身于创新活动？总有一种推动的力量，这就是创新动力。创新动力意识来自个人的荣誉、经济利益、期望等因素。

（二）质疑意识

如果不敢或不善于质疑，就无法实现创新。没有对常规的挑战，就没有创造。而对常规的挑战的第一步，就是提问。提问也就是质疑。“学起于思，思源于疑”，提出问题是探索的先导，只有提出问题，才能着手解决问题，它是发现规律、形成思考、激发创新的必经过程。对待前人的经验和成果，我们既要保持尊重，虚心学习他们的丰富经验，又不能因循守旧、止步不前，应该在他们已进行的创造性劳动成果的基础上，结合实践再进行新的创造。

（三）求真意识

创新意识是一种求真务实的意识。创新活动是一种科学活动，认识世界、寻找客观世界的内在规律，是科学活动正确开展的核心，只有这样，才能使创新活动获得有价值的成果。那么不带主观偏见地认识事物的客观规律，认认真真按规律研究问题、策划方案，就是求真务实的过程。

（四）超越意识

创新的成果必须具有新颖性和独特性。“新颖”主要指前所未有，这是历史纵向的超越；“独特”指别出心裁，这是空间横向的超越。创新就是超越前人或他人甚至自己已有的成绩。人类发展史就是一部不断开拓不断创新的历史，也是一部不断超越的历史。超越是创新最重要的外在表现形式。创新者必须首先懂得超越的必然性，并以此为信念在创新过程中有意识地推进创新活动的方向。

（五）创新意志

创新常常需要突破常规、挑战传统。除了纯科学上的创新难度外，往往还会受到既得利益集团的干扰。失败的风险很大，在方案不断试错、不被传统思维接纳的内外交困境遇下，要求创新者必须具备创新意志。创新意志与创新动力的地位相似，是创新意识的基础。然而相对于外界的动力而言，创新的意志更多属于内在信念信仰的层次，它由创新的动力所激发，在一定条件下又可以不依赖于创新的动力而独立存在。

上述几种意识在创新中各有其特定的地位和作用，动力和意志处于基础和前提的地位，对激发人们创新意识有着关键性的作用；质疑意识和求真意识是创新意识的主体，充分反映着创新意识的基本特征；超越意识引导着创新活动的前进方向，是创新意识的核心。它们相互作用，相互影响，形成一个创新意识结构系统，共同促进创新实践的发展。

三、创新意识的培养

（一）树立问题意识

问题就是事物的矛盾，哪里有没解决的矛盾，哪里就有问题。一个人、一个团队在生活、工作中总会面对各种各样的问题。人们的能动意识，就是去发现矛盾、发现问题；人们的积极行为，就是去解决矛盾、解决问题，就是对客观存在的矛盾的敏锐感知和认识。具体来说，就是有“主动发现问题、找准问题、分析问题”的自觉意识，进而才会为解决问题提供更多、更准的途径与策略。我们常说的“防患于未然”“危机意识”就是人们在日常生活中主动去强化问题意识的表现，问题意识是促进矛盾解决的思想前提。可以说，准确地发现和提出问题就等于问题解决了一半。

个人只有树立了问题意识，才能更主动地去改造主客观世界；一个团队，尤其是优秀的团队，只有强化了问题意识，才能健康发展。为此，一些优秀人才非常注重强化问题意识，“危机管理”“末日管理”“倒计时管理”成为他们模仿的模式；“战战兢兢，如履薄冰”成为他们信奉的警语。他们能够以超乎常人的问题意识，给他人以紧迫感和压力，促使他人不断发现问题、解决问题。海尔的张瑞敏就是范例，他把他的问题意识变成了全体员工的问题意识，要求每个员工每天对自己做的每件事都进行控制和管理，要“日事日毕、日清日高”，而不能拖延和隐藏当天的矛盾和问题。他们因此而获得成功。

要增强自己的问题意识，首先要了解问题意识贫乏的几种表现：第一，迟钝，难以主动发现问题。由于观念滞后，一些人对自身存在的问题和差距不敏感，经常会自我感觉良好，或是求稳而满足现状；或是无奈而屈从于现实；或是对小问题熟视无睹，对大问题想象不到；或是只盯着别人的问题，看不到自己的问题；等等。日复一日，年复一年，工作质量难有大的提高。第二，保守，不愿广泛探讨问题。一些人自觉或不自觉地总要把“原来都是这样干的”“人家都是这样做的”“书本上都是这样写的”等作为堵塞新思路的理由，不注重从现有效果出发，更习惯于从既有的框框出发；或是面对矛盾被动防守，不主动进攻。第三，懒惰，不愿深入分析问题。一些人对各种司空见惯的弊端，往往只停留于表层议论，忽视深入分析，抓不住要害，解决问题就事论事，治标不治本，致使一些问题仍不断发生，矛盾难以根治，成果难以持久、巩固和提升，工作上难以实现大的跨越。第四，呆板，不能灵活应对问题。生活和工作形成的惯性，让一些人习惯按既定流程去例行公事，不容易发现问题。在工作和生活方面，社会上经常产生一些新方式、内容和手段，但是这些人却很难跳出原来的框框，不自觉地一条道走到黑，缺乏变化，导致自己很难跟上时代的节奏。

人人都羡慕成功者，而要想成为一个成功的人，绝不能安于现状，要具有强烈的问题意识，不断地改进自己的缺陷和不足，朝着所设定的目标前进。敢于怀疑一切，绝不盲从。好的开头是成功的一半，只要有了问题意识，至少为创新活动准备了条件，具备了创新的潜能。

（二）培养创新兴趣

创新兴趣，不仅是推动人们积极从事科技创新工作的动力之一，而且还能使人在艰辛烦琐的科学研究中体会到快乐并孜孜以求。从心理学的角度看，人对什么产生了兴趣，就会在头脑中形成优势兴奋中心，从而使人的注意力高度集中，并能维持很长时间。因为探究的是自己心中向往的东西，所以个体就会呈现情绪饱满、精神愉快、充满自信、联想丰富的最佳状态。

史蒂夫·乔布斯是美国苹果公司的创始人之一。乔布斯传奇的一生，源于他研发了诸多影响世界的数字产品与技术。微软联合创始人之一的保罗·艾伦这样评价乔布斯：“一个无与伦比的科技潮流先驱者和导演者，他懂得如何创造出令人惊叹的伟大产品。”乔布斯的成功在于，他找到了自己的兴趣且全身心地投入自己的兴趣之中。

第一，兴趣是创业的开端。成功人士的创业思路是由兴趣引发的，乔布斯创办苹果公司是源于他从小对电子学的浓厚兴趣。儿时的乔布斯生活在著名的“硅谷”附近，也许受周围环境的影响，他对电子学情有独钟。19岁时，乔布斯进入了里德大学，但只读了六个月便申请退学了。后来，他在斯坦福大学2005年毕业典礼上的演讲中这样说道：“我看不到其中的价值所在，我不知道我真正想要做什么，我也不知道大学能怎样帮助我找到答案……我决定退学……然后我可以开始去修那些看起来有点意思的课程。”每个人的个性、能力、才华、理想、兴趣是不同的，与大众选择相同的路径不一定能够达到自己的目标。当然乔布斯的退学并不适合每个人去效仿，这里要说的是，不要盲目地跟从他人，而是要清楚地认识自己的兴趣所在，勇于思考和探究事物的价值，保持清醒的头脑，探索出适合自己兴趣发展的创业之路。

第二，好奇心是创新的源泉。乔布斯是如何做到先他人所想的？是依靠苹果公司详细深入的市场研究分析报告吗？乔布斯认为：“你不能问消费者想要什么，然后再提供产品给他们。等你做出来的时候，他们已经想要新的东西了。”在消费者满足于现有的产品，还没有意识到哪里可以或需要改进时，乔布斯就已经洞悉先机并着手改进创新了。这是凭借着乔布斯的直觉吗？用他自己的话来说：“我跟着我的直觉和好奇心走，遇到的很多东西此后被证明是无价之宝。”然而并不是每个人都能轻易拥有这般准确的直觉。乔布斯的直觉之所以准确、前卫，正是因为他对电子行业的执着与热爱。直觉与好奇心是相辅相成的，好奇心则源于你的兴趣。当你置身于所钟爱的兴趣之中，你就会不断地学习、探索、研究、拓展、创新，抱着一种“求知若饥，虚心若愚”的态度，你自然会先他人所想，洞察先机。

第三，兴趣是创新创业的动力。乔布斯的事业也不是一帆风顺的。他在而立之年被苹果公司开除了。这对任何人来说都是毁灭性的打击和难以走出的逆境。回顾那段痛苦的时期，乔布斯却说：“那是他生命中最有创造力的一个阶段……有些时候，生活会拿起一块砖头向你的脑袋上猛拍一下。不要失去信仰。我很清楚唯一使我一直走下去的，就是我做的事情令我无比钟爱。”刚走出校园的大学生会以为创业不难。但是慢慢地你会发现：选项目、筹资金、选店面、组团队……

没有一样是容易的。于是，很多人在创业屡屡受挫之后选择了放弃。容易放弃的都不是你所钟爱的，所以开始选项目时就应该选你最感兴趣的，而不是目前看来最赚钱的。只有选准你情有独钟的行业，你才会在遇到困难的时候坚持不懈地去寻找突破口，在遇到瓶颈的时候去竭力创新。只有这样，你才能在你所选的行业中走得更远。创新创业不是容易的事，遇到困难阻力在所难免，只有始终坚持自己兴趣的人才能得到胜利女神的青睐。

任何事物对于不同的人而言都有着各自的价值，盲目效仿并不一定会获得同样的效果。找到自己的兴趣所在并从事它，是迈向成功创业的第一步。不要忽略你的兴趣，哪怕你现在觉得它微不足道，也许有一天它会给你的人生带来巨大财富。积累任何与兴趣相关的知识或其他看似不相关的知识都有可能成为你创新创业道路上的基石。一个人对某一事物的热爱与好奇，能够促使他探索更多的知识，激发他最大的潜能，从而让他不断改进创新，走在行业的前端。乔布斯在电子产品领域有着诸多的新成果，他视自身为最狂热的使用者，更是最为渴望有新突破的电子产品消费者，这促使他不断创新，为自己的兴趣设计研发新技术、新产品。乔布斯凭着对电子行业绝对的激情和狂热，影响了全世界的手机市场、个人电脑市场，乃至整个电子行业。大学生创业只有选择自己最感兴趣的行业，才有可能迸发出创新创业的激情与无限潜能，早日迈入成功的大门。

（三）克服不良心理

不良心理不利于创新意识的培养，要克服不良心理需从以下几个方面着手：

第一，克服习惯心理和迷信心理，培养问题意识和怀疑意识。问题意识要求学生在日常生活和学习中，遇事都要问个为什么，不放过任何疑点，养成爱琢磨、爱钻研、勤学好问的习惯。巴尔扎克有句名言："问号是开辟一切科学的钥匙。"发明创造始于问题，有了需要解决的问题，人才会思考，学习才有主动性。思维是由矛盾引起的，问题是矛盾的表现形式。学习时提不出问题，是学习不深入的表现；能提出问题是肯于动脑的结果。有些人对现实生活中的许多现象熟视无睹，而有些人却善于观察，从而发现问题，有所创造。苹果落地，谁也不在意，牛顿却从中发现了万有引力；水开了，锅盖被顶起，大家司空见惯，瓦特却因此发明了蒸汽机；大家每天都接触商品，只有马克思把它作为问题研究，揭示了资本主义剩余价值规律。处处留心皆学问，凡事能问个为什么，就能有所发现，有所创造。

第二，克服惰性心理，培养捕捉机遇、灵感的意识。机遇是指导致科技突破的在原定研究进程中未料到的偶然事件或机会，其主要特点是意外性。灵感是指研究者在创造性活动中所出现的豁然开朗、思路突然贯通的顿悟状态。其特点有三个：一是灵感引发的随机性，指灵感在何时、何地出现，受什么启迪或触媒而发生，都是不可预期的；二是显现的瞬间性，如不及时抓住，会转瞬即逝；三是灵感爆发的情感性，是指灵感爆发的瞬间，创造者出现的狂热、惊喜和情绪高涨等心态。机遇和灵感在创新活动中具有重要作用，常常是导致创新突破的导火索。善于捕捉机遇和灵感，是一个人创新能力的重要体现。但机遇和灵感只亲近有准备的头脑，它是深思熟虑的必然结果，其偶然性中有必然性，只有热烈而顽强地致力于创造性地解决问题，灵感和机遇才会光顾。同样重要的，你还要时刻准备着，有善于捕捉机遇和灵感的意识。否则，灵感出现的次数再多，也会被你视而不见、白白错过。要克服惰性心理，当灵感的火花闪现时，要及时追踪记录；当机遇来临时，要认真观察、反复思考。否则，灵感和机遇就会稍纵即逝。做科学创新的有心人，当灵感光顾、机遇来临时，要及时捕捉，记录在案。要对新想法、新发现进行认真研究，从中受到启迪，有所创新。

第三，克服依赖和盲从心理，培养独立意识和自主意识。创新最讲究独一无二，不喜雷同。因此培养创新意识，要注重独立意识的培养，如具有独立的人格，独立获取知识、独立钻研问题的能力；具有独到的见解，不依赖、不盲从，独树一帜。同时，创新是指对现实的超越，它是学生主体性的最高表现，因此培养自主意识十分重要。自主意识包括自我激励意识、自我控制意识和自主发展意识。学生依靠自己的意志而不是受外界的控制，把自己的注意力集中到所选择的事物上，并且克服困难、百折不挠，这实际上就是自我激励、自我调控。

第四，克服恐惧心理，培养风险意识。有的同学把创新看得很神秘，认为那是科学家的事，自己想都不敢想；也有的人对创新具有恐惧心理，害怕别人非议，害怕挫折。其实创新并不神秘，人人都具有创新能力。科学家的重大发明是创新，学生想出一道题目新的解法，或者写出一篇有新意的文章，也是创新。潜在的创造力在人身上是沉睡着的力量，若不被唤醒，就会萎缩乃至泯灭。所以对创新的恐惧是完全没必要的，而应大胆开发。但是，创新是在走前人没有走过的路，难免会遇到困难，遭受挫折。诺贝尔是冒着被炸死的危险发明炸药的，祖冲之发明大明历时，遭受了许多人的围攻。马克思说过，科学是一条崎岖的山路，没有平坦的路好走，只有不怕坎坷的人，才有希望到达光辉的顶点。所以要想有所创新，就要有一定的风险意识和冒险精神，要有克服困难的勇气和百折不挠的意志。畏首畏尾的人是不可能有创新思想的。有的人遇到一点挫折就打退堂鼓，这些人都是与创新无缘的。

第五，克服封闭心理，培养开放合作的意识。在知识爆炸的时代，个人的知识再丰富也相对有限，要进行创新，光靠个人的力量有时极难完成，所以人们必须学会合作。合作意识在现代创新中显得越来越重要。

案例延伸

柳传志：唯创新让企业摆脱平庸

进入 21 世纪，联想的发展经历过好几次危机，而让我们的企业最终摆脱平庸的，就是创新。

2001 年联想在中国电脑市场上占 27.5% 的份额，位居第一，2002 年开始下降，2003 年降得更严重，除联想自己在战略上的某些错误原因以外，主要是强劲的竞争对手——戴尔进驻中国。戴尔在业务模式上是有创新的，联想在连续两年跟它的竞争中都落了下风。联想认真研究后，针对戴尔的直销模式，发明了一种双模式：既做大客户，也做商业客户。双模式的销售方式取得了成功，并一直用到今天。现在，联想又把双模式推向全球。

2004 年联想并购 IBM 的个人电脑业务，这是联想发展之路上的又一大创新举动。从今天看联想并购 IBM 的 PC 业务部算是成功了。并购前联想在欧洲、美国的业务量都很小，利润几乎是负的，现在那里已经成盈利的重点。2004 年并购时联想营业额是 29 亿美元，2011 年联想营业额是 296 亿美元，2012 年营业额有更大进步，股票价格也有很大增长。

我记得当年宣布正式并购 IBM 全球个人电脑业务的那一天，全场记者掌声热烈，之后他们告诉我，鼓励的是我们的勇气，而不认为我们会成功。

并购后也确实不是一帆风顺。2008年全球金融危机出现后，联想的业务一个季度曾经亏损2.26亿美元，那时联想已经站在悬崖边上。原先的经验又不够用了，克服新危机需要新办法。这时联想采取了包括改组领导层在内的一系列紧急措施，从那以后形势确实发生了变化，营业额、利润、市场份额都有了大幅增长。那时候其实暴露的一个问题是文化磨合问题，不同企业来的人，东方人、西方人在一起怎么能够更好地工作，是并购后一直未能解决的难题，随着金融危机的出现，问题加倍地困扰着联想。所以当时我们所做的创新就是理顺企业文化。现在可以自豪地说，我们没有派任何一个中国人去并购方当领导，但是战略完全一致，价值观完全一样，联想最高领导层的意见能够在各国深入推行。

如果没有创新，联想可能早就沦为一个平庸的企业了。今后，联想还有更高的目标。我和我的同事们有一个梦想，就是要做“没有家族的家族企业”，“家族企业”是指要往下传的企业，“没有家族”的意思是说没有姓柳、姓朱、姓杨之分。这就需要产权机制改革。一方面要让员工在物质上得到利益，一方面要让他做这个企业真正的主人。2011年12月联想做了一件很重要的事，让杨元庆和他的最高管理层自筹将近40亿元人民币，购买联想8%的股份。这样他们就成了企业真正的主人，再不会以职业打工者的心态去对待企业。当然，一个“没有家族的家族企业”，至今为止只是我和同事们的一个梦想。

（本文是作者在2013年3月21日举行的“创新与变革IBM论坛2013”上的发言节选）

思考题：

1. 什么是创新，创新有哪些原则？

2. 什么是创新意识，怎样看待创新与创新意识的关系？

3. 培养创新精神要从日常生活做起，你打算在学习、生活中和今后的工作中怎样做呢？

第二章　训练创新思维

第一节　创新思维

通过创新意识的培养，我们已经建立起对创新活动的感性认识，然而，要真正地理解并成功运作创新活动，就要进入理性认识的阶段，这就是创新思维。

一、创新思维的定义

一般认为，广义的创新思维是指创新者在创新意识的推动下，以社会实践和感性认识为基础，突破常规思维的界限，借助科学的思维方式和方法使思维重新组合升华，提出与众不同的解决方案，从而产生新颖的、独到的、有社会意义的思维成果。这一定义表明，创造性是创新思维的核心指标。狭义的创新思维则是指人们在创新活动中直接形成创新成果的思维活动，诸如直觉、灵感联想等思维形式。

二、创新思维的基本特征

美国心理学家吉尔福特是科学创造心理学的奠基人，他认为创新思维的核心是发散思维。他和助手们着重对此做了较深入的分析，并在此基础上提出了关于创新思维的四个主要特征。

1. 流畅性

流畅性是指在短时间内能够迅速产生大量观念和设想的性质，思维速度较快，反应敏捷。

2. 灵活性

灵活性能从不同角度，不同方向灵活地思考问题并运用不同于常规的方式对已有事物重新定义或重新理解。思维活跃并克服障碍，找到突破口。例如曹冲称象、司马光砸缸等。

创新思维要求在一个问题面前，尽可能从多种观察角度出发，运用不同学科的多种理论作指导，进行分析研究，从而挑选出最佳的解决方案。创新思维能力越强的人，思考问题就会越广、越深、越新。

3. 独创性

独创性具有与众不同的想法和别出心裁的解决问题思路。创造性成果必须具有新颖性，创造思维的思路是独特的，不同于一般思维。

4. 精确性

精确性能敏锐地认识客观世界，感知其变化，精确地想象与描述事物或事件的具体细节的性质。随着科技的不断发展，作为创新活动改造对象的客观事物的变化速度、复杂程度大大提高，要求创新者能敏锐感知、细心观察、周密思考。

综上所述，流畅性、灵活性、独创性和精确性是典型的创造性思维所具备的基本特征。其中以流畅性、灵活性和独创性为主。然而，并非所有的创造性思维都具有上述全部特征，而是各有侧重，因事因人而异。因此，我们在评价创造性思维时应该全面衡量，不能苛求完美无缺。

三、创新思维活动的过程

1. 提出问题

创新思维作为一个揭示未知领域的创造性运动过程，总是从发现问题开始，没有问题也就没有创新思维存在的基础。在这一阶段，创新者需采取逻辑性思维批判继承前人的理论、观点、经验，如果发现这些理论在环境条件一致的情况下仍无法与实证数据吻合，创新者就要敢于提出自己的疑问。

2. 揭示规律

对于创新者来说，揭示规律阶段仿佛在暗夜中摸索出路，这一过程是长期且难以逾越的。而且，创新者面对的问题超出了以往经验的范围，需要进行开拓型探索，这就需要创新者一方面调动一切已知的知识和经验，交叉渗透；另一方面还要动用各种思维方法。例如，逻辑思维与非逻辑思维相互协同、收敛思维与发散思维交替运用、求同思维与求异思维相互补充、常识思维与批判思维相互配合等，综合运用多种思维方式，逐渐逼近预定的目标。

3. 闪现灵感

在前期一系列的思维活动中，创新者长时期的思想碰撞之后，一种灵感的火花突然迸发，思想豁然开朗，或者依靠科学思维和洞察力，透过现象越过探索规律阶段直接把握住事物的本质，思维过程出现实质性飞跃，这被称为顿悟。顿悟是创新思维过程中最具有决定意义的阶段，它是一种突破性的创造活动。

4. 检验证明

顿悟作为一种思维过程，是在大量综合性思维基础上的突破，是思维活动的必然性的偶然表现，这一阶段产生的设想和方案还只是一种成功的可能性，是不成熟、不完善的。因此，接下来就需要对初步成果进行逻辑的检验和实践的验证，经过不断的修正、加工、补充和完善，这些思路、设想和方案才能更好地接近目标。如果形成的设想和方案被实践证明是错误的、不适用的，那么就需要重新进行新的探索。

四、创新意识与创新思维的关系

事物的产生是建立在一定的条件和基础上的，创新思维作为人类高级的思维活动，是人的意识能动性的突出体现，它绝对不是无缘无故、自然而然产生的，而是有一定的产生条件和基础。创新意识是创新者的价值观念，体现在创新过程中遇到歧路时“如何选择”的问题上；创新思维是创新的具体实现方法，解决“如何做”的问题。首先，创新者进行创新思维活动，其动力来自创新意识的推动；其次，在创新思维过程中，创新者要灵活运用各种思维手段，使思维重新组合，提出假设，进行验证，不断体验进展或者挫败，这就反过来强化或削弱了创新意识。所以，在创新过程中，创新意识与创新思维相互联系，共同发展。

第二节　冲破界限

一、定式思维

1. 定式思维的概念

定式思维最为普遍的解释是：人们从事某项活动的预先准备的心理状态，过去的思维影响现在的思维，是按习惯的、比较固定的思路去考虑问题、分析问题，表现为在解决问题的过程中做特定方式的加工准备。

2. 定式思维的特点

思维模式化：许多具体的思维活动逐渐定型为一种“既定”的路线、方式、程序和模式。思维顽固化：逐渐形成思维惯性，久而久之成为思维习惯，深入潜意识中，成为一种本能反应。

3. 定式思维的作用

定式思维对常规思考是有利的，因为人们在思考同类或相似问题的时候，能不走或少走许多弯路，缩短思考的时间，提高思考的质量和成功率。

在客观事物、客观环境相对不变的情况下，定式思维能使人更迅速、更有效地知觉人和事物。个体在认识新事物时，头脑里并非一张白纸，而是已经积累了一定的知识、经验，正是凭借这些知识、经验，个体才能够迅速、有效地认识新事物，而不需要长期摸索。特别是人们对事物规律性的认识所产生的定式效应，其积极作用更为明显。

但定式思维却十分不利于创新思考。有这样一个耐人寻味的试验：把 6 只蜜蜂和同样多的苍蝇装进一个玻璃瓶中，将瓶子平放，让瓶底朝着窗户。结果如何呢？蜜蜂不停地想在瓶底找到出口，一直到它们力竭倒毙或活活饿死。苍蝇却在不到两分钟之内，穿过另一端的瓶口逃逸。蜜蜂是基于出口就在光亮处的思维定式，想当然地设定了出口方位，并且不停地重复这种行为。正是由于定式思维，它们没能飞出玻璃瓶。而苍蝇全然没有对亮光的定式，而是四下乱飞，结果成功逃生。

如在各个领域里有很多经过深入研究最后获得重大成果的现象，其实早就有人遇到过，但为什么总是只有极个别的人才会去注意、重视和研究呢？其中的一个重要的因素就是普通人难以摆脱定式思维的束缚。

某位心理学家曾经说过：“只会使用锤子的人，总是把一切问题看成钉子。”事实上，在一个问题上形成定式思维后，时间越长，重复次数越多，束缚就会越强，摆脱或突破也就越困难。

二、偏见思维

人们往往被一些自己并未察觉的假象所干扰，作出错误判断，由假象所导出的观察和判断会失真，从而产生偏见。

1. 偏见的心理机制

（1）心理期待

偏见有时并非主观故意，而是一种无意识倾向，我们的常识早就建立了相应的惯性链接，人的思考方式和行为模式总是受制于某种心理预期。这种心理预期或多或少会干扰我们的判断，使看似真实的判断蒙上细微的心理错觉。

（2）心理归纳

人们有一种根据自己所见事实进行归纳判断的习性，这是一种与生俱来的归纳本性，判断本身具有封闭性，人的思考不倾向于对未知领域开放，更习惯于对现有信号作归纳和定性，对已知的肯定中包括了对未知的否定。

（3）心理图式

图式决定解释，需要决定可能，人们往往先有想法，再去找支持例证，出发点不同，结论也就各异。观察取决于观察者的理论前见，解释受制于解释者的解释模式，观察永远摆脱不了两难的偏见，有什么样的图式就有什么样的解释。

2. 偏见思维的突破

（1）经验偏见的突破

一头驴子背着盐渡河，不小心在河边滑了一跤，跌在水里，盐溶化了。驴子站起来时，感觉背上轻松了许多，非常高兴。后来，它背了棉花，以为再跌倒，可以同上次一样，于是走到河边时，故意跌倒在水中。可是棉花吸收了水变得更重，驴子非但站不起来，反而被淹死了。

驴子为何死于非命？因为它机械地套用了经验，受了经验偏见思维的影响。

法国心理学家德波诺在《实用思维》一书中描述了一种常见社会现象，在僻静的乡村，村里最漂亮的姑娘会被村民当作世界上最美的人，在看到更漂亮的姑娘之前，村里的人难以想象出还有比她更美的人。在村里，这是真理；在全世界，这就是偏见。

（2）利益偏见的突破

利益偏见不是指你的利益关系会导致你立论的有意识的明显偏颇，而是指一种无意识的偏斜——对公正的微妙偏离。

利益偏见更普遍的情况是所谓的“鸡眼思维”，也就是马克思所说的，愚蠢庸俗、斤斤计较、贪图私利的人总是看到自以为吃亏的事情。譬如，一个毫无修养的粗人常常只是因为一个过路人踩了他的鸡眼，就把这个人看作世界上最可恶和最卑鄙的坏蛋。他把自己的鸡眼当作评价人们行为的标准。

（3）位置偏见的突破

处于什么样的年龄，就会有什么样的感情，这与站在什么样的位置，就会有什么样的认知是一样的。我们每个人都生活在一定的社会坐标体系中，各种思想无不打上其鲜明的烙印，就连黑格尔也说，同一句格言，出自青年人之口与出自老年人之口是不同的，对一个老年人来说，也许是他一辈子辛酸经验的总结。

（4）文化偏见的突破

著名华裔行为科学家许烺光在《美国人与中国人》一书中举了一个例子，在一部中国电影中，一对青年夫妇发生了争吵，妻子提着衣箱怒冲冲地跑出公寓。这时，镜头中出现了住在楼下的婆婆，她出来安慰儿子：你不会孤独的，孩子，有我在这儿呢。看到这儿，美国观众爆发出一阵哄笑，中国观众却很少因此发笑。

这两种截然不同的反应透射出明显的文化差异。美国人认为，婚姻是两个人的私事，其间的关系是任何别的感情无法替代的。而中国观众却能恰当理解母亲所说的含义。这正如一些美国留学生在读了《红楼梦》后，总是不解地问中国教师：“为什么宝玉和黛玉不偷些金银财宝然后私奔呢？”中国教师很难用一两句话解释清楚。我们每个人都不可避免地受到所在地域、国家、民族长期积淀的文化的影响，看待问题的角度不可避免地打上文化、宗教、习俗的烙印，在思考问题时，我们要反省自己是否存在文化偏见。

（5）点状思维（以偏概全）的突破

美国心理学家凯利做过一个心理实验。他让一位演讲者在某大学两个班级分别做了内容相同的演讲。演讲结束后，甲班学生与其亲密攀谈，而乙班学生对其冷淡回避。同一个人做同样的演讲，为何效果会如此不同？原来演讲前凯利对甲班学生说，演讲者是如何热情可亲，而对乙班学生说，演讲者是如何不易接近。结果学生们戴着有色眼镜去观察演讲者，演讲者被罩上了不同色彩的光环，学生们看到的都是他们期望看到的。这就是“点状思维”的表现。

点状思维是20世纪20年代美国心理学家爱德华·桑戴克提出的。他认为，人们对人的认知和判断往往只从局部出发、扩散而得出整体印象，也即常常以偏概全。一个人如果被标明是好的，他就会被一种积极肯定的光环笼罩，并被赋予一切都好的品质；如果一个人被标明是坏的，他就被一种消极否定的光环所笼罩，并被认为具有各种坏品质。正如刮风前夜月亮周围出现的圆环（月晕），其实圆环不过是月亮光的扩大化而已。

第三节　拓宽视角

一、发散思维

发散思维也叫多向思维、辐射思维或扩散思维，是指对某一问题或事物的思考过程中，不拘泥于一点或一条线索，而是从仅有的信息中尽可能向多方向扩展，而不受已经确定的方式、方法、规则和范围等的约束，并且从这种扩散的思考中求得常规的和非常规的多种设想的思维。

发散思维有其自身的一些特点，在训练发散思维的过程中，要顺应其本身的特点：第一，流畅性。流畅性就是观念的自由发挥。指在尽可能短的时间内生成并表达出尽可能多的思维观念以及较快地适应、消化新的思想观念。机智与流畅性密切相关。流畅性反映的是发散思维的速度和数量特征。第二，变通性。变通性就是克服人们头脑中某种自己设置的僵化的思维框架，按照某一新的方向来思考问题的过程。变通性需要借助横向类比、跨域转化、触类旁通等方式，使发散思维沿着不同的方面和方向扩散，表现出极其丰富的多样性和多面性。第三，独特性。独特性指人们在发散思维中做出不同寻常的异于他人的新奇的反应能力。独特性是发散思维的最高目标。第四，多感官性。发散思维不仅运用视觉思维和听觉思维，而且也充分利用其他感官接收信息并进行加工。发散思维还与情感有密切关系。如果思维者能够想办法激发兴趣，产生激情，把信息情绪化，赋予信息感情色彩，就会提高发散思维的速度与效果。

二、收敛思维

收敛思维也叫聚合思维、求同思维、辐集思维、集中思维。收敛思维是从已知条件和既定目标中寻求唯一答案的思维方式。它是为了解决某一问题，在众多的现象、线索、信息中，向着问题的一个方向思考，根据已有的经验知识或传统的方式方法，去思考得出最好的结论和最好的解决办法。

收敛思维是一种从众多答案或方案中寻求唯一的正确答案或最佳方案的思维方式。它表现为“以多趋一”，其基本结果就是归一、聚合。它有如下特征，封闭：把许多发散思维的结果由各个方向聚合起来，从众多方案中选择一个最为合理的方案。连续：在解决问题的过程中，明确规定先做什么，后做什么，有一定的顺序，一环扣一环，具有较强的连续性。求实：发散思维所产生的众多设想或方案，一般来说，多数都是不成熟的，对发散思维的结果，必须进行筛选。收敛思维就起到筛选和比较作用，被选择出来的设想或方案是按照实用的标准来决定的，应当是切实可行的，具有较强的求实性。

三、逆向思维

逆向思维也叫反向思维，是指改变一般的思维程序，从相反方向展开思路，分析与解决问题的方法。逆向思维是发现问题、分析问题、解决问题的重要手段，有助于克服思维定式的局限性，是决策思维的重要方式之一。

逆向思维有如下方法。

怀疑法：以怀疑的眼光看待事物。

对立互补法：要求思考者在处理问题时既要看到事物之间的差异，又要看到因事物之间存在差异而带来的互补性。

悖论法：对某个概念、某类假设或某种学说，思考者应积极主动地从正反两方面进行思考，以求找出其中存在悖论的地方。

批判法：对言论、行为进行分辨、评断、剖析，以发现客观事实。

反事实法：思维活动所指的对象和内容并不都是正在发生或将要发生的事情。

四、想象思维

想象思维是人脑通过形象化的概括作用对脑内已有的记忆表象进行加工、改造或重组的思维活动。它是形象思维的具体化，是人脑借助表象进行加工操作的最主要形式。其具有如下特征。

表象：想象思维操作活动的基本单元是表象，是一些画面，静止的画面如照片，活动的画面如电影。

概括：想象思维实质上是一种思维的并行操作，即一方面反映已有的记忆表象，同时把已有的表象变换、组合成新的图像，达到对外部时间的整体把握。

超越：想象思维最宝贵的特性是可以超越已有的记忆表象范围而产生许多新的表象，这正是人脑的创造活动最重要的表现，特别是一些重大的发明创造，都离不开超越性想象。在进行想象思维时，一般有两种方法，即不受意识主体支配的无意想象和受主体意识支配的有意想象。

五、联想思维

联想思维是指在人脑记忆表象系统中，由于某种诱因使不同表象发生联系的一种没有固定思维方向的自由思维活动，联想思维和想象思维可以说是一对孪生姐妹，在人的思维活动中起基础性的作用。其特点可以表述为：跳跃性连接、形象性和概括性。

联想思维有如下五种方法。

接近联想：时间或空间上的接近都可以引起不同事物之间的联想。

相似联想：从外形或性质上的、意义上的相似引起的联想，就是相似联想。

对比联想：由事物间完全对立或存在某种差异而引起的联想，就是对比联想。

因果联想：由于两个事物存在因果关系而引起的联想，就是因果联想。这种联想往往是双向的，可以由因想到果，也可以由果想到因。

类比联想：类比联想就是通过对一种事物与另一种事物对比，而进行创新的方法。其特点是以大量联想为基础，以不同事物间的相同、类比为纽带。

六、逻辑思维

逻辑思维是指符合某种人为制订的思维规则和思维形式的思维方式，或是遵循传统逻辑规则的思维方式，常被称为“抽象思维”或“闭上眼睛的思维”。

逻辑思维的方法如下。

分析与综合：分析是思维中把对象分解为各个部分或因素，分别加以考察的逻辑方法。综合是在思维中把对象的各个部分或因素结合成为一个统一体加以考查的逻辑方法。分析与综合是思维方向相反的过程。

分类与比较：比较就是比较两个或两类事务的共同点和差异点。根据事物的共同性与差异性就可以把事物分类，具有相同属性的事物归入一类，具有不同属性的事物归入另一类。

归纳与演绎：归纳是从个别性的前提推出一般性的结论。演绎是从一般性的前提推出个别性的结论。

抽象与概括：抽象就是运用思维的力量，从对象中抽取它本质的属性，抛开其他非本质的东西。概括是在思维中从单独对象的属性推广到这一类事物的全体的思维方法。

第四节　思维重构

一、新思维的内涵及表现

新思维是指在思维活动中产生超越以前的思维、观念、知识的思维。它不仅包括前人所未有的科学发现和创新，也包括对自己来讲是新的思维，而不管别人是否有过这样的思维。当你突然对某一个事物、某一个人、某一个事件产生新的认识或感悟，新的思维就会出现。新思维有两个基本原理：一是新思维人人都有；二是新思维可以后期培养。

英国心理学家华莱士于 1926 年提出了四阶段创造过程，即任何创造过程都包括准备阶段、酝酿阶段、明朗阶段、验证阶段。在准备阶段，要明确需要解决的问题，围绕问题搜集信息资料，并使之概括化和系统化，形成自己的认识，了解问题的性质等。与此同时，开始尝试和寻找初步解决的方法。酝酿阶段，将需要解决的问题搁置起来，不去做有意识的表象工作，而是继续思考关联要素，探索接近本质的途径。明朗阶段，问题在思考过程中，豁然开朗，类似柳暗花明又一村的感觉，在某个特定情境下的某个特定启发，唤醒了困顿，新意识猛然涌现，问题被化解。验证阶段，对过程进行反思，检验解决的方法是否正确，如果验证出方法不正确，上述过程必须全部重新或部分重新进行。

二、重构思维模式

重构思维模式的关键是从建立一定基础的知识开始，充分发挥非逻辑思维能力，再以逻辑思维能力给予各种假设验证，从而实现创新思维，提高创新思维能力。

作为关键要素的非逻辑思维，如何去挖掘其潜能呢？纵观一些发明创造或科学体系的建立，不外乎有这么一种相同的现象，即探究过去，了解现在，推理未来。所以，处理问题首先必须搜集该事物过去的准确信息，然后以自己的观点去分析信息。千万不要被某些权威，如某个著名人物、机构的定论限制思维，一定要亲自验证，接着掌握问题现在的状态，从根源上寻找解决问题的措施或方案，最后通过方案落实后的验证，反推其过程，发现其他的解决方法，新思维就有可能出现。

重构思维模式有一个大家认同的形式，但没有固定的模式，只要针对事物本质，客观分析过去，厘清现在，抓住关键要素后作合理的假设，通过验证，就能决策或预测未来，就能在实际问题的解决过程中，提高创新思维能力，达到预期的目的。

三、开发右脑

训练创新能力，应注重开发右脑，国外学者主张从儿童做起，如苏联著名教育家苏霍姆林斯基说，儿童的智力发展表现在手指尖上。他将双手比喻为大脑的“老师”。人体的每一块肌肉在大脑皮层中都有着相应的“代表区”——神经中枢，其中手指运动中枢在大脑皮层中所占的区域最广泛。现在许多父母让孩子练习弹琴，实际上就是很好的指尖运动。随着双手的准确运动就会把大脑皮层中相应的活力激发出来，尤其是左右手并弹的钢琴、电子琴。

经脑神经科医生的研究发现，左、右脑所强调的部分是不同的，区别如下：

左半边：语言、逻辑、数字、数学、推理、文字。

右半边：情感、韵律、音乐、图画、想象、创意。

四、六顶思考帽

运用博诺的六顶思考帽，将会使混乱的思考变得更清晰。

1. 六顶思考帽的功能

白色思考帽：白色是中立而客观的，代表客观的事实和资讯，中性的事实与数据帽具有处理信息的功能。

红色思考帽：红色是情感的色彩，代表感觉、直觉和预感，情感帽具有形成观点和感觉的功能。

黑色思考帽：黑色是阴沉的颜色，意味着警示与批判，谨慎帽具有发现事物的消极因素的功能。

黄色思考帽：黄色是顶乐观帽，代表与逻辑相符合的正面观点，乐观帽具有识别事物的积极因素的功能。

绿色思考帽：绿色是春天的色彩，是创意的颜色，创造力之帽具有创造解决问题的方法和思路的功能。

蓝色思考帽：蓝色是天空的颜色，笼罩四野，控制着事物的整个过程，指挥帽指挥其他帽子，管理整个思维进程。

2. 六顶思考帽的应用

爱德华博士说，有两种使用六顶思考帽的基本方法：一种是单独使用某顶思考帽来进行某个类型思考的方法，另一种是连续地使用思考帽来考察和解决一个问题。

一个典型的六顶思考帽团队在实际中的应用步骤：

①陈述问题事实（白帽）；

②提出如何解决问题的建议（绿帽）；

③评估建议的优缺点：列举优点（黄帽），列举缺点（黑帽）；

④对各项选择方案进行直觉判断（红帽）；

⑤总结陈述，得出方案（蓝帽）。

这种思维区别于批判性、辩论性、对立性的方法，而是一种具有建设性、设计性和创新性的思维管理工具。它使思考者克服情绪感染，剔除思维的无助和混乱部分，摆脱习惯思维枷锁的束缚，以更高效率的方式进行思考。用六种颜色的帽子这种形象化的手段使我们非常容易驾驭复杂性的思维。当你认为问题无法解决时，“六顶思考帽”就会给你一个崭新的契机，使各种不同的想法和观点能够很和谐地组织在一起。经过一个深思熟虑的过程，最后去寻找答案。

五、头脑风暴法

头脑风暴最早是精神病理学上的用语，是指精神病患者的一种胡思乱想的思维状态，在创造学上转化为无限制的自由联想和讨论，其目的在于产生新观念或激发创造性设想。头脑风暴法是由美国创造学家 A·F·奥斯本于 1939 年首次提出、1953 年正式发表的一种激发思维的方法。

1. 头脑风暴法的要求

①禁止批评和评论，也不要过分自谦，彻底防止出现一些“扼杀性语句”和“自我扼杀语句”，在别人设想的激励下，集中全部精力开拓自己的思路。

②目标集中，追求设想数量，越多越好。在智力激励法实施会上，只强调大家提设想，越多越好。会议以谋取设想的数量为目标。

③鼓励巧妙地利用和改善他人的设想。这是激励的关键所在。每个与会者都要从他人的设想中激励自己，从中得到启示，或补充他人的设想，或将他人的若干设想综合起来提出新的设想等。

④与会人员一律平等，各种设想全部被记录下来。与会人员不论是该方面的专家、员工，还是其他领域的学者，一律平等；各种设想，不论大小，甚至是最荒诞的设想，记录人员也要认真地将其完整地记录下来。

⑤主张独立思考，不允许私下交谈，以免干扰别人思维。

⑥提倡自由发言，畅所欲言，任意思考。

⑦不强调个人的成绩，应以小组的整体利益为重，注意和理解别人的贡献，人人创造民主环境，不以多数人的意见阻碍个人新的观点的产生，激发个人追求更多更好的主意。

2. 头脑风暴法实施程序

头脑风暴法的具体运作程序通常分为五个步骤。

①确定选题：头脑风暴法适合解决单一明确的问题，不适合处理复杂、面广的问题。对于后者，可分解成若干简单的小课题，逐个解决。

②会前准备：会前应该对会议参与人、主持人和选题任务进行落实，必要时可进行柔性训练。

●选定理想的主持人，善于启发和鼓励。

●组成头脑风暴法小组，小组成员不一定全是专家。

●会议之前通知与会成员，告诉会议目的，以便事前做些准备工作，但要防止造成先入为主的后果。

③热身：“热身”的目的在于使与会者逐步地全身心地投入，使大脑进入最佳启动状态。

④小型会议：小型会议的与会者以5~10人为宜，人多了很难使与会者充分发表意见。会议时间为0.5~1小时。由主持人宣布议题后，即可启发、鼓励大家提出想法。

⑤加工处理。一旦集体讨论结束，马上检查记录结果和对各种回应进行评价。

六、德尔菲法

德尔菲法（又名专家意见法），是依据系统的程序，匿名发表意见的方式，即团队成员之间不得互相讨论，不发生横向联系，只能与调查人员发生关系，通过多轮次调查专家对问卷所提问题的看法，经过反复征询、归纳、修改，最后汇总成专家基本一致的看法，作为预测的结果。这种方法具有广泛的代表性，较为可靠。

1. 德尔菲法的起源

德尔菲法是在 20 世纪 40 年代由 O. 赫尔姆和 N. 达尔克首创，1946 年，美国兰德公司为避免集体讨论存在的屈从于权威或盲目服从多数的缺陷，首次用这种方法来进行定性预测，后来该方法迅速被广泛采用。

2. 实施步骤

（1）组成专家小组

按照课题所需要的知识范围，确定专家。专家人数的多少，可根据预测课题的大小和涉及面的宽窄而定，一般不超过 20 人。

（2）提问题

向所有专家提出所要预测的问题及有关要求，并附上有关这个问题的所有背景材料，同时请专家提出还需要什么材料。然后，由专家做出书面答复。

（3）提出预测意见

各个专家根据他们所收到的材料，提出自己的预测意见，并说明自己是怎样利用这些材料和提出预测值的。

（4）意见汇总，进行修改

将各位专家第一次判断意见汇总，列成图表，进行对比，再分发给各位专家，让专家比较自己同他人的不同意见，修改自己的意见和判断。也可以把各位专家的意见加以整理，或请身份更高的其他专家加以评论，然后把这些意见再分送给各位专家，以便他们参考后修改自己的意见。

（5）重复反馈

将所有专家的修改意见收集起来，汇总，再次分发给各位专家，以便作第二次修改。逐轮收集意见并为专家反馈信息是德尔菲法的主要环节。收集意见和信息反馈一般要经过 3~4 轮。在向专家进行反馈的时候，只给出各种意见，但并不说明发表各种意见的专家的具体姓名。这一过程重复进行，直到每一位专家不再改变自己的意见为止。

（6）对专家的意见进行综合处理

德尔菲法同常见的召集专家开会、通过集体讨论、得出一致预测意见的专家会议法既有联系又有区别。德尔菲法既能充分发挥各位专家的作用，集思广益，准确性高，又能把各位专家意见的分歧表达出来，取各家之长，避各家之短。

案例延伸

“隐藏”苏伊士运河

1941年2月，希特勒任命隆美尔为德国驻北非远征军司令。隆美尔发动对埃及的进攻，准备夺取苏伊士运河，切断英军依赖运河实施的作战保障。

对英国人来说，狭长的苏伊士运河航道可以使英国到中东港口的运程缩短几千英里。如果德国轰炸这条重要的生命线，英国的海上运输会花费更长时间，而且绕过非洲大陆南端好望角十分危险。英军希望有一个好办法保证苏伊士运河的安全。经过反复争论，英军最后决定“将苏伊士运河隐藏起来”，使其免遭德军轰炸。这项艰巨任务落在了当时英国最著名的魔术师贾斯帕·马斯克林头上。马斯克林以令人眼花缭乱、变幻莫测的魔术技法在欧洲声名远播。

马斯克林是如何“隐藏”运河的呢？他想到自己经常在舞台上利用突然喷雾和火焰来遮掩物体或调换物体，决定使用障眼法，就是利用足够的探照灯形成强烈的灯光屏障，蒙蔽常常在夜间靠近苏伊士运河进行投弹的德军飞行员。马斯克林把24个锡片反射器安装在探照灯透镜四周的弧形钢带上。每个探照灯便被改装成24条单独的光束，形成24条强光束带。这种经过改造而成的光带亮度极强，可以向空中射出9英里。接下来的几个星期，几十个经过改装的探照灯几乎覆盖了整条苏伊士运河。

10月5日晚，德军著名的“狮子”联队进入苏伊士运河区攻击英军舰船。当飞机进入苏伊士运河上空时，“特种探照灯”一齐打开。德军飞行员被突如其来的白光照射得无法睁开眼睛，而且这些亮度极强的光带还紧紧地“缠”着德军飞机。德军轰炸机试图穿过这个炫目的光屏，均以失败告终，最后只好慌乱地、漫无目标地把炸弹投到连自己都不清楚的地方。

回到基地后的德军飞行员苦恼地报告："偌大的运河已经完全被英军'隐藏'了。"此后，白天轰炸遭地面防空炮火还击、夜间又找不着目标的德国空军丧失了对苏伊士运河的控制权，英军保持了利用运河输送战略物资的优势。

思考题：

1. 创新思维的含义是什么，如何培养创新思维？

2. 简述有哪几种主要的创新思维方式，它们各自的特点是什么？

3. 培养创新思维有哪些方法？头脑风暴法和德尔菲法分别应用于哪种情况？

第三章　掌握创新技法

自主创新，方法先行。创新方法的突破是科技发展和社会进步的重要基础和保证，尤其在我国建设创新型国家的今天，对创新方法的研究具有十分重要的意义。

笛卡尔曾说过，最有价值的知识是关于方法的知识。方法不仅仅可以提高个人的学习和工作效率，达到事半功倍的效果，而且更重要的价值还在于能够复制成功。

所谓创新的方法，是指创新活动中带有普遍规律性的原理、方法和技巧。它是通过研究一个个具体的创新过程，来揭示创新的一般规律和方法。这些在创新实践中总结出来的方法技巧还可以在其他创新创造过程中加以借鉴使用，从而提高人们的创造力和创造成果的实现率。

从 1906 年美国的普林德尔在《发明的艺术》一文中最早对发明方法和创新技巧进行探索以来，先后有不同的人对创新创造方法进行研究，提出了各种各样的创新方法。到目前为止，已经达到 340 种之多。为便于系统学习，本项目将从中选取具有代表性的常用方法做简单介绍。

第一节　创新技法（一）

一、设问型技法

发明、创造、创新的关键是能够发现问题，提出问题。设问法就是对任何事物都多问几个为什么。经验证明，能发现问题与提出问题就等于取得了成功的一半。巧妙地设问可以启发想象、开阔思路、引导创新。

设问型技法实际上就是提供了一张提问的单子，针对所需解决的问题逐项对照检查，以期从各个角度较为系统周密地进行思考，探求较好的创新方案。目前，创造学家已经总结出了许多各具特色的设问型技法，如奥斯本检核表法、5W1H

法、和田十二法等。

自奥斯本的检核表法诞生以来，相继产生了多种不同的设问型技法。这些方法几乎适用于各种类型与场合的创造活动，它能够帮助人们突破思维与心理上的障碍，从多方面、多角度引导创新思路，从而产生大量的创造性设想。运用本技法在实践中取得成功的例子不胜枚举，因此，设问型技法被誉为“创造技法之母”。

设问型技法对于群众性的合理化建议活动、技术上的小发明和小革新是非常适合的，也可以与智力激励法等其他技法联合运用。具体应用时，如用于管理方面，则要注意明确问题的性质、程度、范围、目的、理由、场所、责任等；用于技术问题方面，则要注意明确产品的材料、结构、功能、工艺过程等。也就是说，要根据不同的工作性质对此法进行适当调整。使用设问型技法时，一定要坚持实践，养成善于提问思考的习惯，使原来封闭式、直线式的思维方式得到改善，从而有利于创造力的开发。

当然，设问型技法也有一定的局限性，它比较强调创造发明主体心理素质的改变，借助克服心理障碍，产生更多的思路，而忽略对技术对象的客观规律性的认识。所以，在使用本技法解决较复杂的技术发明问题时，仅能提供一个大概的思路，还需进一步与技术方法结合，才能完成有实际价值的发明。

(一) 奥斯本检核表法

奥斯本检核表法是以该技法的发明者、美国创新技法和创新过程之父奥斯本命名的，该方法引导主体在创造过程中对照 9 个方面的问题进行思考，以便启迪思路、开拓思维想象的空间，促进人们产生新设想、新方案。在众多创造技法中，这种方法是一种效果比较理想的技法。由于突出的效果，它被誉为“创造之母”。人们运用这种方法，产生了很多杰出创意，以及无数发明创造。

奥斯本检核表法主要面对 9 组问题：有无其他用途、能否借用、能否改变、能否扩大、能否缩小、能否代用、能否重新调整、能否颠倒、能否组合。这些问题是奥斯本在研究和总结大量近现代科学发现、发明、创造事例的基础上归纳出来的，对于任何领域创造性地解决问题都是适用的。

奥斯本检核表法原有 75 个问题，最终可归纳为 9 个方面，如表 3-1 所示。

表 3-1 奥斯本检核表法

检核项	含义
能否他用	现有的事物有无其他的用途，保持不变能否扩大用途，稍加改变，有无其他用途？
能否借用	能否引入其他的创造性设想？能否模仿别的东西？能否从其他领域、产品、方案中引入新的元素、材料、造型、原理、工艺、思路？
能否改变	现有事物能否作些改变，如颜色声音、味道、式样、花色、音响、品种、意义、制造方法等？改变后效果如何？
能否扩大	现有事物可否扩大适用范围？能否增加使用功能？能否添加零部件延长它的使用寿命，增加长度、厚度、强度、频率、速度、数量、价值
能否缩小	现有事物能否体积变小、长度变短、质量变轻、厚度变薄以及拆分或省略某些部分（简单化）？能否浓缩化、省力化、方便化？
能否替代	现有事物能否用其他材料、元件、结构、设备力、方法、符号、声音等代替？
能否调整	现有事物能否变换排列顺序、位置、时间、速度、计划、型号？内部元件可否交换？
能否颠倒	现有的事物能否从里外、上下、左右、前后、横竖、主次、正负、因果等角度颠倒过来用？
能否组合	能否进行原理组合、材料组合、部件组合、形状组合、功能组合、目的组合？

1. 能否他用

现有的东西（如发明、材料、方法等）保持原状不变的情况下，能否扩大用途？稍加改变，有无别的用途？人们从事创造活动时，往往沿着这样两条途径：一种是当某个目标确定后，沿着从目标到方法的途径，根据目标找出达到目标的方法。另一种则与此相反，首先发现一种事实，然后想象这一事实能起什么作用，即从方法入手将思维引向目标。后一种方法是人们最常用的，而且随着科学技术的发展，这种方法将越来越广泛地得到应用。

某个东西还能有其他什么用途？还能用其他什么方法使用它？这能使我们的想象活跃起来。当我们拥有某种材料，为扩大它的用途，打开它的市场，就必须善于进行这种思考。德国有人想出了 300 种利用花生的实用方法，仅仅用于烹调，就有 100 多种方法。橡胶有什么用处？有家公司提出了成千上万种设想，如用它制成床毯、浴盆、人行道边饰、衣夹、鸟笼、门扶手、棺材、墓碑等。炉渣有什么用处？废料有什么用处？边角料有什么用处？……当人们将自己的想象投入这条广阔的“高速公路”上，就会以丰富的想象力产生出更多的设想。

2. 能否借用

能否借用别处的经验或发明？外界有无相似的想法，能否借鉴？过去有无类似的东西，有什么东西可供模仿？谁的东西可供模仿？现有的发明能否引入其他的创造性设想之中？当伦琴发现 X 射线时，并没有预见到这种射线的任何用途。因而当他发现这项发现具有广泛用途时，他感到吃惊。通过联想借鉴，现在人们不仅用 X 射线来治疗疾病，外科医生还用它来观察人体的内部情况。同样，电灯在开始时只用来照明，后来，人们改进了光线的波长，发明了紫外线灯、红外线加热灯、灭菌灯等。科学技术的重大进步不仅表现在某些科学技术难题的突破上，也表现在科学技术成果的推广应用上。一种新产品、新工艺、新材料，必将随着它的越来越多的新应用而显示其生命力。

3. 能否改变

现有的东西是否可以做某些改变？改变一下会怎么样？可否改变一下形状颜色、音响、味道？是否可改变一下型号、模具、运动形式？……改变之后，效果又将如何？譬如汽车，有时改变一下车身的颜色，就会增加汽车的美感，从而增加销售量。又如面包，给它裹上一层芳香的包装，就能提高嗅觉诱力。而滚柱轴承改成滚珠轴承，就是改变形状的结果。

4. 能否扩大

现有的东西能否扩大使用范围？能不能增加一些东西？能否添加部件，拉长时间，增加长度，提高强度，延长使用寿命，提高价值，加快转速？……在自我发问的技巧中，研究“再多些”与“再少些”这类有关联的成分，能给想象提供大量的构思设想。使用加法和乘法，便可能使人们扩大探索的领域。“为什么不用更大的包装呢？”——橡胶工厂大量使用的黏合剂通常装在一加仑的马口铁桶中出售马口铁桶使用后便被扔掉。有位工人建议黏合剂装在五十加仑的容器内，容器可反复使用，节省了大量马口铁。“能使之加固吗？”——织袜厂通过加固袜头和袜跟，使袜子的销售量大增。“能改变一下成分吗？”——牙膏中加入某种配料，成了具有某种附加功能的牙膏。

5. 能否缩小

缩小一些怎么样？现在的东西能否缩小体积，减轻重量，降低高度，压缩、变薄？……能否省略，能否进一步细分？……前面一条沿着“借助于扩大”“借助于增加”而通往新设想的渠道，这一条则是沿着“借助于缩小”“借助于省略或分解”的途径来寻找新设想。袖珍式收音机、微型计算机、折叠伞等就是缩小的产物。没有内胎的轮胎，尽可能删去细节的漫画，就是省略的结果。

6. 能否替代

可否由别的东西代替？用别的材料、零件代替，用别的方法、工艺代替，用别的能源代替？可否选取其他地点？如在气体中用液压传动来替代金属齿轮，又如用充氩气的办法来代替电灯泡中的真空，使钨丝灯泡提高亮度。通过取代、替换的途径也可以为想象提供广阔的探索领域。

7. 能否调整

能否更换一下先后顺序？可否调换元件、部件？是否可用其他型号？可否改成另一种安排方式？原因与结果能否对换位置？能否变换一下日程？……更换一下，会怎么样？重新安排通常会带来很多的创造性设想。飞机诞生的初期，螺旋桨安排在头部，后来，将它装到了顶部，成了直升机，喷气式飞机则把它安装在尾部，说明通过重新安排可以产生种种创造性设想。商店柜台的重新安排，营业时间的合理调整，电视节目的顺序安排，机器设备的布局调整等，都有可能导致更好的结果。

8. 能否颠倒

通过对比也能成为萌发想象的宝贵源泉，可以启发人的思路。倒过来会怎么样？上下是否可以倒过来？左右、前后是否可以对换位置？里外可否倒换？正反是否可以倒换？可否用否定代替肯定？……这是一种反向思维的方法，它在创造活动中是一种颇为常见和有用的思维方法。第一次世界大战期间，有人就曾运用这种“颠倒”的设想建造舰船，建造速度也有了显著的提升。

9. 能否组合

组合起来怎么样？能否装配成一个系统？能否把目的进行组合？能否将各种想法进行综合？能否把各种部件进行组合？等等。例如把铅笔和橡皮组合在一起成为带橡皮的铅笔，把几种部件组合在一起变成组合机床，把几种金属组合在一起变成性能不同的合金，把几种材料组合在一起制成复合材料，把几家企业组合在一起构成横向联合。

(二) 5W1H 法

5W1H 法是一种思考方法，也可以说是一种创新技法。5W1H 法是对选定的项目、工序或操作，都要从原因（Why）、对象（What）、地点（Where）、时间（When）、人员（Who）、方法（How）六个方面提出问题进行思考。它们反映的是一个事物的几个方面。从不同的角度来思考问题，往往能够得出比较完善，甚至是意想不到的结果。

1. 实施程序

①对选定的项目、工序或操作，从 6 个角度提出问题并进行思考。这六方面问题分别是：为什么（Why）、做什么（What）、何人（Who）、何时（When）、何地（Where）、如何做（How）。

②将发现的疑点、难点列出。

③讨论分析，寻找改进措施。

如果现行的方法或产品经此检查基本满意，则认为该方法或产品可取；若其中某些点的答复有问题，则在这些方面加以改进；如果某方面有独到的优点，则应借此扩大产品的效用。

2. 问题提示

根据问题的性质不同，5W1H 法设问检查的内容也不同。例如：

①为什么（Why）：为什么发光？为什么漆成红色？为什么要做成这个形状？为什么不用机械代替人力？为什么产品制造的环节这么多？为什么要这么做？

②做什么（What）：条件是什么？目的是什么？重点是什么？功能是什么？规范是什么？要素是什么？与什么有关系？

③何人（Who）：谁来办合适？谁会生产？谁可以办？谁不宜加入？谁是顾客？谁支持？谁被忽略了？谁是决策人？谁会受益？

④何时（When）：何时完成？何时安装？何时销售？何时产量最高？何时是最佳营业时间？何时工作人员容易疲劳？何时完成最为时宜？需要几天才算合理？

⑤何地（Where）：何地最适宜某物生长？何处生产最经济？从何处去买？卖到什么地方？还有什么地方可以作销售点？安装在哪里最恰当？何地有资源？

⑥如何做（How）：如何做最省力？如何做最快？如何做效率最高？如何改进？怎样得到？怎样避免失败？怎样求发展？怎样扩大销路？怎样提高效率？怎样改善外观？怎样使产品用起来更方便？

对于最后一问 How，有时可扩展为两个问题：如何做（How to）与多少（How much），此即 5W2H 法。

⑦多少（How much）：功能如何？效果如何？利弊如何？安全性如何？销售额如何？成本多少？输出功率多少？效率多高？尺寸多少？重量多少？

3. 创新示例

（1）在管理方面的应用

某航空公司在机场候机室二楼设小卖部，生意相当惨淡。公司经理用 5W1H 法检查问题何在，结果发现 Who、Where 及 When 三方面都存在问题。

①谁是顾客？机场小卖部应当把出入境的旅客当主要顾客才对，而这些客人不需要上楼。在二楼逗留的大部分是送客或接客的人，他们完全可以在市内大商场里买东西，不必到机场来买。

②小卖部设置在何处？原来旅客出入境的路线，都是经海关检查后，直接从楼左、右侧走了，根本不需走二楼。小卖部的位置没有设在旅客的必经之路。

③顾客何时来购物？出境旅客只有当行李到海关检查交付航空公司后，才有闲情光顾小卖部。而原来机场安排旅客临上机前才能将行李交运，这样就从时间上限制了旅客。

由此可见，小卖部生意不佳的原因是：未把旅客当主顾，小卖部的位置偏离了旅客的必经路线，旅客没有购物的时间。

针对以上三点，公司研究后提出改进措施，把乘客当主顾，充实旅行用品和纪念品，以满足乘客的消费需要；将出入境乘客的海关检查线路改为必经小卖部，增加乘客光顾小卖部的机会；让乘客随时可以把行李交给航空公司，使之“无箱一身轻”，便有了购物的时间和心情。经此调整后，小卖部的生意果然兴隆起来了。

（2）在生产中的应用

下面以人工养殖珍珠技术为例加以说明。

在人工开始养殖珍珠时，贝的成珠率低，甚至容易死掉。应用 5W1H 法可以将问题缩小到以下几个方面，分别加以研究解决。

① What：放什么东西贝不容易死掉？放砂子不行，改用裹着贝肉的贝壳碎粒行否？

② When：什么季节在贝里放东西最容易成功？贝长到多大时适宜殖珠？一天中的什么时候放最有利？

③ Where：殖贝的位置选何处为好？

④ How to：如何使贝张开口？放进异物后如何养护？

针对以上每一个问题，拟订各种可行方案，经分别试验鉴定后，终于找到了最佳方法。

(三) 和田十二法

和田十二法又称为聪明十二法、十二口诀法，是我国上海创造协会研究员许立言、张福奎和上海市和田路小学结合我国实际情况，在奥斯本检核表法和其他技法基础上提炼总结出来的思维创新方法。1991 年，上海创造协会将这一方法正式命名为“和田十二法”。这种方法表述简洁，共 12 句话，36 个字，如表 3-2 所示。它有助于潜能开发和实际运用，缩短发明的孕育过程。该法已被日本创造学会和美国创造教育基金会承认，并译成日文、英文，在世界各国广为流传和使用。

我们依据这十二个口诀进行核对和思考，就能从中得到启发，诱发人们的创造性设想。

表 3-2 和田十二法

口诀	含义
加一加	加高、加厚、加多、组合等
减一减	减轻、减少、省略等
扩一扩	放大、扩大、提高功效等
变一变	改变其形状、颜色、气味、音响、次序等
改一改	改缺点、改不便、改不足之处等
缩一缩	压缩、缩小、微型化
联一联	原因和结果有何联系，把某些东西联系起来
学一学	模仿形状、结构、方法，学习先进
代一代	用其他材料或方法代替
搬一搬	移作他用
反一反	能否颠倒一下
定一定	定个界限、标准，能提高工作效率

现将和田十二法简述如下：

1. 加一加

在这件东西上添加些什么或把这件东西与其他什么东西组合在一起，会有什么结果？

把这件东西加大、加长、加高、加宽会怎样？这里的“加一加”是为了创新思维而“加一加”。如美国商人用 0.2 美元从我国购买一种工艺草帽，添加一条花边帽带，再加上定型，结果在市场上十分畅销，价格也翻了近百倍。

2. 减一减

将原来物品减少、减短、减窄、减轻、减薄等，设想能变成什么新东西？将原来的操作减慢、减时、减次、减序等，又会有什么效果？人们用“减一减”的方法发明创造了许多新的东西。例如将上衣减去袖子，就成了马夹；一封信件通常由信纸、信封和邮票三件物品组成，用“减一减”的创新思维方法，使三件变成了一件明信片；普通眼镜将镜片减薄、减小、去镜架，就变成了隐形眼镜；等等。

拖鞋就是在普通鞋子的基础上减一减，减成简单的方式，便于在房间里穿。

台湾少年于实明见爸爸装门扣时要拧六颗螺丝钉，觉得很麻烦。他想减少螺丝钉的数目，提出了这样的设想：将锁扣的两个边条弯成卷朝下，只要在中间拧上颗螺钉便可固定。这样的门扣只要两颗螺钉便固定住了。

3. 扩一扩

将原有物品放大、扩展，会有什么变化？例如“投影”放大，即为扩一扩得到的效果；有一个中学生雨天与人合用一把雨伞，结果两人都淋湿了一边肩膀。他想到了“扩一扩”，就设计出了一把“情侣伞”——将伞面积扩大，并呈椭圆形，结果这种伞在市场上很畅销。

将太阳帽扩一扩，使其帽檐扩大到足够母子二人遮阳使用。

最初的台式风扇是放在桌子上的，如果没有桌子那怎么扇呢？于是便出现了落地风扇。

空调原来是装到窗户上的，接着扩一扩，变成分体式；再扩一下，变成了柜式机；再扩大一下变成了中央空调。

4. 变一变

“变一变”就是改变原有事物的形状、尺寸颜色、滋味、浓度、密度、顺序场合、时间、对象、方式、音响等，形成新的物品。

美国牙医明娜·杜尔斯发现儿童不爱刷牙的原因是讨厌牙膏中的薄荷味。于是她运用“变一变”原理进行创意，在牙膏中减少薄荷，加上糖浆和果汁，改变了牙膏的口味。

5. 改一改

“改一改”就是从现有事物入手，发现该事物的不足之处，如不安全、不方便、不美观的地方，然后针对这些不足寻找有效的改进措施，从而导致创新。“改”与“变”的含义差不多，但“变一变”是主动地对某一事物进行变动，使这一事物保持常新。“改一改”则带有被动性，常常是在事物缺点暴露出来后，才通过消除这种缺点的方式来进行创造。

“改一改”技巧的应用范围很广，如酒瓶，透明的改为磨砂的，玻璃的改为瓷罐的；原有的注射器改为一次性注射器等。“改一改”就是不断发现缺点，不断克服缺点，精益求精，永不满足。

眼镜，原来镜片是用玻璃做的，光学性能不佳，而且容易碎裂；架子是金属的，很沉。于是人们便把眼镜架改为钛合金的，不变形而且很轻；把眼镜片改为树脂镜片，更轻、更安全。

6. 缩一缩

“缩一缩”是把原有物品的体积缩小、缩短，变成新的东西。例如生活中常见的折叠伞、微型照相机、浓缩洗衣粉、掌中宝计算机、折叠沙发和折叠桌椅等，都是“缩一缩”的结果。

随身听的发明，实际上就是“缩一缩”带来的结果。电热杯就是热水壶“缩一缩”的结果。

7. 联一联

“联一联”就是把某一事物和另一事物联系起来，看看能否产生新事物。如手机发短信，一直以来都是通过按键输入的形式完成的，但将其与手写信息联系起来，通过“联一联”开发出了可以手写输入的手机，方便了手机用户。

在澳大利亚，有人发现一片甘蔗田里的甘蔗产量提高了50%。这是由于甘蔗栽种前一个月，有一些水泥洒落在这块田地里。科学家分析后认为，是水泥中的硅酸钙改良了土壤的酸性，从而导致甘蔗的增产。这种将结果与原因联系起来的分析方法经常能使我们发现一些新的现象与原理，从而引出发明。由于硅酸钙可以改良土壤的酸性，因此人们研制出了改良酸性土壤的“水泥肥料”。

8. 学一学

“学一学”是指学习模仿别的物品的原理、形状、结构、颜色、性能、规格、方法等，以求创新。如科学家研究了蝙蝠飞行原理，发明了雷达；研究了鱼在水中的行动方式，发明了潜水艇；研究了鲸在海中游行的情形，把船体改进成流线型，大大提高了轮船航行的速度。

此外，人们模仿企鹅的运动方式发明了沙漠跳跃机；从恐龙的巨大身躯上悟出建筑学的原理等；王羲之从鹤的滑水动作中悟出楷书的笔法；草圣张旭从公孙大娘的舞剑中悟出草书；等等。

“学一学”不是照搬，而是从现象中寻找规律性的东西，学习中有改进，学习中有创造。所以，模仿学习有时能得到更新的技术，使其得以“跳过”创新者，开发出卓越的产品。

9. 代一代

“代一代”是用其他事物或方法来代替现有的事物，从而导致创新的发明思路。许多事物尽管使用领域不一样，使用方式也各不相同，但都具有同一种功能。因此，可以试着替代。既可以直接寻找现有事物的代用品，也可以从材料、零部件、方法、形状颜色和声音等方面进行局部替代。曹冲称象可以说是“代一代”的典型事例。

现在自来水管道再不用铸铁的了，因为铸铁的自来水管道用不了几年就会锈蚀，取而代之的是 PVC 管，只是这一“代”，水管的使用年限就大大延长了。

10. 搬一搬

“搬一搬”就是把这件事物、设想、技术搬到别处，看看会产生什么新的设想和技术。“搬一搬”往往是某项发明创造推广应用的基本方法。如激光技术“搬”到了各个领域，就有了激光切削、激光手术等。又如，原本用来照明的电灯，经“搬一搬”后，就有了紫外线灭菌灯、红外线加热灯、装饰彩灯、信号灯等。同一样东西“搬”了另一个场合就会产生新的功能。

11. 反一反

“反一反”就是将某一事物的形态性质、功能以及正反、里外、前后、左右、上下、横竖等加以颠倒，从而产生新的事物。“反一反”在生活中的运用很普遍，如森林动物园一反普通动物园将猛兽关在笼子里供游人观赏的常态，改为将游人关在笼式汽车里，在森林中浏览观赏行动自由的猛兽，从而受到游人的欢迎。司马光砸缸的故事也是其典型的事例。“反一反”是一种逆向思维，它一般是指从已有事物或现象的相反方向进行思考，寻找解决问题的新途径。

洗衣机脱水缸的转轴是软的，用手轻轻一推，脱水缸就东倒西歪。可是脱水缸在高速旋转时，却非常平稳，脱水效果很好。当初设计时，为了解决脱水缸的颤抖和由此产生的噪声问题，工程技术人员想了许多办法：先加粗转轴，无效；

后加硬转轴，仍然无效。最后，他们来了个逆向思维，弃硬就软，用软轴代替了硬轴，成功解决了颤抖和噪声两大问题。

在国外，有人想发明清扫工具。开始时他把地上的灰尘吹掉，结果灰尘飞扬，弄得一塌糊涂。后来，他“反一反”考虑，把“吹尘”改为“吸尘”，终于发明了现在的“吸尘器”。

12. 定一定

“定一定”指对新产品或事物定出新的标准、型号顺序，或者为改进某种东西以及提高工作效率和防止不良后果做出的一些新规定，从而导致创新。古代由于没有规定统一的温度起点，市场上有 27 种不同刻度的温度计出售，给人们带来不少麻烦。1740 年，大家协商一致，同意以水的冰点和沸点作为温度计标准刻度的依据。瑞典的安德斯·摄尔修斯以此为依据制造出一种温度计，就是今天大家最熟悉的摄氏温度计。

“定一定”还有许多发明应用，如为了提高生产效率，美国首先发明了流水线生产法；药水瓶印上刻度，贴上标签，注明每天服用几次，什么时间服用，服用几格；城市十字路口的交通信号灯，红灯停、绿灯行；学校里规定上课时学生发言必须先举手，得到教师允许后才能起立发言；等等。

二、组合创新法

组合创新法是指按照一定的技术原理，通过将两个或多个功能元素合并，从而形成一种具有新功能的新产品、新工艺、新材料的创新方法。例如，一堆砖堆放在一起只是一堆砖，若是按照一定的关系砌起来就可能组合成一座建筑物。组合创新法具有以下特点：

①将多个特征组合在一起；

②组合在一起的特征相互支持、相互补充；

③组合后要产生新方法或达到新的效果，有一定的飞跃；

④利用现成的技术成果，不需要具有高深的理论基础和开发专门的高级技术。

有人对 1900 年以来的 480 项重大创新成果进行分析，发现从 1950 年以后，原理突破型成果的比例开始明显降低，而组合型发明开始成为技术创新的主要方式。据统计，现代技术创新中组合型成果已经占到了 60%~70%。这也验证了晶体管发明者之一的肖克莱所说的一句话，所谓创新，就是把以前独立的发明组合起来。

比如我们日常生活中经常使用的东西都属于组合创新型发明。例如：牙膏 + 中药 = 药物牙膏；电话 + 视频采集 + 视频接收 = 可视电话；毛毯 + 电热丝 = 电热毯；台秤 + 微型计算机 = 电子秤；照相机 + 模 / 数转换器 + 存储器 = 数码相机；自行车 + 蓄电池 + 电机 = 电动自行车；机械技术 + 电子技术 = 数控机床。

可以说，组合的思维方法和组合的技巧是创新者的基本技能。爱因斯坦高度重视组合创新，1929 年他在为苏联《发明家》杂志创刊号发表的题为《集体代替个人》的文章中说，我认为，一个为了更经济地满足人类的需要而找出已知装备的新的组合的人就是发明家。

从另一个角度说，以互联网为主要载体、各种传媒融合为主要特征的时代，知识纵横成网，信息瞬间万变，因此运用组合的方法显得更为重要。

组合创新法几乎覆盖了我们日常生活中的各个领域，具体说来有以下几种实现方式。

(一) 主体附加法

以某事物为主体，在此基础上添加另一附属物，从而实现组合创新的方法——主体附加法是一种创造性较弱的组合，人们只要稍加动脑和动手就能实现，但只要附加物选择得当，同样可以产生巨大的效益。

主体附加法的运用，首先要确定主体附加的目的，可以通过缺点列举法全面分析主体的缺点，然后用希望点列举法列出种种希望，再确定某种希望作为附加的目的。其次，根据附加目的确定附加物。主体附加法的创造性很大程度上取决于附加物的选择是否使主体产生新的功能和价值，以增加其实用性。例如：电扇加定时器、电冰箱加温度显示器、带橡皮头的铅笔、含微量元素的食品等。

(二) 异类组合法

将两种或两种以上的不同种类的事物进行组合，产生新事物，这种方法被称为异类组合法。异类组合法是将研究对象的各个部分、各个方面和各种要素联系起来加以综合考虑，从而在整体上把握事物的本质和规律，体现了综合就是创造的原理。

CT扫描仪就是异类组合法的应用实例。计算机和X射线机是两种不同种类的事物，但是将二者结合起来的CT扫描仪可以通过X射线对脑内分层扫描拍照，诊断脑内疾病，具有二者所没有的新功能。

异类组合法的特点如下：

①组合对象来自不同的方面，一般无主次之分；

②组合过程中，参与组合的对象从意义、原理、构成、成分、功能等任一方面或多方面互相渗透，整体变化比较显著；

③异类组合是异中求同，因此范围很广、创造性很强。

（三）同物自组法

将相同的事物进行组合，产生新事物的创新方法。如我们熟知的对笔、情侣表、情侣帽、情侣衫、子母灯、子母电话机等。同物自组法的创造目的是，在保持事物原有功能或原有意义的前提下，通过数量的增加，来弥补功能的不足，或获取新的功能，产生新的意义。而这种新功能或新意义，是原有事物单独存在时所不具备的。

同物自组法的特点如下：

①组合的对象是两个或两个以上的同一事物或同一类事物；

②组合的过程中，参与组合的对象在组合前后其基本原理、基本结构一般不发生实质性变化；

③同物组合的产物，往往具有组合的对称性或一致性的趋向。

进行同物组合时，我们要多多观察那些单独存在的事物，设想单独的事物成双成对之后，其功能是否能得到更好发挥，或者带来新的功能。另外，还可以考虑同物组合之后，是否能带来新的功能。

（四）重组组合法

重组组合法又称分解组合法，是指在事物的不同层次上分解原来的组合，然后再根据新的目的进行重新组合，从而使事物的性能发生变化，这种方法被称为重组组合法。

重组组合法的特点如下：

①组合在一个事物上进行；

②组合过程中，一般不增加新的东西；

③重组主要是改变事物各组成部分之间的相互关系。

日常生活中，随处可见重组的例子。例如，流行的儿童玩具“变形金刚”、分体组合家具等。

三、列举分析法

列举分析法是在美国内布拉斯加大学教授克劳福特创造的属性列举法基础上形成的，是运用发展性思维来克服思维定式的一种创造技法。这种技法应用广泛，常用于简单设想的形成与发明目标的确定。

列举分析法运用了分解和分析的方法，其要点是将研究对象的特点、缺点、希望点罗列出来，提出改进措施。就是把与创新有关的方面一一列举出来，然后探讨能否改革、怎样改革，最后实现改革。列举分析法通常分为特性列举法、缺点列举法与希望点列举法。

（一）特性列举法

特性列举法简单实用，既适用个人，也适用群体。这种技法解决问题的主要手段是：逐一列举创意对象的特征，进行联想，提出解决方案。特性列举法分两步走：第一步，选择目标较明确的创意课题，宜小不宜大；再列举创意对象的特征，如名词特性、形容词特性和动词特性等。第二步，从各个特性出发，提问或自问，启发广泛联想，产生各种设想，再经评价分析，优选出经济效益高、美观实用的方案来。在运用该法时，对创新对象的特性分析得越详细越好，并尽量从多角度提出问题和解决办法。例如，有一种鸣笛水壶，就是按这一思路创新成功的：蒸汽口设在壶口，水烧开后自动鸣笛；盖上无孔，提壶时不烫手；水壶外壳是倒过来冲压成型的，焊上壶底，外形美观，还可以节省能源。气动保温瓶也是运用该法发明的。原保温瓶只有装水、倒水两种功能，新保温瓶则有气动出水的功能；此外，新保温瓶不仅有实用价值，而且造型、色彩宜人，是美化家庭的装饰品。

(二) 缺点列举法

缺点列举法是通过缜密的思维，发现和挖掘事物的缺点，并把它的缺点一一列举出来；然后再通过分析，找出其主要缺点，据此提出克服缺点的课题或方案。每发现一个缺点，提出一个问题，就找到了创新发明的课题。例如，用瓶装的煤气做饭，虽然比用柴火做饭方便得多，但却存在着很大的风险。运输及使用不当，会引起煤气泄漏，后果不堪设想。针对这个缺点，现在城镇居民已开始普及使用天然气管道输送的方式来做饭了，不仅安全性能提高了，而且也更为便利了。

运用缺点列举法时也可以采用扩散思维的方法。例如，以拖拉机为主题，列出它的缺点和不足之处，污染空气、速度慢、载货量小、安全性差等；然后挑出主要的缺点，逐个研究考虑切合实际的改革方案。

运用缺点列举法，第一步先找出事物的不足，也就是选定研究的课题。课题一般不宜选得过大，如果过大，包含的内容太多，则无法进行精细的研究。对于大课题，可以将其分解成许多部分进行研究；第二步分析缺点产生的原因，分析要有针对性和系统性；第三步针对不足产生的原因，有的放矢地提出解决方法。

(三) 希望点列举法

从人们的需要和愿望出发提出发明创造构想，称为希望点列举法。例如，随着（电影）技术的发展，刚开始只有无声电影，后来有了有声电影、彩色电影、立体声电影，现在又产生了立体电影和环幕电影。这是不断满足人们要求或希望的过程，是促使技术不断更新换代的过程。希望点列举法的原则是“如果能这样该多好！”

运用希望点列举法需要三个步骤：首先，激发和收集人们的希望；其次，仔细研究人们的希望，形成希望点，即指创新性强、科学、可行的希望；最后，以希望点为依据，创造新产品满足人们的需要。这种方法比较符合人们追求美好事物的逻辑，是享受创新的一种方法。

(四) 逆向转换法

逆向转换法中的“逆”可以是方向、过程、功能、原因、结果、优缺点、破（旧）、立（新）矛盾的两个方面等诸方面的逆转。

1. 原理逆向

原理逆向是指从事物原理的相反方向进行的思考。例如，意大利物理学家伽利略曾应医生的请求设计温度计，但屡遭失败。有一次他在给学生上实验课时，发现水的温度变化引起了水的体积变化，这使他突然意识到，水的体积变化可能会引起水的温度变化。循着这一思路，他终于设计出了温度计。其他的例子还有制冷与制热，电动机与发电机，压缩机与鼓风机等。

2. 功能逆向

功能逆向是指按事物或产品现有的功能进行相反的思考。例如，在发生火灾时，消防员使用的灭火器中有一种风力灭火器。风吹过去，温度降低，空气稀薄，火就被吹灭了。一般情况下，风是助火势的，特别是当火比较大的时候。但在一定情况下，风可以使小的火熄灭，而且相当有效。另外，保温瓶可以保温，反过来也可以保冷。

3. 过程逆向

过程逆向是指对事物进行过程逆向思考。例如，小孩掉进水缸里，常人会马上想办法把人从水缸中救出，而司马光却相反，他采用的是打破水缸救人的办法。还有一个例子就是除尘，既可以采取吹尘的方法，也可以采取吸尘的方法。

4. 因果逆向

因果逆向是指原因结果互相反转，即由果到因。例如，在数学运算中，从结果倒推回来可以检查运算过程和是否充分利用了已知条件。

5. 结构或位置逆向

结构或位置逆向是指从已有事物的结构或位置出发所进行的反向思考，如结构或位置的颠倒、置换等。

6. 观念逆向

一般情况下，观念不同，行为不同，收获就可能不同。例如，我国的工业生产从大而全的观念转变到专门化生产，大大提高了生产效率和产品质量；产品从以产定销变为以销定产，可以减少库存，提高资金利用率。

四、联想法

联想法是依据人的心理联想而发明的一种创新方法。联想，即联结想象，就是由一个事物想到另一个事物的心理现象。这种心理现象不仅在人的心理活动中占据重要地位，而且在回忆、推理、创新的过程中也起着十分重要的作用。许多创新都来自人们的联想。

联想具有很强的弹性，它可以在特定的对象中进行，也可在特定的空间中进行，还可以进行无限的自由联想，而且这些联想都可以产生创新设想，获得创新的成功。联想主要有接近联想、对比联想、相似联想。

（一）接近联想

发明者以时间和空间为基点联想到比较接近的事物，从而设计创新出新的事物。比如，在我国北方，每到秋冬季节，风特别大，于是人们想到利用自然界的风来发电，既节能又环保。而在我国南方，经常闹洪灾，人们又想到靠水力来发电。在艺术创作中，运用接近联想方法的事例不胜枚举。比如，《春江花月夜》中的名句“春江潮水连海平，海上明月共潮生”，将春江、潮水、大海与既相近又相远的明月联想在一起，增加了亲近感，仿佛令人置身于一幅时空壮丽宏伟、奇异幻妙的景观之中，令人如痴如醉。在科学创新中，接近联想是从已知探索未知的锐利武器。比如，门捷列夫的元素周期表就是通过接近联想得出的。

（二）对比联想

由某一事物的感知和回忆触发跟它具有相反特点的事物的感知和回忆，从而设计出新的发明项目。比如，黑与白，大与小，水与火，黑暗与光明，温暖与寒冷，沙漠与森林，忆苦与思甜。每对既有共性，又具有个性。对比联想具有悖逆性和挑战性。对比联想又可分为下列四种：

1. 性质属性对比联想

比如：空调的发明最初是为了消暑用的，但到了冬天，它就无用武之地了。于是，人们通过改进，使它既具有消暑功能，又具有保暖防寒的功效。现在的空调具有冬暖夏凉的功能，为人们的生活家居带来了福音。这是从性质属性对立角度进行的对比联想。

2. 优缺点对比联想

世上没有十全十美的东西，发明者在发明设计时，既要看到优点和长处，又要考虑到缺点和短处，反之亦然。太阳能热水器在给人们带来便利的同时，也带给人们一些困扰，要是赶上阴天或下雨天就无法正常使用；冬天由于阳光微弱，也较难达到洗澡的水温。

3. 结构对比联想

从空间考虑，前后、左右、上下、大小的结构，颠倒着进行联想。例如，台式电脑笨重，不方便携带，于是人们想如果能将其小型化，随时随地地带在身边方便办公，那该多好啊。于是，手提电脑和掌上电脑问世了。

4. 物态对比联想

即看到从一种状态变为另一种状态时，联想与之相反的变化。比如，煤能燃烧，但是煤是固体，运输、使用都较困难，于是人们就创新发明了把煤不完全燃烧，制成煤气用管道运输，到目的地后再给予充分燃烧这样一种方法，取得了很好的效果。

（三）相似联想

这是对相似事物的联想，又可称类似联想。相似联想是以相同之中有不同，不同之中有相同为基础的。比如，由西瓜想到篮球，由棉花想到漫天飞雪的场景，由树木想到森林，由火柴想到打火机，由质量守恒定律想到能量守恒定律再想到质量能量守恒定律等。相似联想又可以分为以下几种类型。

1. 启发联想

启发联想是指受相似事物的启发而形成的联想，有时会产生意想不到的创新。例如，法国卢米埃尔兄弟偶然中看到了裁缝踩踏缝纫机时压脚一动一停的动作，联想到了活动电影机的间歇运动，由此解决了银幕上画面模糊不清的难题。

2. 离奇联想

离奇联想是指从某些离奇的、不合情理的思路上突发出一种创意的联想。例如，美国的一位工程师把炸药和油漆离奇地联想到一起，从而发明了具有活性的油漆添加剂，数年后可把油漆轻而易举地从墙上剥落下来。

3. 质疑联想

质疑联想是指对旧事物、旧理论进行质疑，并由此构思新事物和新理论的联想。例如，物理学家爱因斯坦大胆怀疑经典力学的某些定律，并把它重新演算后创新了新的理论，由此获得了诺贝尔物理学奖。

4. 审美联想

审美联想是指对创意对象的形态、结构、色彩等进行美感和美学的联想。例如，毕加索对传统平面绘画进行立体结构变化后，就获得了创新的立体绘画代表人物的地位。

五、类比演绎法

类比演绎法是富有创造性的创意方法，有利于人的自我突破，其核心是异中求同，或同中见异，从而产生新知，得到创造性成果。它在人们认识世界和改造世界的活动中，起着重要的作用。历史上，许多重大的科学发现、技术发明和文学艺术创作，都是运用类比演绎法的硕果。例如，欧姆将其对电的研究和傅立叶关于热的研究加以类比，建立了欧姆定律。在其他科学领域里，也有类似的情况。比如英国医生琴纳发现“种牛痘”可以预防天花，是受到挤牛奶女工感染牛痘而不患天花的启示。仿生学的迅猛发展，更说明了类比法的重大价值。

类比演绎法是根据两个或两类对象之间在某些方面的相同或相似而推出它们在其他方面也可能相同的一种思维形式和逻辑方法。这种方法的关键是通过已知事物与未知事物之间的比较，从已知事物的属性推测未知事物也具有某种类似属性。

从广义上说，世界上所有的事物之间都存在着应用类比演绎法的可能性，但它一定要有一定的客观规律作为基础。根据类比的对象、方式等的不同，类比演绎法大致可以分为以下几种类型。

（一）直接类比

直接类比是从自然界或者人为成果中直接寻找出与创意对象相类似的东西或事物，进行类比创意。

（二）拟人类比

拟人类比是使创意对象“拟人化”，也称为亲身类比、自身类比或人格类比。这种类比就是创意者使自己与创意对象的某种要素认同一致，自我进入“角色”，体现问题，产生共鸣，以获得创意。

（三）幻想类比

幻想类比是将幻想中的事物与要解决的问题进行类比，由此产生新的思考问题的角度。借用科学幻想、神话传说中的大胆想象来启发思维，在许多时候是相当有效的。在这里要强调的是，幻想类比只是运用幻想激发想象力，它就像帮助我们过河的垫脚石，只是一个工具，幻想的内容并不是我们马上要实现的目标。

（四）对称类比

自然界中许多事物都存在着对称关系，如物理学上的正电荷与负电荷，两者除了极性相反之外，其他都相同，好像人们照镜子，镜中人与镜外人一样。换句话说，正电荷和负电荷是对称的。在创造过程中，运用对称类比，也可能获得某种创造。

（五）因果类比

两个事物之间都有某些属性，各属性之间可能存在着同一种因果关系，根据某一个事物的因果关系可能推出另一个事物的因果关系。在创造过程中，掌握了某种因果关系并进行触类旁通，有可能获得新的启发，产生新的创意。

（六）仿生类比

仿生类比是指人在创意、创造活动中，常将生物的某些特性运用到创意、创造上。如模仿海豚的皮肤使潜水艇在水中受到的阻力减少；根据蝙蝠发出超声波的原理，发明了雷达；模仿鸟类展翅飞翔，造出了具有机翼的飞机。同样，人们根据鸟类可直接腾空起飞，不需要跑道，又发明了直升机；当发现蜻蜓的翅膀能承受超过其自重好多倍的重量时，就采用仿生类比，试制出超轻的高强度材料，用于航空、航海、车辆以及房屋建筑领域。

（七）综合类比

综合类比是根据一个对象要素间的多种关系与另一个对象综合相似而进行的类比推理。两个对象要素的多种关系综合相似，就意味着它们的结构相似，由结构相似可推出它们的整体特征和功能相似。

综上可知，类比演绎法在探求新的事物发展规律、建立事物间联系的过程中发挥着极其特殊的作用。类比诱发创造性思考，可以触类旁通、启发思路，但它是一种不严格的推理，并不能运用到一切科学研究和生产实践活动中。

第二节 创新技法（二）

TRIZ 一词是俄文“发明问题解决理论”的首字母缩写，英文名称为 Theory of Inventive Problem Solving。人类进入工业化社会以来产生了无数的发明创造，设计制造了各种各样的机械设备，这些发明创造的创新过程是具有通用的规律的，TRIZ 理论可以科学地运用这些规律帮助我们进行创新设计。

TRIZ 理论是由苏联发明家根里奇·阿兹舒勒及他的同事于 1946 年最先提出的。当时阿兹舒勒在苏联里海海军的专利局工作，在处理世界各国著名的发明专利过程中，阿兹舒勒发现任何领域的产品改进、技术的变革、创新和生物系统一样，都存在产生、生长、成熟、衰老、灭亡的过程，是有规律可循的。如果人们掌握了这些规律，就能能动地进行产品设计并能预测产品的未来趋势。

以后的数十年中，阿兹舒勒穷其毕生的精力致力于 TRIZ 理论的研究和完善，建立起 TRIZ 理论体系。20 世纪 80 年代中期前，该理论对其他国家保密，80 年代中期，随着一批科学家移居美国等西方国家，他们逐渐把该理论介绍给世界产品开发领域。现在，国际上已经对超过 250 万项出色的专利进行过研究，并大大充实了 TRIZ 的理论和方法体系。

一、TRIZ 理论核心思想

现代 TRIZ 理论的核心思想主要体现在以下三个方面：

首先，无论是一个简单产品还是复杂的技术系统，其核心技术的发展都是遵循客观的规律发展演变的，即具有客观的进化规律和模式。

其次，各种技术难题和矛盾的不断解决是推动这种进化过程的动力。

最后，技术系统发展的理想状态是用最少的资源实现最大的效益。

二、TRIZ 理论主要内容

创新从最通俗的意义上讲就是创造性地发现问题和创造性地解决问题的过程，TRIZ 理论的强大作用正在于它为人们创造性地发现问题和解决问题提供了系统的理论和方法工具。

现代 TRIZ 理论体系主要包括以下几个方面的内容：①创新思维方法与问题分析方法；②技术系统进行法则；③技术矛盾解决原理；④创新问题标准解法；⑤发明问题解决算法；⑥基于物理、化学、几何学等工程学原理而构建的知识库。

三、TRIZ 解决问题的过程

1. 解决问题的前提

TRIZ 理论体系解决问题的思路建立在三种基本前提下：

①技术系统的演变遵循一些重要规律，可以归纳为 8 种模式（如遵循产生、成长、成熟和衰退的生命周期等）；

②任何技术系统，在它的生命周期内，趋于越来越可行、简单、有效，即更加理想，增加技术系统的理想成为解决创新性问题的一般规律；

③创新性问题的解决至少要解决一对冲突，TRIZ 将冲突分为技术冲突和物

理冲突两种类型，技术冲突是指系统某一方面性能得到改进时，另一方面指标就会恶化；物理冲突是指系统表现出两种相反的状态。

2. 求解创新问题的工具和方法

基于以上前提，TRIZ 提出了具体求解创新问题的工具和方法：矛盾矩阵和 40 项创新原则。

TRIZ 之父——G.S.Altshuller 从 4 万个发明专利中发现只有 39 项技术参数（表 3-3），可以形成技术矛盾，把它们分别放置于一张表的行和列，行代表需要改进的参数，列代表同时引起恶化的参数，行和列的每个交叉点就是一对参数冲突，这样构成了 39 × 39 的矛盾矩阵。为了解决这些矛盾，Altshuller 总结了 40 项创新原则（表 3-4），对每个矛盾分别给出了几项创新原则。研究人员只要看清矛盾，直接选用相关原则就可找到解决问题的办法。

表 3-3　39 项技术参数

序号	技术参数	序号	技术参数	序号	技术参数
1	运动物体的重量	14	强度	27	可靠性
2	静止物体的重量	15	运动物体作用时间	28	测试精度
3	运动物体的长度	16	静止物体作用时间	29	制造精度
4	静止物体的长度	17	温度	30	物体外部有害因素运用的敏感性
5	运动物体的面积	18	光照度	31	物体产生的有害因素
6	静止物体的面积	19	运动物体的能量	32	可制造性
7	运动物体的体积	20	静止物体的能量	33	可操作性
8	静止物体的体积	21	功率	34	可维修性
9	速度	22	能量损失	35	适应性及多用性
10	力	23	物质损失	36	装置的复杂性
11	应力或压力	24	信息损失	37	监控与测试的困难程度
12	形状	25	时间损失	38	自动化程度
13	结构的稳定性	26	物质或事物的数量	39	生产率

表 3-4　40 项创新原则

序号	创新原则	序号	创新原则
1	分割原则	21	跃过原则
2	拆出原则	22	变害为利原则
3	局部性质原则	23	反向联系原则
4	不对称原则	24	“中介”原则
5	组合原则	25	自我服务原则
6	多功能原则	26	复制原则
7	“玛特廖什卡”原则	27	用廉价的不持久性代替昂贵的持久性原则
8	重量补偿原则	28	代替力学原理原则
9	预先反作用原则	29	利用气动和液压结构的原则
10	预先作用原则	30	利用软壳和薄膜原则
11	“预先放枕头”原则	31	利用多孔材料原则
12	等势原则	32	改变颜色原则
13	“相反”原则	33	一致原则
14	球形原则	34	部分剔除和再生原则
15	动态原则	35	改变物体聚合态原则
16	局部作用或过量作用原则	36	相变原则
17	向另一维度过渡的原则	37	利用热膨胀原则
18	机械振动原则	38	利用强氧化剂原则
19	周期作用原则	39	采用惰性介质原则
20	连续有益作用原则	40	利用混合材料原则

四、TRIZ 算法解决问题的流程

TRIZ 中，创新问题求解的过程是对问题不断地描述，不断地标准化的过程。在这一过程中，初始问题最根本的矛盾被清晰地显现出来。该过程是通过 ARIZ 算法实现的。

ARIZ 算法主要包含六个模块：

第一个模块：情境分析，构建问题模型；

第二个模块：基于物场分析法的问题模型分析；

第三个模块：定义最终理想解与物理矛盾；

第四个模块：物理矛盾解决；

第五个模块：如果矛盾不能解决，调整或者重新构建初始问题模型；

第六个模块：解决方案分析与评价。

应用ARIZ取得成功的关键在于在理解问题的本质前，要不断地对问题进行细化，直至确定了问题所包含的物理矛盾。

五、TRIZ理论的运用

TRIZ的原理、算法也不局限于任何特定的应用领域。它是指导人们创造性解决问题并提供科学的方法、法则。因此，TRIZ可以广泛应用于各个领域，创造性地解决问题。不仅在苏联得到广泛应用，在美国的很多企业特别是大企业，如波音、通用、克莱斯勒、摩托罗拉等的新产品开发也得到了应用，获得了可观的经济效益。

TRIZ算法具有优秀的易操作性、系统性、实用性以及易流程化等特性，尤其对于那些问题情境复杂、矛盾不明显的非标准发明问题，它显得更加有效和可行。

案例延伸

扫地机器人的创新发明

随着计算机技术、人工智能技术、传感技术以及机器人技术的发展，很多智能系统开始运用到小家电中，其中有代表性的就是扫地机器人。扫地机器人的机身为无线机器，以圆盘形为主。它使用充电电池运作，以遥控器或机器上的操作面板进行操作。它一般能设定时间预约打扫，自行充电。它的前方设置了感应器，可侦测障碍物，如碰到墙壁或其他障碍物，它会自行转弯。以下运用功能模拟法对扫地机器人的创新原理及过程进行说明。

首先，分析研究人类和扫地机器人之间功能的相似性。扫地机器人模拟人类打扫卫生这一行为，由控制系统、电源、侦测系统、移动系统和清洁系统五部分组成。相应地，侦测系统模拟了人的视觉功能，来感知外界需要清扫的位置；控制系统模拟了人的大脑收集、处理和发送信息的功能，通过传感器得到机器人所需要的各种信号，存储并发出命令；移动系统模拟了人双腿的行走功能；清洁系统模拟了人双手拿扫把、抹布打扫卫生的行为。

其次，建立扫地机器人的功能分析模型。扫地机器人最主要的功能是清洁打扫，要想实现这一总功能，需要侦测功能、控制功能、移动功能和清洁功能这四项子功能。接下来细分这四项子功能的元器件，绘制扫地机器人的功能分解树。

再次，将对机器人功能的研究过渡到对结构的研究上。

最后，揭示出扫地机器人的功能特点。扫地机器人的自动化技术控制的可移动机身，与有集尘盒的真空吸尘装置，根据设定控制路径，在室内反复行走，如沿边清扫、集中清扫、随机清扫、直线清扫等，并辅以边刷、中央主刷旋转、抹布等方式，加强打扫效果，以完成拟人化居家清洁效果。

从扫地机器人的发明过程可以看出，功能模拟法主要关注研究对象间功能的相互借鉴和转移，在创新前期并不考虑研究对象的结构、材料和属性等，它能够突破人类思维的局限，从而推动产品创新的进程。

思考题：

1. 设问型技法有哪几种类型？各自的内容及应用步骤分别是什么？
2. 列举分析法有哪几种类型？各自的内容及应用步骤分别是什么？
3. 描述 TRIZ 分析法解决问题的过程。

第四章　提升创新能力

创新能力是指在技术和各种实践活动领域中不断提供具有经济价值、社会价值的新思想、新理论、新方法和新发明的能力。创新能力可以分为批判评价能力、求异变革能力、整合创新能力和创造发明能力。每种创新能力有其特定的含义、特点。作为单一的、与众不同的个体，我们每个人都具有创新的潜在能力。我们要通过科学的方法与途径，激发与培育不同个体的创新能力。

第一节　培育批判评价能力

一、批判评价的意义

批判评价是指根据一定的标准，对人、事、物的优劣、善恶、美丑、合理或不合理进行价值判断，然后根据这一判断分析其形成结论的过程。

这里所说的批判是一个中性词，日常所说的批判更多地含有否定的意味。

从广义的角度来讲，戏台下观众的喝彩、马路围观都属于批判评价。从狭义的角度来说，只有运用专业知识和专业技能，对某一事物从某一角度或某几个角度进行分析比较，并按一定的标准进行判断，从而评定出对象的真假、美丑等，并对其做出必要的评论，才是真正意义上的批判评价。

比如，一部电影，一般的观众观看后可能的评价就是好看、不好看，有意思、没意思，有意义、没意义等。但对一个专业人员来说，他可能会从演员的角度去看演员的表演技巧，从编剧的角度去分析该剧的故事性、戏剧性、叙事合理性等，另外，他还可能从灯光、舞美等专业的角度对影片进行分析，最后判定该影片的艺术水准，进而对其做出公允的评价。

行业或社会的进步、个人的发展，都离不开专业的批判评价。正是专业评价，使人们意识到其行为的价值、可能产生的影响以及需要改进的地方与改进的方法，进而在改进的过程中提高。

二、影响批判评价的因素

由于社会生活的丰富性和多样性，对事物的批判评价的标准也不尽相同，影响批判评价的因素有很多，具体如下。

（一）专业知识和专业能力

每一门学科或每一个行业都有其专门知识和专业能力，它是进行批判评价的基础。只有深入掌握专门知识，并获取一定的专业能力，才能对发生在某一学科或某一行业内的事件有比较客观的了解和把握，才能依据一定的标准进行批判和评价。

大学生经过十多年的语文训练，具有一定的文章学、修辞学、语言学的知识，也具备了一定的语文批评能力。当我们阅读一篇文章时，就能根据已有的知识和能力，对该文章进行较好的批判和评价。如果让语文基础较浅的中小学生来评价同样的文章，其结果很难做到客观全面。

（二）细节观察能力

有了专门知识后，我们还得对该事物的细节进行观察，进而进行分析比较，以显示其与其他事物的不同。而事物的差异性就体现在这种不同之中。比如，中国人很喜欢玉石，对于普通消费者来说，昆山玉、和田玉、青海玉在他们眼中都是一样的。但在专家看来，它们是不同的玉。专家之所以能区分，一方面是他们有比较深厚的玉石知识；另一方面，他们能根据对细节的观察，将玉石的区别性特征找出来，从而将不同的玉石区别开来。

（三）批判评价的角度选取

同一事物，选取的角度不同，其采用的标准也不尽相同，其批判评价的结论也有较大的差异。

三、培育批判评价能力的途径

批判评价过程是对已有知识的强化过程，是一个能力提高的过程。培育批判评价能力，可以使大学生形成反思的习惯，形成对事物的真正认知。批判评价能力培育的途径主要包括以下几个方面。

（一）专业知识的学习及专业能力的培养

专业知识的学习和专业能力的培养是形成批判评价能力的基础，也就是常说的入行。这需要通过一定时间的学习培训及实践才能真正获得。当然，获取专业知识和能力，也并非想象中那么困难。只要对该行业保持一定的兴趣，愿意学习、掌握正确的学习方法，并乐于实践，就可以完成。当然，要达到一定的高度，也并非易事。现在，我们常用的书写工具是铅笔和水芯笔，用毛笔的机会不太多。因此，只要使用铅笔或水性笔进行书写，我们就会知道一支铅笔或水性笔的好坏，并且很多人都能说清楚好在哪里、不好的原因。但如果要我们评价毛笔的好坏，就是一个难题了。

（二）观察能力的培养

对细节的观察与把握能力是批判评价能力培养的关键。它需要运用所学的专业知识，通过不断训练进行强化。

（三）批判评价实践

要对事物进行准确、客观的判断，形成中肯的评价，不进行训练，永远提高不了评价的水平。就如不在天空翱翔，永远成不了善于狩猎的雄鹰。

（四）合理地选用评价角度

合理化的角度选取，是对事物更客观、公正的批判的重要保证。手机是我们日常生活中的重要工具，现今的智能手机已不完全只有通话的功能，而是一个多媒体终端。而越来越多的“低头族”以及“低头族”的低龄化使得人们，尤其是中小学生的家长和老师们忧心忡忡。如何正确地监管中小学生对手机的使用，也成了当今教育的一个热门话题。

四、培育批判评价能力的步骤

批判评价能力的培育有其自身的特点，其培育的步骤如下。

（一）确定批判评价的对象

我们要根据批判评价的目标，合理地选择批判评价的对象。一般来说，典型的、有代表性的、新颖的对象才具有批判评价的价值。对有批判价值的对象进行批判评价，才能达成批判评价训练的目标。

（二）选用合适的标准

我们要针对不同的对象，选择不同的标准进行判定。我们不能拿大学生作文的评价标准去评价小学生作文，也不能拿小学生作文的评价标准去评价专业作家的文章。对创新创业活动的评价，其核心标准就在一个“创”字。也就是说，它必须有新意，或是理念、或是过程、或是方法、或是组成结构。总之，它必须跟常规事物有不同的地方。

（三）准确的细节把握

我们要通过准确的细节观察，把握对象最典型的特征。画家笔下的人物之所以能传神，重要的一点就是画家对细节的观察和把握。

（四）恰当地分析

我们要根据选定的标准和掌握的特征，选择合理化的分析方法。

（五）形成批判评价结论

我们要在判断的基础上，形成最后的批判评价结论。

第二节　培育求异变革能力

一、求异变革能力的含义

求异变革能力，从字面意义来理解，“求”是寻求、探索；“异”是指不同、差异；“变”是指变化、改变；“革”是改变。从整体上来理解就是，从人们习以为常的事物中发现问题，寻找不同，从而谋求改变。

世界总是处在不停地变化运动之中，但这种变化和发展并不是瞬间的面目全非的改变，即骤变，而是一种渐进式的改变，也就是人常说的在悄无声息中的变革。这种变革，不仅仅是我们用眼可以观察到的具体的、客观的自然现象的变化，也包括需要我们运用知识去分析和思考的各种社会变革以及人们的观点、立场等主观意识的变化。

作为当代大学生，一方面要注意发现这些变化，另一方面也要对这些变化做出应有的反应并提出相应的对策。

二、求异变革能力培养的主要内容

求异变革能力看起来比较抽象、比较空泛，但如果我们在平时的生活、学习、工作中，保持一颗好奇心，注意观察身边的事物、关注人们的需求，通过培养思维品质，并努力寻求解决问题的方法，我们的求异变革能力将会得到大幅度的提高。

（一）好奇心的培养

好奇心，有人也称其为童心。它要求对周围的人、事、物保持浓厚的兴趣，并在兴趣的基础上发现周围事物的变化，并对变化做出必要的反应。这一点在儿童身上体现得更为明显。儿童的言行，无论是咿呀学语，还是蹒跚学步，都是因为他们对外界的事物有浓厚的兴趣使然，而这种兴趣，使人们发现儿童的明显变化。

好奇心的培养，要求成年人重拾童心，保持对周围事物的好奇心，从而对周围的事物给予必要的关注。

（二）思维品质的培养和提高

发现变化是求异变革的起点，而对这一变化做出相应的反应，则有待于思维能力的提高。即采用多种思维方法，寻求多种思维路径，探寻多种思维起点。对同一问题，我们要从不同的角度进行分析、从不同的侧面进行研究，从而形成不同的或是完全相反的结论。麦当劳品牌的创立、橡胶手套的发明，都是当事人在发现变化的基础上，对这种变化做出积极反应的结果。

（三）学习能力的提高

对于发现的问题，有些是我们可以轻松解决的，但有些问题，离我们已有的认知有一定的距离，这就需要我们对新的领域有所了解，学习新领域的知识。这种学习有些可以通过请求专家得以解决，有些依赖我们自己查找相关资料或是在生产、生活实践中学习得来。这就要求我们明确学习目的，改进学习方法，提高学习效率，从而切实提高学习能力。高超的学习能力是求异变革的催化剂，而低劣的学习能力则是求异变革的绊脚石。《料理鼠王》中的主人公奎尼之所以能从一个普通的学徒变为古斯特餐厅的继承人，在他成长的过程中，离不开其强烈的学习动力，当然，更离不开其卓越的学习能力。

三、求异变革能力培养的步骤

求异变革能力的培养，从一定程度上来说，并没有特定的套路，但为了陈述的方便，我们在这里大致概括为以下几步。

（一）提高好奇心

增强对周围事物的关心和关注，从而发现可能发现的问题或项目。求异变革最大的敌人是对周围的事物熟视无睹、漠不关心，时髦的表达叫“佛系”。有这种心理特征的人，是无法完成求异创新的。

（二）增强关注度

对已发现的差异和需求，我们要根据自己的兴趣和爱好，强化这种关心和关注，并予以持续。

（三）运用新的角度来观察和分析

对出现的变化所产生的原因等，我们要从新的角度进行思考和分析。

（四）尝试解决问题

对所关注的事物，尤其是发现的问题，我们要尝试用新的方法寻求解决。

（五）优化解决问题的方案

对已有的解决问题的方法或途径进行比较分析，从而优化解决问题的方案。

（六）确定解决问题的方案

确定解决问题的方案即从组合方案中选优，并具体化。

第三节　培育整合创新能力

一、整合创新的内涵

整合就是把一些零散的东西通过某种方式彼此衔接，从而实现信息系统的资源共享和协同工作。其主要的精髓在于将零散的要素组合在一起，并最终形成有价值、有效率的一个整体。

整合，包括战略目标、组织调整、管理制度、数据接口和技术实现五个方面。这五个方面从整合的内容来源来看，可分为内部整合和外部整合；从整合内容来源的方向上看，可分为纵向整合和横向整合；从整合内容的关系上看，可分为互补式整合和强强联手式整合。

整合，不仅仅是人与人的整合，也可以是物与物的整合，还可以是人与物、人与资金、资金与资金的整合。因此，在企业中，整合也被称为资源整合。在信息传递方面，它被称为信息整合。

资源整合是系统论的思维方式。其反向思维方式则是分解，即把一个整体，按一定的方式，分成若干个部分。整合在创新活动中只是方式、手段、过程，创新才是整合的最终目的。

信息论认为，任何一个独立的个体都处在一定的系统之中，而这个个体又成为一个完整的系统，包含着许多信息单元。如一个成年男人，在家庭中，其身份是妻子的丈夫、父母的儿子、孩子的父亲；在单位，他则是领导或下属，是单位的员工，是同事的伙伴。而从其身高、体重等角度来衡量，我们对这个男子又会产生不同的信息，而这些不同的信息单元又组合成该成年男子这一信息的整体。

利用信息论和系统论的这一观点，我们就可以通过整合进行创新。

二、训练整合创新能力的方法

整合创新是一种重要的创新形式。整合创新能力对个人的发展也很重要。在对资源信息的整合过程中，我们往往有一种“山重水复疑无路，柳暗花明又一村”的感觉。

整合创新能力的训练方法很多，最主要的有以下几种。

(一) 求同法

求同法即把自身与相关对象进行分析比较，分析其共同点，并把这些有共同点的事物聚合在一起，形成一个新的整体。这一方法或过程就是求同整合。

在发展的过程中，大中型企业会对中小企业进行吞并。在企业达到一定规模之前，大中型企业所吞并的企业都是同类型的中小型企业，这种整合方法就是求同法。企业在运用求同法进行合并扩张的过程中，使企业达到了规模效应，并通过规模效应扩大企业的生产能力，进而扩大了企业的影响力。

(二) 求异法

注意自身与对象之间的差异，尤其是互补性差异，并通过优势互补的原则，将这些有差异的对象组合在一起，就成了求异整合。其中，差异越大，互补性越强，其整合可能性就越大。

陆步轩是从北京大学毕业的第一个卖猪肉的人，但他与普通卖猪肉的最大的不同就是在他卖猪肉的过程中，逐渐开始对其上游市场和下游市场进行关注分析，并对其进行整合，从而形成了一条完整的集猪肉生产、加工、销售一条龙的产业链。在产业链的建设过程中，陆步轩对猪肉安全生产和销售给予了新的内涵，即生态的、有机的猪肉，满足了人们对猪肉安全性、健康性的需求。

(三) 分类组合法

将自身的各构成要素与整合对象的各要素进行分解，然后对这些要素进行分类，再通过一定的形式将不同类别的事物进行重新组合，形成一个新的整体。

将市场营销的策略逐渐精细化，就形成了精细化营销，如牛奶就有婴幼儿、学生、中老年牛奶，而婴幼儿的配方奶粉又分成了不同阶段的奶粉，而这其中又根据婴幼儿的不同需求，分成了补钙、补锌等奶粉。这种划分，就形成了精细化的营销方案。每一个营销方案，其实就是分类组合法运用的典范。

(四) 溯源法

溯源法即通过对最初来源的追溯，找到整合对象之间的关联。事物在发展的过程中，由于发展环境的差异，个体间的差异更加明显。这种巨大的差异，形成了特征极为鲜明、区别度较大的个体。有时为了研究的需要，需要查找个体之间的共同点和联系，而这种联系或共同点已无法通过外在的显性特征获得，于是就会通过溯源法来进行查找，进而找到两者之间的共同点或联系。

汉字属于表意文字，与印欧语系的表音文字有很大的差异，而且汉字是方块字，在外形上差异很大。汉字的键盘输入，在较长的时间段内，是一个世界性难题。但 20 世纪 80 年代，在王永民的带领下，通过对汉字最初形体的分析研究，最终发明了五笔字型输入法，从而改变了汉字键盘输入的世界性难题。

溯源法在运用过程中要求抓住事物最本质或最原始的特征，对使用者专门理论和专门知识的要求比较高。

三、训练整合创新能力的步骤

整合创新是一种重要的创新能力。以资源整合为例，其训练的步骤主要有以下几步。

（一）资源信息的分解

资源信息的分解即把一个整体，根据一定的方式分解成许多个不同的部分。

（二）资源信息的分析评价

对分解后的各个组成部分进行分析评价，以找出其中的优势和劣势。

（三）寻找分析整合对象

通过对创新和发展的目标以及对资源信息的整体及各个部分优势、劣势的分析评价，找到适合整合的对象。

（四）完成对整合对象的分析评价

通过对整合对象的整体及部分的优势和劣势的分析，找准整合的契合点。

（五）资源整合

根据发展目标，完成自身与整合对象的整合。

第四节 培育发明创造能力

一、发明创造的含义

发明创造是指运用现有的科学知识和科学技术，创造出先进、新颖、独特的具有社会价值的事物及方法来满足某一实际需要。

科学上的发现、技术上的创新以及文学和艺术创作，在广义上都属于发明创造活动。发明创造不同于科学发现，但两者存在密切的联系。

《中华人民共和国专利法》界定的发明创造专利分为三种：发明、实用新型和外观设计。发明是指对产品、方法或者其改进所提出的新的技术方案。实用新型是指对产品的形状、构造或者其结合所提出的适于实用的新的技术方案。外观设计是指对产品的形状、图案或者其结合以及色彩与形状、图案的结合所作出的富有美感并适于工业应用的新设计。

二、影响发明创造能力的因素

(一) 自信心

强烈的自信心是发明创造的基础。发明创造往往都是以往没人做过或是没人发现、没人完成的事项。只有拥有强烈的自信心，才会真正地敢想、敢做。也只有敢想、想做，才有可能做出别人不敢想、不敢做或做不出来的成就。有很多在自己的岗位上做出成绩的人，他们的一个共同特征就是身上总是洋溢着自信的光芒。

(二) 想象力

想象力的高低，体现了一个人的思维品质。它包括想象的流畅性、变通性和独创性三个方面。只有运用合理的思维方式、思维技巧和方法，才能使思维插上翅膀，使想象力更加丰富。

从古巴比伦人的空中花园到阿基米德的“撬地球的杠杆”，从嫦娥奔月到天宫一号，从茅草割手到锯子的发明，都体现了超乎常人的想象力。这些超乎常人的想象力用在文学艺术创作上，产生了像《春江花月夜》《二泉映月》《向日葵》这样的不朽作品；用在军事作战上，就出现了火烧连营、飞夺泸定桥这样的经典战例；用在日常生活中，就产生了曹冲称象、司马光砸缸的经典故事。

（三）毅力

在发明创造的过程中，我们面临的困难和挑战有很多，包括知识、能力、资金、技术等。而有毅力的人，在面对各种困难时，会想尽一切办法，达成最终目标。

无论是福耀玻璃的曹德旺、杭州万向的鲁冠球，还是老干妈的陶华碧，在他们从无到有的创立品牌的过程中，都会面临来自外界的干扰、来自内部的困惑。但他们之所以能走向最后的成功，从他们的经历中，我们可以看到他们都具有坚韧的、百折不挠的毅力。

三、开发发明创造能力的方法

发明创造能力，从某种意义上说，是我们与生俱来的一种能力。之所以叫开发，是因为这一能力未引起我们足够的重视。在我们成长的过程中，它被我们忽略或压抑了。开发发明创造能力的方法和途径有很多，从宏观方面来说，主要有以下方法。

（一）克服畏难情绪，增强自信心

畏难情绪，主要是对自身能力的不自信。自信心的培养主要是通过自身努力获得来自自身及外部的肯定。通过这种持续的积极反馈，能增强自己的自信心。

心理学家曾通过照镜子、外部心理暗示和赞美等对比试验，总结出了很多增强自信心的技巧，而且这些技巧在后续的实验中都取得了不错的效果。

（二）提高观察分析能力，增强解决问题的主观愿望

曾有人说，70% 的病患不是真正被疾病击倒的，而是被自己吓倒的。同样，我们的发明创造能力，很多都因我们的主观愿望而被扼杀。

1971 年出生于美国得克萨斯州普莱诺的兰斯·阿姆斯特朗（Lance Armstrong）是一位职业自行车运动员。他于 1992 年开始职业生涯，在 1996 年被检查患有癌症，在艰苦的治疗后，他于 1997 年重返赛场。在 19 年的职业生涯中，他 10 次参加

环法大赛，并实现七连冠，创造了环法自行车赛历史上的奇迹。他之所以能取得如此辉煌的成就，其重要的动力源自他对自己生命的珍惜以及强烈的求生欲望。

对周围事物的细心观察，有助于提高观察分析能力，进而提高创造发明的愿望促进发明创造能力的提升。形意拳的创造、截拳道的开创、仿生耳蜗的发明，无一不是因为对周围事物的细心观察，进而分析研究而获得的成果。

（三）增强注意力，培养解决问题的毅力

愚公移山的寓言故事告诉我们，困难和挑战并没有想象中的那么可怕。《孙子兵法》告诉我们，集中优势兵力，就有机会完成不可能。

（四）提高思维品质，提高学习能力

具体来说，发明创造能力的开发技巧，常用的有以下几种：缺点法、希望点法、组合法、扩大法、移植法和延伸法。

缺点法是指从操作方法、使用对象、功能结构等方面去寻找物品的缺点，通过改正这些缺点来形成创造目的的方法（如反向伞的发明）；希望点法是指从社会和个人愿望出发，通过列举希望点来形成创造目的的方法；组合法是指将两个或两个以上已有的技术原理或不同的产品，通过巧妙地结合或重组，从而获得整体功能的新技术、新产品的方法（如带橡皮擦的铅笔）；扩大法是指使现有物品的某些方面在数量上变大、变多，或者在质量上变好（包括扩大体积、延长寿命和增加用途等方面）的方法（如沙滩上的遮阳伞）；移植法是指将某一领域或某种物品已见成效的发明原理、方法、结构、材料和元件等，部分或全部引进到别的方面，从而获得新成果或新产品的方法（如扫地机器人）；延伸法是指在同一个方向上考虑下一步思维的工程，从而把发明不断推向更深入的方法（如照相机到智能手机，再到遥控拍照机器人）。

四、开发发明创造能力的步骤

开发发明创造能力的步骤如下：

（一）强化个人自信心

这是开启联想和想象的基础，是发明创造的先决条件。

（二）激发发明创造的欲望

主观的欲望能激发更多行动的动力。

（三）学习发明创造的常规知识及专业知识

这可以让自己知道哪些是新的、哪些是旧的、哪些是别人已经思考并获得结论的，以使我们的创新创造更有价值、更有意义。

（四）发现发明创造点

它是指找准发明的客观需求点。

（五）寻找更合理的途径和方法

通过多角度的思考、多层次的信息整合、多方向的思维变化，简化发明创造的难度，提高发明创造的效率。

（六）改进方案并优化结果

它是指使发明创造更新颖、更独特，更具有价值。

第五节　创新能力的全面提升

一、问题解决能力

世界充满着矛盾，我们的生活每天都面临着很多问题，问题无处不在。如果我们不能够高效地解决问题，我们的学习、生活、工作将会受到严重的影响。解决问题的能力是成功人生最基本和最重要的能力。解决问题的能力，就是掌握一定的方法和技巧，能够对问题的处理提出意见和方案并付诸实施，最终使问题得到解决的能力。

要解决问题，首先要察觉问题、发现问题、提出问题和形成问题。如何做到这些呢？第一，发挥问题意识的作用。第二，抓住问题特征和结构的形式。

要发挥问题意识的作用，必须树立问题意识，即要不断地意识到自己的希求：自己想要做些什么？想要成为什么？关心各种事物，有好奇心；养成仔细分析工作和观察周围事物的习惯；开阔视野；锻炼分析能力，以便能更深入地认识问题；

有条理地深入思考，从而掌握富有说服力的理论。

解决问题的方法有很多种，如K.T问题分析法、问题树分析法、要因分析图等。通常采用麦肯锡的七步法：界定问题—将问题分解成议题—去除不重要的议题—制订详细的工作计划—分析重要议题—汇总研究成果并建立论据—整理成文件。

解决问题的步骤：提出问题—收集资讯—深入分析问题—问题的评估与选择—统合问题—制订解决方案—解决方案的评估及选择—确定实施步骤—实施与进度管理。

总之，要提高解决问题的能力，需做到：接受事物要乐观、果断；即使决定好的事情，也不排除变化；以务实的态度追求最佳方案；消除紧张情绪，心态保持稳定；说到做到，主动负责，对自己从事的工作要有信心；等等。

二、决策能力

决策就是在两个或多个可供选择的方案中做出判断和选择。无论是问题的解决过程还是任务的执行过程，都会不断产生有待决断的事情，都需要决策者频繁地做出决策。决策能力是指领导者或管理者对某件事拿主意、做决断、定方向的领导管理效绩的综合性能力。

决策能力包括以下几个方面：

1. 开放的提炼能力

开放的提炼能力是指管理者能以开放的态度，准确和迅速地提炼出解决问题的各种方案的能力。

2. 准确的预测能力

决策与预测是密不可分的，管理者要具备卓越的决策能力，首先应具备准确的预测能力。

3. 准确的决断能力

准确的决断能力即指管理者要能从众多的决策方案中选取满意方案的能力，以及危机时刻或紧要关头当机立断的能力。

培养自己的决策能力首先要克服从众心理。从众心理是指个体对社会的认识和态度常常受到群体对社会的认识和态度的左右。从众心理重的人容易接受暗示，他们依赖性强，无主见，人云亦云，容易迷信权威和名人，常说违心的话，办违心的事。决策能力强的人，能摆脱从众心理的束缚，做到思想解放、冲破世俗、不拘常规、大胆探索。因此，他们能独具慧眼，发现一般人不能发现的问题，捕捉到更多的成才机遇。其次要增强自信。拥有自信心是具有决策能力者明显的心理特征，没有自信就没有决策。另外，决策勿求十全十美，否则会作茧自缚。能识大体，把握大局，权衡出利弊得失，当机立断，才能尽快达到自己理想的目标。

我们还可以从以下几个方面来提高决策能力：

第一，从博学中提高决策的预见能力。古往今来，大凡伟大的决策者，都具有“先知先觉”意识，都能高瞻远瞩、洞察秋毫，这与他们深厚的理论素养分不开。

第二，从实践中提高决策的应变能力。世界上的事物复杂多变，人们的第一次决策或多或少都带有一定的主观色彩，不可能绝对准确，还必须接受实践的检验，在实践中不断调整、修正、完善，此谓决策的应变性。

第三，从思想上提高决策的冒险能力。一个善于决策的人，不是对事情有了百分之百的把握再去决策。决策总是带有一定风险，事情都清楚了才去决策，算不上决策。要知道，条件完全具备之际，往往是最佳的机会消失之时，一味追求完善，就会坐失良机。一般来说，只要有 60% 以上的把握就应当敢于决策，应当有信心去行动。

第四，从心理上提高决策的承受能力。决策需要承担风险，决策就是对决策者心理素质的全面考验。没有充分心理准备的决策是不成熟的决策，没有充分心理准备的决策者是不称职的决策者。

第五，从思维上提高决策的创造能力。思维反映到决策活动中就是思路，“脑中有思路，脚下有出路”，这就是思路给决策者带来的奇妙效应。

第六，从信息上提高决策的竞争能力。如今是信息时代，谁能掌握更多的信息，谁能更好、更快地利用信息，谁就能赢得市场竞争的主动权。实践证明，一条有价值的信息，可以使一个濒临倒闭的企业获得新生，也可以使一个较好的企业“更上一层楼”。更为重要的是一些重要的综合信息甚至还能够孕育、产生出一系列搞活经济的新政策、新举措。

第七，从群体上提高决策的参与能力。对于管理者来说，决策绝不能搞“一言堂”，因为一个人或“小集体”的力量毕竟有限。要想避免决策失误、失机，就要建立民主、科学的决策制度。而实现决策民主化，是提高全员参与民主管理的能力，是实现决策科学化的前提。

三、时间管理能力

现代管理学之父彼得·德鲁克说，时间是最宝贵而有限的资源，不能管理时间，便什么都不能管理。时间管理是指通过事先规划和运用一定的技巧、方法与工具，实现对时间的灵活以及有效运用，从而实现个人或组织的既定目标。时间管理的目的，即决定什么事该做，什么事不该做。时间管理最重要的功能就是将事先的规划作为一种提醒与指引。

要提高时间管理能力，必须在思想与观念上引起高度重视，牢记“时间管理十一金律”：

①要与自己的价值观相吻合；

②设立明确的目标；

③改变自己的想法；

④遵循 20 比 80 定律（以 20% 的付出取得 80% 的成果）；

⑤安排“不被干扰”时间；

⑥严格规定完成期限；

⑦做好时间日志；

⑧理解时间大于金钱；

⑨学会列举清单；

⑩同类的事情最好一次把它做完；

⑪每 1 分钟、每 1 秒钟做最有效率的事情。

时间管理方法有很多，有计划管理法、时间“四象限”法、时间 ABC 法、时间 GTD 法等。为提高时间利用效率，具体做法有以下几个方面：

①有计划地使用时间。不会计划时间的人，等于计划失败。花时间在计划上才是最节省时间的做法。

②目标明确。目标要具体，具有可实现性。

③将要做的事情根据优先程度分先后顺序。80% 的事情只需要 20% 的努力。而 20% 的事情是值得做的，应当享有优先权。因此要善于区分这 20% 的有价值的事情，然后根据价值大小来分配时间。

④将一天从早到晚要做的事情罗列出来。

⑤时间安排要具有灵活性。一般来说，只将时间的 50% 计划好，其余的 50% 应当属于灵活时间，用来应对各种打扰和无法预期的事情。

⑥遵循你的生物钟。你办事效率最高的时间是什么时候？将优先办的事情放在最佳时间里。

⑦做好的事情要比把事情做好更重要。做好的事情，是有效果的；把事情做好仅仅是有效率。首先考虑效果，然后才考虑效率。

⑧区分紧急事务与重要事务。紧急事务往往是短期性的，重要事务往往是长期性的。给所有罗列出来的事务定一个完成期限。

⑨对所有没有意义的事情采用有意忽略的技巧。将罗列的事情中没有任何意义的事情删除掉。

⑩不要想成为完美主义者。不要追求完美，而要追求办事效果。

⑪巧妙地拖延。如果一件事情，你不想做，可以将这件事情细分为很小的部分，一次只做其中一个小的部分就可以了，或者对其中最主要的部分最多花费 15 分钟时间去做。

⑫学会说“不”。一旦确定了哪些事情是重要的，对那些不重要的事情就应当说不。

⑬奖赏自己。即使一个小小的成功，也应该庆祝一下。可以事先给自己许下一个奖赏诺言，事情成功之后一定要履行诺言。

四、信息处理能力

从史前时期开始，人类每时每刻都在通过五官的感觉（视觉、听觉、嗅觉、味觉、触觉）收集信息，通过听、说、读、写、算、画等手段，利用文字、数据、图画、音响等媒介收集、处理和传达着信息。随着社会的发展，知识不断增加，信息剧增爆炸。然而，人们处理信息的手段也在不断发展，电话、电视、计算机、网络，人们利用电子的手段处理信息，越来越快捷、方便，质量也越来越好。

在当今社会，如果不能及时搜集和甄别信息，不能快捷传达和展示信息，不能有效利用和创新信息，无异于睁眼瞎。处理信息的能力已成为个人竞争、企业制胜、社会发展的十分重要的能力。

信息处理能力就是人们获取、处理、传递、应用信息，然后把这些信息应用到实际工作中去，并且在此过程中不断发展、创新的能力。信息处理方法有阅读法、询问法、观察法、调研法等。信息内容如何整理，必须与信息搜集的目的相联系，即你这样处理信息的目的是满足什么需要？你想解决什么问题？要完成某项任务，我们必须清楚目的是什么，什么样的信息对我们有用。

五、有效的沟通能力

美国著名企业家卡耐基先生曾指出，一个人事业的成功，只有 15% 是由他的专业技术决定的，另外的 85% 则要靠人际关系。在这个人际关系复杂的社会，要想使自己成功就应该强化自身的沟通能力。

沟通技巧反映了我们的能力和自信，其将会影响我们从他人那里得到多少赞赏和尊敬，将直接关系到我们的提升、责任和职业生涯，还将直接影响到我们所获得的支持和帮助，同时也表明我们拥有使我们的主张被接受并得以贯彻的能力。所以，我们需要通过学习沟通的技巧，来找到合适的沟通方式和别人进行最有效的沟通，而沟通的主要形式是语言沟通和非语言沟通。

（一）语言沟通

语言沟通包括表达和倾听。

1. 表达

对于表达来说，首先要注意场合。正式的场合一般比较严肃，说话要严谨；

非正式场合中气氛通常比较融洽，随意性更强。其次是要注意沟通对象。我们每个人都有与众不同的个性，个性是不容易改变的，所以我们要学会尊重个性差异。再次是要注意沟通话题，如果我们在沟通时只关注对方不重视的事物，议论那些已经不愿意交流的话题就会产生沟通阻碍。反之，选择对方关注的沟通话题时，对方将变得更坦诚和开放，沟通也能更好地进行。

2. 倾听

对于倾听来说，要专心投入地听并且注意非语言暗示。倾听时要全神贯注，眼神和表情要表示出认真和有兴趣，使对方能够领会到你的诚意，沟通也更加有效。我们在倾听时有两点需要特别注意：首先眼睛要注视对方，炯炯有神，微微含笑，让沟通对象了解你的诚意；同时在倾听过程中主动及时地作出反应，点头示意，表达出对对方的肯定和赞赏，这对沟通对象来说是极大的鼓舞，沟通也就很顺畅。其次在对方说话时一般不要急于插话、打断或者很粗鲁地否定对方，先站在对方的立场去倾听，尽量理解对方的意思。注意对方的非语言暗示也是沟通中的重要环节，如对方的眼神、手势、面部表情、语调等，因为非语言暗示包含了很多重要信息，“听”出这些信息表达的含义，沟通才能达到更好的效果，这里就需要掌握非语言沟通的技巧了。

（二）非语言沟通

非语言沟通主要通过眼神、表情、形体动作、服装以及空间、距离和时间等因素的提示来达到沟通的目的。这些都是我们在沟通中要注意的。眼神和表情是非语言沟通最重要的一个方面，在世界上许多文化中，没有眼神接触和表情反应的交谈被认为是粗鲁的、不礼貌的行为，表明缺乏沟通诚意、缺乏尊重。在沟通中我们应尤其注意此方面的问题，使对方感受到关注，以使沟通能够有效进行。沟通过程中的形体动作能够很好地体现沟通对象之间的互动，形体动作配合语言沟通，传达的信息更准确和清晰，沟通双方能够更好地了解彼此的意愿，沟通也更加有效。非语言沟通中对空间、距离、时间的控制也是重要的沟通技巧之一，把握与沟通对象的空间、距离关系，可以有效促进沟通的顺利进行。

案例延伸

成都女护士爱发明 已申报80多项国家专利

有着20多年护理经验的张静是四川省人民医院外科一片区的护士长，也是四川省护理界的“发明达人”。

简易呼吸器挤压装置、氧气管及鼻胃管，输液、穿刺针、引流器具，大小便护理用具，甚至被套、床单及病床……为了让病人更舒适，病房里这些司空见惯的用具都被张静进行了改良。

2008年至今，张静已累计申报了80多项国家实用新型专利和4项国家级发明专利，其中53项已获得专利证书。她成功转让了10余项新型实用专利技术。

1991年，张静毕业于四川省人民医院护士学校，并留在该院内科从事临床一线护理工作，她一干就是26年。

她第一次发明的灵感源自解决病人的呼吸难题。家用呼吸机还没有被广泛使用的时候，她曾发明过一个“简易气囊按压器”。

2007年，一位病人出院后，需要24小时不间断按压气囊辅助呼吸。在医院有呼吸机辅助呼吸，回到家只能纯人工操作。如果不按压气囊，病人就无法呼吸。病人家属先后为病人请了10多个保姆，但每个保姆都做不了两天就走了。通过多次上门和病人家属的电话沟通，张静反复实验，完成了这个自动按压的简易气囊按压器。

帮助病人解决棘手问题的小发明，开启了张静的“发明之路”。

在多年的临床工作中，张静还发现，将胃管用胶布固定在患者鼻子上的传统方法容易造成胃管移动，让人感觉不舒服。病人出汗或感到烦躁时，容易用手扯掉，这样就要重新安置一个新的胃管。病人不仅要再次承受痛苦，也要支付额外的费用。因此，有些护理人员遇到插胃管的患者，总是提心吊胆。张静的“一次性新型胃管”设计了鼻部防扯脱夹，能抵住鼻端，不易滑脱。在胃管入胃的那端，有五六个孔，使引流更充分。同时，管子上设计了两个接头，能和空针“无缝对接”，降低被污染的概率。而且上面印有刻度，入胃长短一目了然。

男婴专用、躺着也不会倒流的小便采集杯，自带尿不湿贴片的床单，“穿着保护膜”的防污染针筒……只要能够减轻病人痛苦，提升工作效率，张静都不遗余力地去摸索、尝试。

张静最大的心愿是希望有更多的企业能够看到发明专利的人文关怀和社会效益，让专利从纸上“活起来”，真正服务临床，造福患者。

（摘自：《华西都市报》，记者王蕾）

思考题：

1.创新的内涵和意义是什么？

2.影响创新能力的因素有哪些？

3.怎样提升创新能力，有哪些方法和步骤？

第二部分

创业

第五章　创业与创业精神

创业是一个不停追赶梦想的过程，是一个在奋斗中砥砺心智的过程，更是创建新企业的过程。把握机会是创业成功的起点和前提，创新是创业成功的关键。是否创造了价值是衡量创业成功与否的重要标志。一般将创业要素归纳为创业者、创业团队、创业机会和创业资源四大部分。一个优秀的创业者知晓创业的特点，掌握创业的要素，熟悉创业的类型，适应创业的环境，会引领创业团队走得更好、更远。

第一节　创业与创业精神

一、创业的内涵与特点

（一）创业的内涵

所谓创业，就是指创业者按照国家的有关法规和政策规定并结合自身的条件，通过发现商业机会、成立组织、利用各种资源提供产品和服务、创造价值的过程。随着商业经济的高速发展和知识经济的到来，大学生创业已成为社会和媒体关注的话题，教育部和有关部门也出台了相关政策允许和鼓励大学生自主创业。

大学生自主创业是指利用所掌握的技术、产品、服务和专利等，筹集资金，创办一个公司或企业，去获取市场利润，服务社会的过程。高校毕业生创业不仅应作为一种能力来培养，更应该当作一种文化来塑造。创业不同于一般的专业科研活动，它是人才开发和技术创新，是科研成果转化为现实生产力，让更多有知识、有激情的人才来参与社会经济发展并从中获得相应报酬的过程。大学生创业是大学生学习探索、求职发展的心理成熟过程，知识型的大学生自主创业是大学生实现自我人生价值的有效手段。

创业是发现和捕捉机会并由此创造出新颖的产品或服务，实现其潜在价值的过程，通常具有三个要点：

①创业者“不拘泥于当前资源约束”，主要指创业者不甘于资源供给的现状，

努力突破资源缺乏，从无到有的过程。

②创业者善于“寻求机会”，主要指创业者在创业前要努力识别商业机会，发现了商业机会，就会有进一步整合资源的动力。所以，寻求机会是产生创业活动的重要一环。

③创业者能够“进行价值创造”，主要指创业应该伴随新价值的产生。通常是以产品或服务的方式服务消费者，创造商业价值和社会价值。

（二）创业的特点

创业强调“实现潜在价值”，主要有以下四个特点：

（1）创业强调过程

创业意味着创造某种新事物，这种新事物必然具有一定价值，它可以是产品，也可以是技术或服务，甚至可以是人、团队或组织。而创造一种能够被需要、具有价值的新事物需要一个过程，不仅被创造的事物须具有创造性，这个创造的过程本身更须具有创造性。

（2）创业耗费大量时间和精力

创业是一项创造新事物和新价值的过程，这就要求创业者能够付出充足的时间和精力。并且时间成本与精力成本的回报率是无法预算的，甚至极有可能付出的时间和精力与所获的利润或回报不成正比。一些大型项目更是需要创业者在相当长的一段时间内不计成本地、持续地付出大量的时间和精力。

（3）创业伴随高风险

创业的价值在于创新和创造，走他人没走过的路，做他人没有尝试过的事情，必然存在着风险，但是正因如此，研发出来的产品或服务才具有不可替代的独创性。创业过程中的风险可能来自多个方面，例如，技术、资金、管理、政策以及各种环境因素。

（4）创业成功的回报诱人

风险与回报可谓是一对孪生兄弟。创业者常常会选择“高风险、高回报”的项目作为创业内容。他们在付出努力、承担风险的同时，期待在事业成功之后收获较高的回报。这种回报可以是金钱，还可以是荣誉、成就感、认同感、社会地位等。

（三）大学生创业的风险

（1）项目选择盲目

大学生选择创业，如果缺乏前期的市场调研和风险评估，单凭自己的兴趣和猜测来决定投资方向，甚至仅凭一时心血来潮作决定，难免会竹篮打水一场空。因此，陌生的市场环境、经营方面的零经验都成为大学生创业者的风险。一般来说，大学生创业者在创业前期一定要做好市场调研，在了解市场行情的基础上入手。大学生创业者资金实力较弱，可选择启动资金不多、人手配备要求不高的项目，从小本经营做起比较适宜。

（2）缺乏创业技能

很多大学生创业者当将创业计划落实为实际操作时，才发现自己根本不具备解决问题的能力，这样的创业无异于纸上谈兵。因此，为了积累实践经验，大学生应在在校读书期间多争取到企业打工或实习的机会，积累相关的管理和营销经验；另一方面，主动参加创业培训讲座等，丰富创业知识，接受专业指导，提高创业成功率。

（3）融资渠道单一

如果没有广阔的融资渠道，创业计划只能是一纸空谈。除了银行贷款、自筹资金、民间借贷等传统方式外，还可以充分利用风险投资、创业基金等融资渠道。

（4）社会资源缺乏

企业创建、市场开拓、产品推介等工作需要调动社会资源，大学生在这方面会感到非常吃力。平时应多参加各种社会实践活动，扩大自己人际交往的范围。创业前，可以先到相关行业领域工作一段时间，借助这个平台为自己日后创业积累人脉。

（5）管理过于随意

一些大学生创业者虽然技术出类拔萃，但理财、营销、沟通、管理方面的能力普遍不足。要想创业成功，大学生创业者必须技术、经营两手抓，可从合伙创业、家庭创业或从虚拟店铺开始，锻炼创业能力，也可以聘用职业经理人负责企业的日常运作。

二、创业的要素与类型

（一）创业的要素

创业的要素包括创业机会、创业团队和创业资源。

1. 创业机会

创业机会是指创业者可以利用的商业机会。从创业过程角度来说，机会是创业的起点，创业机会可以从以下几方面进行理解。

①可以为购买者或使用者创造或增加价值的产品或服务，它具有吸引力、持久性和适时性。

②可以引入新产品、新服务、新原材料和新组织方式，并能以高于成本价出售的情况。

③它是一种新的“目的—手段”关系，它能为经济活动引入新产品、新服务、新原材料、新市场或新组织方式。

④它主要是指具有较强吸引力的、较为持久的、有利于创业的商业机会。创业者据此可以为客户提供有价值的产品或服务，并同时使创业者自身获益。

创业机会又称商业机会或市场机会，它是指在市场经济条件下，在社会的经济活动过程中形成和产生的一种有利于企业经营成功的因素。它是一种带有偶然性并能被经营者认识和利用的契机。它是有吸引力的、较持久的和适时的一种商务活动空间，并最终表现在能够为消费者或客户创造价值或增加价值的产品或服务中，同时能为创业者带来回报或实现创业目的。

创业机会受环境的变动、市场的规范或混乱、信息的领先或滞后等因素的影响。其根源在于事物的变化，包括产品、服务、市场等方面。创业者可以通过其本身特有的素质发现创业机会。具体而言，创业机会来源的五种类型为：来自问题的创业机会、来自变化的创业机会、来自创造发明的创业机会、来自竞争的创业机会以及来自新知识、新技术的创业机会。

2. 创业团队

创业团队是指创业初期（包括企业成立前和成立早期），由一群才能互补、责任共担、愿为共同的创业目标而奋斗的人所组成的共同体。

创业团队的构成需要具备五个重要的要素，称为5P。

（1）目标（Purpose）

创业团队应该有一个既定的共同目标，为团队成员导航，使团队成员知道要向何处去。目标在创业企业的管理中以创业企业的远景、战略的形式体现。

（2）人员（People）

在一个创业团队中，人力资源是所有创业资源中最活跃、最重要的资源，应充分调动创业者的各种资源和能力，将人力资源进一步转化为人力资本。目标是通过人员来实现的，所以，人员的选择是创业团队中非常重要的一个要素。一个团队中可能需要有人出主意，有人制订计划，有人实施，有人协调不同的人一起去工作，还有人去监督创业团队工作的进展，评价创业团队最终的贡献，不同的人通过分工来共同完成创业团队的目标。在人员选择方面要考虑人员的能力如何，技能是否互补，人员的经验如何等。

（3）定位（Place）

创业团队的定位包含两层意思，一是创业团队的定位，即创业团队在企业中处于什么位置，由谁选择和决定团队的成员，创业团队最终应对谁负责，创业团队采取什么方式激励下属等。二是个体（创业者）的定位，即创业者在创业团队中扮演什么角色，是制订计划还是具体实施或评估；是大家共同出资，委派某个人参与管理，还是大家共同出资，共同参与管理；或是共同出资，聘请第三方（职业经理人）管理。这体现在创业实体的组织形式上，是合伙企业或是公司制企业。

（4）权限（Power）

创业团队领导人的权力大小与其团队的发展阶段和创业实体所在行业相关。一般来说，创业团队越成熟，领导者拥有的权力相应越小；在创业团队发展的初期阶段，领导权相对比较集中。

（5）计划（Plan）

计划有两层含义：一是目标最终的实现需要一系列的行动方案，所以可以把计划理解为达到目标的具体工作程序；二是按计划进行可以保证创业团队的顺利进展。只有在计划的指导下，创业团队才会一步一步地贴近目标，最终实现目标。

3. 创业资源

创业资源是指新创企业在创造价值的过程中需要的特定资产，包括有形与无形的资产，它是新创企业创立和运营的必要条件，主要表现形式为创业人才、创业资本、创业技术和创业管理等。对创业企业来说，创业者是其独特的资源，是无法用金钱买到的资源。创业本身也是一种资源的重新整合。简单地说，创业资源就是创业者所需具备的一些创业条件。创业资源是企业创业以及成长过程中所需的各种生产要素和支撑条件。

创业要素间的关系如下：

首先，商业机会是创业过程的重要驱动力，创业团队是创业过程的主导者，资源是创业成功的必要保证。创业过程始于创业机会。

其次，创业过程是商业机会、创业团队和资源三个要素匹配和平衡的结果。

最后，创业是一个连续不断地寻求平衡的行为组合。在三个要素中，绝对的平衡是不存在的，但创业过程要保持发展，必须追求一种动态的平衡。

（二）创业类型

创业的路各不相同。我们可以从不同的角度对其进行分类：

1. 按照创业目的可分为机会型创业和生存型创业

机会型创业是指创业的出发点并非谋生，而是为了抓住、利用市场机遇。它以市场机会为目标，以创造新的需求或满足潜在的需求为目标，因而会带动新产业的发展。

生存型创业是指为了谋生而自觉或被迫地创业，大多偏于尾随和模仿，因而往往加剧了市场竞争。

世界各国的创业活动以机会型创业为主，但中国的机会型创业数量较少。通过强化教育和培训以提高创业能力，对增加机会型创业、减少低水平竞争具有重要作用。

2. 按照创业起点可分为创建新企业和既有组织内创业

创建新企业指创业者个人或团队从无到有地创建出全新的企业组织。这个过程充满挑战和刺激，但风险和难度也很大，创业者往往缺乏足够的资源、经验和支持。

既有组织内创业指在现有公司由于产品、营销以及组织管理体系等方面的原因，在既有组织内重新创建的过程。企业流程再造本质上就是一种创业行为，正是通过二次创业、三次创业及连续不断地创业，企业的生命周期才能不断地在循环中延伸。

3. 按照创业者数量可分为独立创业和合伙创业

独立创业指创业者独立创办自己的企业。其特点在于产权归创业者个人独有，企业由创业者自由掌控，决策迅速。但创业者要独自承担风险，创业资源准备比较困难，并且受个人才能的限制。

合伙创业是指与他人共同创办企业，其优劣势正好与独立创业相反。

4. 按照创业项目性质可分为传统技能型、高新技术型和知识服务型创业

传统技能型创业指使用传统技术、工艺的创业项目。在酿酒、饮料、中药、工艺美术品、服装与食品加工、修理等与人们日常生活紧密相关的行业中，独特的传统技能项目表现出了经久不衰的竞争力，国内外均是如此。

高新技术型创业指知识密集度高，带有前沿性、研究开发性质的新技术、新产品项目。

知识服务型创业指为人们提供知识、信息的创业项目。当今社会，各类知识型咨询服务机构不断细化和增加，这类项目投资少、见效快。如北京有人创立剪报公司，把每天主要媒体上与该企业有关的信息全部收集、复印、装订起来，年收入也可达100万元，且市场十分稳定。

5. 按照创业方向和风险可分为依附型、尾随型、独创型和对抗型创业

依附型创业可分为两种情况：一是依附于大企业或产业链而生存，为大企业提供配套服务；二是特许经营权的使用，如利用品牌效应和成熟的经营管理模式创业。

尾随型创业即模仿他人创业，“学着别人做”，行业内已经有同类企业或类似经营项目，新创企业尾随他人之后，学着别人做。这种创业类型的特点，一是短期内只求维持下去；二是在市场上拾遗补缺。

独创型创业指提供的产品或服务能够填补市场空白，大到商品独创性，小到

商品的某种技术的独创性。如最新推出的环保型洗衣粉，改革开放后首家搬家服务公司、婚介公司等。

对抗型创业指进入其他企业业已形成垄断地位的某个市场，与之对抗较量。这种类型的创业风险最高，必须在知己知彼、科学决策的前提下进行。例如，针对20世纪90年代初，外商在中国市场大量倾销合成饲料的局面，希望集团建立了西南最大的饲料研究所，定位于与外国饲料争市场，一举取得成功。

6. 按照创新内容可分为基于产品创新的创业、基于市场营销模式创新的创业和基于企业组织管理体系的创新创业

基于产品创新的创业指基于技术创新或工艺创新的成果，产生了新的消费者群体，从而导致创业行为的发生。

基于市场营销模式创新的创业指采取了一种有别于其他厂商的市场营销模式，因而有可能给消费者带来更高的满足感。例如，美国联邦快递公司所提供的邮包服务。

基于企业组织管理体系的创新创业指采取了一种有别于其他厂商的企业组织管理体系，因而能够更高效地实现产品的商业化和产业化。如20世纪80年代国内乡镇企业的大量创立与成功，正是来源于管理体系的创新。

第二节　培养创业精神

一、创业精神的本质

创业精神是创业者在创业过程中具有开创性的思想、观念、个性、意志、作风和品质等重要行为特征的高度凝练，主要表现为勇于创新、敢当风险、团结合作、坚持不懈等。创新是创业精神的灵魂，冒险是创业精神的天性，合作是创业精神的精髓，执着是创业精神的本色。创业精神既是创业的动力源泉，也是创业的支柱。

创业精神是某个人或者某个群体通过有组织的努力，以创新的和独特的方式追求机会、创造价值和谋求增长，是着重于一种创新活动的行为过程，主要含义为创新，也就是创业者通过创新的手段，将资源更有效地利用，为市场创造出新

的价值。国内外学者从心理学的角度对创业精神进行了深入的研究，对创业精神的理解可概括为：第一，如果个体表现出创新、承担风险和主动进取的行为，那么他就具有创业精神；第二，创业精神是为了开发机会而集中系列独特资源创造新价值的过程；第三，创业精神也是创业家在个性方面所具有的特征，如机会捕捉能力、高成就动机、内在控制源等。

创业精神的形成与发展主要受文化环境、产业环境、机制环境、生存环境等方面的影响。

创业精神能够激发人们进行创业实践的欲望，是一种内在的动力机制。创业精神能够帮助个人、企业乃至整个国家或地区，在面对错综复杂的竞争环境时走向成功和繁荣，更利于国家加快转变经济发展方式，促进经济社会又好又快发展。

二、创业精神的特征

尽管人们对创业精神的含义各持己见、看法不一，但我们仍可归纳出普遍为企业所运用，与某些普遍适用的行为特性相关联的创业精神的五大特征：创新力、执行力、必胜的信念、注重价值创造和甘冒风险。

1. 创新力

创业永远是一个动态学习的过程，不断创造、创新的精神是创业精神的第一源泉，创业者就应该是在梦想之路上狂奔的人。在如今的知识经济和智慧经济时代，一个企业的生存、发展和繁荣，越来越依靠创新的能力——能够迅速变为有效的新产品、新服务、新方法、新工具、新流程和新商业模式，能够及时发现问题、解决问题、识别应对风险、革新自我和创造机会的能力。优秀的创业者了解自己周围的人才和环境，并能有效地调动一切资源朝向一个新的目标努力。

提起创新，人们往往先想到技术创新和产品创新，其实企业创新的形态远不止这些。一般地，企业创新主要包括发展战略创新、产品（或服务）创新、技术创新、组织与制度创新、管理创新、营销创新等。

提升创新力的主要方式有：一是企业的领导者要有强烈的创新意识。要树立知识价值观念，确立“终身学习”理念，高度重视自身知识结构的更新，并顺应企业的变化，不断改进思维方式和工作思路，以一个战略家的姿态未卜先知，抢占制高点，从而在新的变化面前从容不迫。二是建立企业创新的激励机制。通过新产品（或服务）开发项目负责制、岗位竞争、人才流动等激励措施，体现责任大、贡献大、回报大的经济报酬原则。三是构建“鼓励冒险、宽容失败”的创新型企业文化。对于职工新颖的想法，领导要积极支持，使员工在这种文化氛围中具有开阔的视野，丰富的想象力，锐意进取的雄心，使管理方式更为多元化、人性化。奇瑞汽车董事长尹同耀曾说，如果我的员工是生活在恐惧之中，那他就不会有创造力。奇瑞以鼓励创新、宽容失败营造了让每一个员工发挥创造力，将自己的想法转换为集体行动的环境。四是加强员工培训。员工的创新能力并不是天生的，在很大程度上取决于后天的学习和训练。企业应重视员工素质提升，加大员工学习培训经费投入，加强员工创新方面的学习、训练，提升员工创新技能，从而提高企业的创新水平和持续发展能力。

2. 执行力

执行力是贯彻战略意图，完成预定目标的操作能力，是把企业战略、规划转化成为效益、成果的关键。对个人而言，执行力就是办事能力；对团队而言，执行力就是战斗力；对企业而言，执行力就是经营能力和竞争力。面对日益市场化、国际化的经营环境，创业企业必须结合自身的实际情况，全力以赴地夯实管理的基础，以市场、客户为导向构筑强大而均衡的执行力。具体来说，一是要完善和优化组织架构，按照“客户导向”的原则重新布排，形成对客户需求和市场反应的流程，确保灵敏反应，与市场形成良好的对接：组织架构要根据流程变动进行调整，包括职能部门设置、职能划分，补充一些关键部门，对流程运作形成支持。一是提升人力资源管理。依靠企业家的才能而取得成功的企业，往往会造成企业家个人对人力资源的误读，认为企业最大的资产就是领导人的智慧和资源，从而忽视了下属能力的培育与发展，导致许多企业发现“头”不够用，“腰”（企业的中层管理人员称为企业的“腰”）也不够硬，企业无法保持持续快速的发展。人力资源的挖掘、培育与使用是企业执行力的重要着力点，建立完善的体系及激励约束机制，招聘人才，让符合企业战略发展的人才充分发挥价值，才能形成企业发展的合力。三是构建和谐的企业文化。企业文化作为一种隐性的力量，在关键时往往能释放出惊人的力量。企业文化是可以塑造的，它可以由企业的相关人员精巧设计，并通过一系列有效手段有针对性地传达给企业的每个员工。

3. 必胜的信念

卓越人物的心理品质有一个共同的特点：他们在开始做事前，总是充分相信自己的能力能排除一切艰难险阻直到胜利。所有创业失败者都是被自己打败的，而不是被竞争对手打败或者因为商业环境等条件导致失败的，他们的失败首先来自丧失了创业精神或者说失去了取得成功的信心。企业在发展过程中免不了出现危机和困难，越是危急关头，就越需要我们付出更大的热情和勇气。创业成功的开始不过就是一个想法，一个强烈成功的想法是奋斗拼搏的动力，没有破釜沉舟不留后路的意识，是不可能发挥自己的潜能的。即使是失败后，那些能够东山再起的创业者，每天支撑自己向前的也正是一种持续的精神力量，这种精神力量就是相信自己，相信自己仍旧能转败为胜创造更大的商业传奇。

很多人往往在做某事之前瞻前顾后，害怕失败，因而迈不开步子，不是集中精力去争取成功，而是把精力耗费在避免失败上，因此总是显得步履维艰。人们从事任何开创性的工作都是困难重重、险阻林立的，没有坚定的必胜信念作精神支柱，是不可能克服一个又一个困难，到达光辉彼岸的。曾经闻名遐迩的苹果计算机公司，当年两个年轻人创业时靠的是 400 美元贷款，租借一间废旧汽车库，在旧货摊上购买一些元器件。他们抱着必胜的信念，连续两年每周工作 7 天，每天干 15 个小时，克服了许多常人看来无法克服的困难，争分夺秒地搞出新产品才获得成功。

4. 注重价值创造

市场经济承认个人利益、重视物质利益。但是这绝不意味着市场经济等于物欲横流，或者创办企业一定唯利是图。实际上，创业具有“修身、齐家、治国、平天下”的意义，能规划人生目标、反映人生价值、实现社会责任、体现崇高理想和远大志趣。创业家们坚信，他们的事业对全人类有着重要的意义，他们能为消费者、员工，当然也包括他们自己创造价值。创业的愿景就是能清楚地描绘出需要并愿意购买某种产品和服务的消费者，并对欣赏和使用自己产品的客户心怀感激。业比天大，创业不仅是为实现自己的人生价值搭建一个平台，而且是为其他人创造就业机会。西方发达国家大部分人都是在中小企业工作，发展中小企业是解决一个国家就业的根本之道，当前我国许多地方政府出台了一系列鼓励创业的政策，鼓励年轻人创业，鼓励退休的老年人创业，营造了良性的创业就业环境，是对创业价值的积极肯定。

企业的目的就是让员工实现自己的价值，让更多的人成功才是企业的成功。华旗总裁冯军说，我们一直鼓励员工“内部创业”，团队里的每个人能够独立把自己的工作做好，就具有创业能力和创业精神。阿里巴巴集团主要创始人马云指出，老板要把员工当作自己的第二客户，要创造独特的价值让员工感受到他不是你的机器，而是一个活生生的人。360 公司董事长周鸿祎也说，时机不成熟，就不创业，先给别人打工。把公司让我做的事情做好，提高自己的能力，逐步就知道创业的方向了。我在方正公司工作时，从来没有觉得自己是打工的，我一直认为自己是在创业，因为我觉得是在积累自己的能力，积累自己的资源，也为企业创造了价值。

5 甘冒风险

敢于走前人和别人没有走过的路，敢于尝试、甘冒风险是开启创业成功大门的钥匙。甘冒风险是理智基础上的大胆决断，是自信前提下的果敢超越，是新目标面前的不懈追求。很多时候，只要积极地尝试过、努力过，姑且不论成败，也毕竟拥有了经验，而且人的精神意志也会在不断尝试的过程中渐渐得到锻炼和提升。创业者不可能在安全的等待中成功，而是在冒险中创造机遇获得成功。

创业环境的不确定性，创业机会与创业企业的复杂性，创业者、创业团队与创业投资者的能力与实力的有限性，是创业风险的根本来源，并最终导致资金风险、技术风险、市场风险、政治风险、管理风险、生产风险等。而创业就一定要在风险与收益之间进行抉择与权衡，不能为了收益而不顾风险的大小，也不能因害怕风险而放弃目标，要在争取实现目标的前提下，去管理风险、控制风险，因为巨大的机会常常隐藏在风险中。伟大的创业者与平庸的创业者之间的差别就在于捕捉机会和规避风险的能力。创业者不是要万无一失地去做事情，而是要去尽量地规避风险获得高回报。

三、创业意识的培养

（一）创业意识内涵

创业意识是创业的先导，它构成创业者的创业动力，由创业需要、动机、意向、志愿、抱负、信念、价值观、世界观等方面组成，是人们从事创业活动的强大内驱动力，也是人进行活动的能动性源泉。正是它激励着人以某种方式进行活动，向自己提出某种目的并力图达到和实现，从而表现出一个人的精神面貌。创业意识集中表现了创业素质中的社会属性，支配着创业者对创业活动的态度和行为，并规定着态度和行为的方向、力度，具有较强的选择性和能动性，是创业素质的重要组成部分，是人们从事创业活动的强大内驱动力。一般可以涵盖下列意识：

1. 商机意识

真正的创业者，会在他创业前、创业中和创业后，始终面临着识别商机、发现市场的考验。他必须有足够的市场敏锐度，可以宏观地审视经济环境，洞察未来市场形势的走向，以便做出正确的决策来保证企业的持续发展。

2. 转化意识

仅有商机意识是不够的，还要在机会来临时抓住它，也就是把握机会，把商机转化成实实在在的收入和公司的持续运作，最终实现自己的创业梦想。转化意识就是把商机、机会等转化为生产力，把你的才能和在学校学到的知识转化为智力资本、人际关系资本和营销资本。

3. 战略意识

创业初期给自己制订一个合理的创业计划，解决如何进入市场，如何卖出产品等基本问题。创业中期需要制订整合市场、产品、人力方面的创业策略，转换创业初期战略。需要指出的是，创业战略不止一种，也没有绝对的好坏之分，关键要找到适合自己的创业之路。在这条路上应时刻保持战略的高度，不以朝夕得失论成败。

4. 风险意识

创业者要认真分析自己在创业过程中可能会遇到哪些风险，一旦这些风险出现，要懂得如何应对和化解。大学生是否具备风险意识和规避风险的能力，将直接影响到创业的成败。

5. 敬业意识

马云说，事业成功虽然有运气在其中，主要还是靠勤劳，勤劳苦干可以提高自己的能力，会让很多机会降临在你面前。大学生创业，一定要务实，要勤奋，不能光停留在理论研究上。可以从小投资开始，逐步积累经验，不能幻想着一口吃个胖子。没有资金，没有人脉都不要紧，关键是你要有好的思路和想法，有勇气去迈出第一步。

(二) 创业意识的培养

创业的过程也是锻炼的过程，是不断学习提高、不断发展的过程。通过创业，可以使自己的事业得到发展，实现自身价值的最大化；可以激活人才资源和科技资源，使许多新创意、新科技、新发明、新专利迅速转化为现实的产业和产品，实现对社会贡献的最大化。21 世纪的知识经济给社会带来了巨大变革，尤其是知识产业化、信息产业化的迅速发展，既给我们带来了严峻的挑战，也给我们带来了发展的机遇。树立与培养毕业生的创业意识，指导毕业生走上自主创业之路，不仅能帮助毕业生成长、成才，还能拓宽毕业生就业渠道，增加社会就业岗位，实现就业渠道的多元化。

1. 树立远大理想，坚定报国信念

坚持用科学的理论武装头脑，树立正确的世界观、价值观、人生观，坚定为实现中华民族的共同理想，为祖国的现代化建设奉献自己的智慧和力量的决心。

2. 不畏艰难，敢于拼搏

培养强烈的事业心和责任感，刻苦钻研，勤奋工作，努力学习，牢固掌握专业知识及技能；树立高标准、严要求，不怕困难，勇于创新、敢于创业，争创一流的思想，从而激发创业意识。

3. 培养脚踏实地的工作作风

在日常工作与学习中，要坚持解放思想与实事求是相统一，既要敢想敢干，又要求真务实；积极参与各种创业与创新活动，在活动中感受创业情境。

4. 积极投身社会实践，养成善于观察、勤于思考的良好习惯

在实践中锻炼自己，了解社会、了解自我，完善素质、提高能力；通过对事物的观察和思考，激发创业需要，树立创业理想，坚定创业信念。

5. 摒弃安逸思想，培育个人求发展的心理

创业活动过程会遇到很多困难，如果没有坚定的创业信念，仍抱着随遇而安的安逸思想是不可能成就一番事业的。在生活、工作中要注意培养个人求发展的心理，积极进取，不安于现状，使创业需要发展为创业动机。

6. 发展健康个性与兴趣

健康的个性与兴趣可以激发创业者的创业热情，升华创业意识，是创业意识形成的重要因素。因此，要创造有助于发展健康个性和兴趣的自由空间，积极参加兴趣小组和社团活动，有意识地培养兴趣、发展兴趣。

创业意识及其支配和产生的创业活动对于个人乃至民族的发展有着重大的意义。随着市场经济的飞速发展，“铁饭碗”时代一去不复返，取而代之的是愈演愈烈的就业压力和创业热潮。创业一方面可以解决自身的就业问题，获得精神和物质上的满足；另一方面，创造了更多的就业机会，在一定程度上解决了更多人的就业问题，这无疑是缓解就业压力的一个现实而有效的途径。众所周知，就业压力的缓解对于家庭和谐、社会稳定、民族经济发展至关重要，并构成巩固社会主义建设事业的一个必备因素。如今，创业热潮已成为澎湃于浩渺商海的一道风景，而广大有活力、有抱负、高素质的大学生亦在这股创业热潮中一显身手。要创业就得从培养创业意识入手，因为意识是行动的指南。创业意识集中体现了创业素质的社会性质，支配着创业者对创业活动的态度和行为，是创业素质的重要组成部分。为此，我们要强化大学生的创业意识，做好创业的精神准备，开拓进取，有所作为。创业的过程也是锻炼的过程，是不断学习提高、不断发展的过程。

案例延伸

敢于放弃安逸的生活——关于“希望”的故事

2001 年 10 月 26 日，刘永好、刘永行及其兄弟以 83 亿人民币的资产出现在“中国大陆 100 首富企业家”排行榜首位，当《福布斯》向全球公

布这一信息时，很多人都感到非常惊讶。

刘氏兄弟刚开始创业时，周围的人大多感到不可思议。疏远者有之，怜悯者有之。当然，也有少数朋友支持他们。为什么人们会持如此的态度呢？

刘永好在家里虽然排行最小，但却没有享受过一点儿“娇惯”的待遇。贫困的生活让小小的他经历了很多，也懂得了很多。也正是这些经历锻炼了他顽强不屈的意志、积极向上的心态和勇于拼搏的精神。经过努力，他考上了大学，毕业后被分配到一所中专当老师，可是这种安逸而且没有挑战的生活并不是他想要的。

刘永好一边教书一边寻找创业的机会。经过深思熟虑和长期的观察，他在1982年说服了三个毕业于不同大学、不同专业的哥哥一同创业。于是，四人一起辞去了当时人人羡慕的工作，离开繁华舒适的城市，回到了四川省新津县农村的老家。

创业需要资本，可申请贷款又没有东西抵押。所以四兄弟卖掉了家里最值钱的东西：4辆自行车和4块手表，凑齐了1 000元钱。因为资金有限，他们只能从小生意做起。一开始，他们选种了一批优良品种的西红柿，收获时产量竟超过普通西红柿5倍。赚了第一笔钱后，他们把目标转向了家禽饲养。他们总结了之前的经验，购买优良的种蛋，自已孵化，并且将节约下来的资金用于扩大经营。四兄弟的养鸡规模迅速扩张，为此，他们还自制了一套可繁育两万只种鸡的设备。

虽然也曾受骗收过假支票，还遭遇过因养殖户破产而被迫亲自走街串巷贩卖鸡雏的窘境，但在短短两年的时间，他们还是创造了10多万元的利润，这在20世纪80年代初的中国，已经是非常可观了。

随着进入养殖行业的人日趋增多，刘永好敏锐地感觉到，应该考虑转向新的业务了。经过一番市场考察，他想到了养殖鹌鹑，并且得到了三个哥哥的支持，于是兄弟四人共同创建了育新养殖场。到1986年，经过四兄弟的精心打理，育新养殖场规模已居全国首位，销售量也是国内冠军。当时的国家科学技术委员会主任宋健欣然前来视察慰问，并题词道：中国经济振兴寄希望于社会主义企业家。那年，刘氏兄弟的总资产也迅速增长到了 1 000 万元。

1992 年，刘氏兄弟在希望思路公司的基础上成立了希望集团，这是中国第一家经国家工商总局批准的私营企业集团。希望集团成立不久，四兄弟根据自身的特点开始了分家计划。在资产划分上，兄弟四人各占整个产业 25% 的股份。刘永好和刘永行开始在同一家公司，1995 年 3 月的董事会之后，两兄弟也开始分家。

最终，刘氏兄弟把创业期间极端模糊的产权划分得非常清楚：老大刘永言创立大陆希望公司，老二刘永行创立东方希望公司，老三刘永美建立华西希望公司，而老四刘永好成立南方希望公司。他们没有忘记自己的妹妹刘永红，也给了她一部分股份。这可以说是中国企业史上最完美的一次家族资产分割。

由此，“希望系”企业走上了更加宽广的发展之路。从房地产到金融，从农业到科技，处处可以见到“希望”的身影。而刘氏兄弟的名字，也被全国乃至全球越来越多的人所关注。

资料来源：根据《创业大师如是说》资料整理

思考题：

1. 创业的特点有哪些？
2. 创业的要素有哪些？
3. 创业精神有什么作用？

第六章　寻找创业机会

创业要做到三思而后行，有备无患。切忌浮躁，切忌仓促行事。在创业时要提前做好调查研究，不可凭一时冲动匆忙上阵，造成不必要的损失。

第一节　创业环境

一、创业环境的概念及分类

创业环境是指创业者周围的境况，围绕着创业企业生存和发展变化，对其产生影响或制约创业企业发展的一系列外部因素及其所组成的有机整体。

根据不同的分类，创业环境可以分为外部环境、内部环境、政策环境、法律环境、经济环境、行业环境、社区环境等。

1. 宏观环境

市场开放程度、国际地位、信誉和工作效率、金融市场的有效性、劳动力市场的完善、法制制度的健全以及技术的进步等宏观环境因素对创业者的投资兴业起着较大的诱导和促进作用，对创业企业的生存和发展产生重要影响。

2. 地区环境

不同地区对不同的企业、行业和产业都有不同的支持力度，在这一地区可能失败，但在另外一个地区则有可能成功。

3. 行业环境

选择行业一定要慎重再慎重，必须关注两个问题：一是行业内的竞争程度及变化程度。二是行业所处的生命周期。如果行业内竞争已十分激烈，进入壁垒高或已经处于夕阳阶段的行业，创业企业成功的概率就不高，即使成功也十分艰难。

二、创业环境的内容

创业环境应该包括以下方面的内容：

1. 政府政策

这包括对创业活动和创业企业成长的规定、就业的规定、环境和安全的规定、企业组织形式的规定、税收的规定等，还包括政策的执行情况、落实情况和实施上的效率情况等。

2. 政府项目

提供项目支持是政府政策的具体化。这种支持，既包括提供资金和项目，也包括提供服务支持和建立扶持创业企业的相关组织和机构，以及通过这些组织和机构举办和开放的大量创业项目。

3. 金融支持

创业的金融支持的最主要来源是私人权益资本、自有资金、亲戚朋友投资或其他私人股权投资。

4. 教育培训

教育培训是创业活动得以开展的必要条件，也是创业者将潜在商机变为实现商机的基础。

5. 研究开发转移

研发成果的转移过程是否顺利，不仅表明我国商业化的步伐，而且表明创业研发和研发后转化为生产力的效率和水平，更反映出创业者是否能够抓住商业机会。目前，我国的研究开发成果能很好地从发源地通过创办企业向市场转化。

6. 切入时机

中国的市场正处于市场增长率高、市场变化率高的阶段，对创业企业来说，是个难得的机遇。创业企业进入成本相对较低。

7. 商务环境和有形基础设施

我国的创业环境正在朝着有序、规范的方向发展；诚信意识在增强，硬件环境在改善，服务意识在提高。消费者的理性消费意识和消费观念有了明显变化。

8. 文化和社会规范

我国目前的文化和社会规范鼓励企业和创业者，鼓励人们通过个人努力取得成功，也鼓励创造和创新的精神，更鼓励通过诚实劳动致富，让创业者勇敢地承担和面对创业中的各种风险。

三、我国创业环境

（一）我国的三次创业大潮

1. 中国的第一次创业大潮

我国的第一次创业大潮是民间自发的，如果不创业就没活路，这种理论被称为“生存创业”。中国最早的生存创业发生在安徽省小岗村。那时，农村还很贫困，但安徽省小岗村农民却实行了土地承包到户。后来在政府主持下将土地承包到户推向全省和全国，不仅解决了农民吃饭的问题，也大大提高了全国人民的生活水平。

土地承包责任制的显著特点是集体所有、分户经营，把土地的所有权与经营权分离。在农村劳动力过剩和土地资源灵活的背景下，农村实现了生产要素的结合，产生了乡镇企业，许多创业者以集体企业的名义戴着“红帽子”走入了逐渐繁荣的市场。20 世纪 80 年代，城市改革启动，“包”字进城，城市中的国有、集体企业纷纷采取承包经营责任制。与此同时，出现了双轨制，既有计划经济的产品，又有市场自发调节的商品，乡镇企业获得了巨大的机会，大量的商品需求由乡镇企业来满足。

在中国改革开放初期，人们的需求深受供给约束，各种需求都呈短缺状态，在灵活的制度、相对自由的资源和巨大的商业机会刺激下，我国出现了以乡镇企业为代表的自主创业浪潮，成为中国民营经济的重要来源。

2. 第二次创业大潮

中国的第二次创业大潮是从 1992 年开始的。1992 年，邓小平南方谈话之后，市场经济被中国主流接受，几乎所有中国人都意识到，市场经济可以致富，也可以消除双轨制带来的矛盾和冲突。制度随之出现了根本性的转变，以前私有制经济被认为是公有制的补充，1992 年私有制经济的合法性得到认可。

这一年，股份制正式推出，股票交易市场正式挂牌，大量企业以股份制的方式进入市场。不久，国有企业改革也开始启动，1998 年，“抓大放小”让国有企业大量退出，进入市场调控，再次掀起国内创业浪潮。在这样的背景下，很多知识分子、政府官员、国企领导以及其他管理人员纷纷下海创业。

3. 第三次创业大潮

第三次创业大潮是从中国实施“双创”开始的，由国家政策强力推动，借助世界科技浪潮，形成了利用创业推动创新的大潮。此后，中国社会的创业热情不断高涨，全球创业报告（2015）显示，中国的创业指数为79%，远远高于全球（51%）和亚洲（64%）。2015 年，中国平均每天新登记注册的企业达到 1.2 万户，平均每分钟诞生 8 家公司。北京、深圳、广州、上海、成都、武汉等各种要素聚集城市的“双创”成果正在呈现指数级增长，中国进入了双创时代，区域经济在双创时代开始均衡，东南西北均有新的中心形成。

（二）双创时代的到来

1. 何谓双创

2014 年，中国明确了“双创”作为实现转型基本战略，高质量创业作为转型的推动力，成为新时代最重要的政策工具。

所谓“双创”是指“大众创业、万众创新”，它不是一般的号召，而是国家行动，是新的国家战略。这一战略的基本目标是推动中国经济社会转型，特别是通过新创企业的进入，推动在位企业转型。

转型是时代的基本要求。中国经过40年的改革发展，形成了巨大的经济体量，但是也在不断积累矛盾和危机，最大的矛盾来自快速增长的物质生产与资源环境的不匹配。

与此同时，在中国经济快速增长中创办的企业，依赖于产品数量增长，产品式样单一，质量低下，工艺落后，污染约束不够等。一个重要原因是它们深度依赖当地政策扶持，在各种招商引资优惠政策中以投资规模博得政府青睐，进而不思提升自身素质、经营质量，以透支员工体力、当地环境和能源等来维持，造成了国家推转型、企业不转型的不一致。

企业有两个基本思维，一是不转型等死，这意味着，企业已经能够接受国家号召，认识到未来如果不转型，企业终究会衰亡；二是转型找死，因为在政府的支持和保护下，那些不转型也不付出额外投入的企业，更具有市场竞争力，而转型有着极大的不确定性，市场不一定接受那些新的或高质量的产品，产品价格也得不到保障，与这样的企业竞争，转型企业实在无能为力，更何况内部变革也存在着极大的风险。企业在这样的矛盾中挣扎、拖延、观望、等待，那些工艺落后的企业，因为不能快速有效转型而导致政策也逐渐不再支持。

在转型道路上僵持不下，中国启动了双创战略，把经济社会创新的主力军从现有企业转移到新创企业，以高质量的新创企业推动在位企业转型。

2. 双创推动转型的机制

“大众创业、万众创新”是一种社会转型机制，是通过创业推动创新的国家战略。多年来，提升创新能力一直是举国上下的共同追求，然而效果却不明显。政策只局限于创新或者创业，把创新和创业割裂开的政策导向，是政策效果不佳的根本原因。

在国家创新战略中，企业被视为创新的主体，这是强调国家不可能代替企业，因为创新在本质上是商业活动，然而，多年来的各种创新战略都没有达到理想的效果，一个重要原因是创新被看成研发活动，离开了创新是市场的突破这一本质。没有从市场角度开拓需求和整合资源，就不可能有真正的创新。在位企业为了获得各种优惠政策，针对国家出台的创新政策展开应对，而真实的行动却与市场脱节，造成了获得牌匾的“创新企业”却在进行粗放的生产和经营的局面。

把创业作为创新的推动力，把企业作为创新主体的企业，从在位企业转移到新创企业再用新创企业影响和推动在位企业转型。

推动创新创业不仅需要创业的政策作用力，也需要创新的政策作用力，这些作用力不能离开市场。其中一个重要机制就是股票溢价。如果创业企业能够将自己的投资变成股票在退出投资时能够成倍增长，成倍增长以后的价格减去初始投资就是创业者的溢价。显然，创业企业质量越高，人们购买股票时接受的价格也越高，溢价的机会也越大。决定创业质量的主要因素就是创业企业的创新水平。

也就是说，用股票溢价拉动各类创业投资者参与并寻找、培育创新源，推动他们以创业的方式进入市场，以此实现创业者和投资者的利益。其中，创业投资者可能是天使投资基金或者是风险投资基金，而股票能够让价格自由地体现供求，需要有专门的股票交易场所。这样，就需要政策支持下述两种工具，第一种工具是创业投资基金，允许创业投资基金创建和运行，中国为此建立了多个金融中心；第二种工具是各种产权交易机构，如深圳股票交易所和上海股票交易所的主板、中小板、创业板和新三板，以及各类地方产权交易场所和机构都包括在其中，形成了“多层次资本市场”。

创业投资基金的作用在于寻找并引导创业企业能够成长并且获得溢价，以便它们能在股票交易以后获得收益。当它们找到与它们的理念一致，被它们认可的创业团队或者创业项目，而这些企业又存在着高溢价能力时，创业投资基金会参与创业企业的管理之中，将其培育成为市场溢价企业，从而提升高创业质量的成活率；创业投资基金发现的只是一些创业想法或者实验室的科研成果，需要把这些科技成果当成种子，为它们注入其他创业要素，使之尽早进入创业状态。

●双创是利益拉动机制，是通过溢价拉动商业创意、科研成果和创业者的勇气，在投资人配合下，预期获得巨大收益的活动。

●双创是培育机制，通过创业投资这种专业化的创业管理能力和资本要素的进入，让创新创业的种子得以发芽，提升创业质量，提高创新创业的成活率。

●双创是发现机制，通过参与巨额利益的分配，让创业投资基金去寻找可能的科研成果和那些具有创业素质的个人或团队。

●双创是配置机制，通过各种产权市场，在创业投资的参与下，为创业企业提供合理的要素结构，从而提升创业企业质量。

●虽然双创是政府推动的国家战略，但其主要政策却来自市场，特别是资本市场，这等于是借助中国先期发展获得的资金使社会要素重新组合，形成新的经济成分，再影响整体经济和社会转型。

●创新企业本身将改变中国经济结构和整体经济质量。大量的创新企业获得成功，极大地改善了中国经济结构、新型服务业和新的业态，提升了国民经济结构与平均质量。将低消耗、低污染、高附加值企业加入经济之中，改善了中国的供给结构和人们的生活质量，解放了需求。这些企业的成功又带动了新企业的加入，形成了一波以创新为特征的创业浪潮。

●创新企业裂变或失败。那些创业者再次加盟到企业之中，改变了企业的构成，使在位企业悄悄地获得了内部创业的动力。

●外部创新创业的出现，在市场上迫使在位企业不得不加速转型，转型不再是它们等待的目标，而是它们唯一的选择。在位企业可能会通过收购创新创业成功的企业来改变自己的素质和结构，也可能会通过成立新的机构，以内部创业方式获得新生。

●那些不愿意转型的企业在悄悄地退出市场，从而使经济结构获得改善，资源和环境压力得以缓解。

配合双创战略，国家还收缩规范政府权力，与腐败治理相结合，让市场更自由，权力更充分，配置更有效率；还出台或优化了创业者培训、创业失败者救济、创业者补贴等政策，形成了创新创业政策激励与市场拉动共同作用的政策体系。

（三）我国创业环境的特点

中国目前的创业环境将会持续相当长的时间，也有可能是未来中国的基本环境，这一环境不只是由创新创业政策主导，还由人们的创业行动构成，可以概括为以下 3 个特点：

（1）全球性

所谓全球性，就是在互联网以及“互联网 +”的影响下的创业大潮，即以互联网为核心的科技变革，催生的惠及全球的创业浪潮。互联网改变了世界，最重要的是它改变了信息传递方式，进而改变了交易方式，降低了交易成本，引发大量的商业模式变革。全球都在利用它的红利来进行创业，并且在利用互联网科技的过程中，强化全球化。

（2）创新性

所谓创新性，是指中国正在从外援经济走向内涵经济或内生经济，从以要素数量投入驱动的经济增长，转变为以经济质量驱动的增长，而质量的核心在于创新，包括科技创新和商业模式创新。创新创业成为当今中国创业环境最重要的特点之一。

（3）全民性

所谓全民性，就是“大众创业、万众创新”，就是要求全民参与、全民支持，以建设创业型社会为目标。在这样的社会中，人们对创业者给予赞扬，对创业失败者给予宽容，对创业成功充满了渴望。“大众和万众”与互联网技术的普及分不开，互联网大幅度降低了创业门槛，极大地增进了社会创业的公平性；同时，政府努力主导公平竞争，减少政府权力，充分发挥市场作用，增加新型基础设施和加大公共设施投入，都成为新时代的社会环境特征，诱发了全民参与创新创业的热情。

（四）我国的大学生创业环境

自主创业作为大学毕业生的出路之一，在当前成为部分毕业生的一项选择。权威教育数据咨询研究公司麦可思对中国2010届毕业生毕业半年后社会需求与培养质量的调查显示：2010年中国高校毕业生自主创业率为1.5%，比2009届高出0.3个百分点。其中，2010届本科毕业生自主创业的比率为0.9%，主要集中在小学和中学教育的培训行业、互联网运营和网络搜索行业。调查表明，创业理想是2010届高校毕业生自主创业最重要的动力。在接受调查的本科毕业生中，对于自主创业的动机一项，有41%的人选择“理想就是成为创业者”，有18%的人选择“未来收入高”，有14%的人选择“有好的创业项目”，有11%的人选择“受他人邀请加入创业”，因“未找到工作”而进行创业的仅占7%。

鼓励大学生创业的氛围正在形成。相对于2010年全国大学毕业生630余万人的规模，以自主创业率1.5%来计算，约有94 500人进行了自主创业，虽然人数偏少，但作为毕业生的出路之一，在自主创新时代也起着引领潮流的作用。海阔凭鱼跃，党和国家正在为大学生创业积极提供良好的环境。

十七大报告明确提出，要实施扩大就业的发展战略，促进以创业带动就业。把鼓励创业、支持创业摆到就业工作更加突出的位置，这是总结了我国近年来就业工作的实践，深入认识扩大就业的规律，科学分析我国就业形势，针对经济增长对就业的拉动作用呈下降趋势的特点，依据倍增效应，着眼鼓励劳动者积极创业的现实情况提出来的。

在配套措施上，一方面要完善支持自主创业、自谋职业政策。政府要从鼓励劳动者创业出发，在税费征收、小额贷款、社会保险补贴、经营场地、工商管理等方面给创业者提供更多的方便，降低创业门槛，减少创业成本和风险，营造良好的创业环境。要加快制定面向全体城乡创业者的优惠政策，扩大扶持创业的范围。另一方面，要健全面向全体劳动者的职业教育培训制度。创业培训是职业教育培训的重要内容，对提高劳动者的创业能力起着积极的促进作用。要加强创业培训，创新培训方式，努力提高创业培训的成功率。要在全社会营造良好的创业环境，形成浓厚的创业氛围，鼓励开展各种类型的创业活动，使更多劳动者成为创业者。政府的重视会在一定程度上使创业活动更多地为社会所接受。

2016 年 12 月 28 日，中国人民大学首次发布了《2016 中国大学生创业报告》。报告认为，我国高校“双创”教育的产生与发展历程，大致经历了四个阶段，即：创新创业教育的引入试点阶段（1998—2002 年）；创业教育与职业发展的对接阶段（2002—2008 年）；支持国家“双创”战略、“双创”教育的全面实践阶段（2008—2012 年）；扎实推进“双创”教育深度发展的实践阶段（2012 年至今）。在国家鼓励“双创”的大背景下，国内各大高校积极深化创新创业教育改革并已经取得了显著的成效：基于“平台型创业学院”整合相关资源成为实施“双创”教育的新探索；“双创”教育与科技产业园孵化联动模式给大学生提供了更接近真实创业实践的体验；一些专业学科优势明显的高校还开发出了“专业纵深化、产教协同性”的创业实训模式等。总体来看，高校创新创业教育实践已经为我国创业教育的总体生态系统做出了巨大的贡献。

为引导大学生多渠道就业，尤其是鼓励自主创业和灵活就业，政府出台了《关于进一步做好普通高等学校毕业生就业工作的实施意见》。意见规定，对于自主创业的毕业生，可以在注册登记、贷款融资、税费减免、创业服务等方面获得扶持。大学生创业可以放宽一定的行业限制，比如，申办个体工商户、个人独资企业、合伙企业时，除法律法规另有规定外，将不受最低出资金额限制。另外，一些省市还对高校毕业生创业提供以下优惠政策，只要从事高科技、现代制造、现代服务业等行业、领域的投资与经营，就可将家庭住所、租借房、临时商业用房等作为创业经营场所。

相信随着国家对毕业生创业引导、扶持力度的加大，各高校对创业教育的重视，在社会各界强有力的推动下，会有更多的毕业生加入自主创业的行列中。

四、创业环境分析的方法

目前我们常用的创业环境分析方法主要有以下四种：

1.PEST 分析法

PEST 分析法是战略外部环境分析的基本工具，它通过对政治、经济、社会和技术四个方面的因素分析，从总体上把握宏观环境，并评价这些因素对企业战略目标和战略定制的影响。

P——政治（Political System），是指对组织经营活动具有实际与潜在影响的政治力量和有关法律、法规等因素。

E——经济（Economic），是指一个国家的经济制度、经济结构、产业布局、资源状况、经济发展水平以及未来的经济走势等。

S——社会（Social），是指组织所在社会中成员的民族特征、文化传统、价值观念、宗教信仰、教育水平以及风俗习惯等因素。

T——技术（Technological），不仅包括那些引起革命性变化的发明，还包括与企业生产有关的新技术、新工艺、新材料的出现和发展趋势以及应用前景。

2.SWOT 分析法

SWOT分析法又称为态势分析法，它是由旧金山大学的管理学教授海因茨·韦里克于 20 世纪 80 年代初提出来的，是一种能够较客观而准确地分析和研究个体或者企业的现实情况的方法。

SWOT 四个英文字母分别代表：优势（Strength）、劣势（Weakness）、机会（Opportunity）、威胁（Threat）。从整体上看，SWOT 可以分为两部分：第一部分为 SW，主要用来分析内部条件；第二部分为 OT，主要用来分析外部条件。利用这种方法可以从中找出对个体（企业）有利的、值得发扬的因素，以及对个人（企业）不利的、要避开的东西，发现存在的问题，找出解决办法，并明确以后的发展方向。

第二节　市场调研

一、市场调研概述

(一) 市场调研的定义

市场是古代时期人们对固定时间段或固定地点进行交易的场所的称呼，指买卖双方进行交换货物的场所。到今天为止，市场有两种含义，一是指交易场所，如传统市场、股票市场、期货市场等；二是指交易行为的总和，即市场不仅仅指交易场所，还包括所有的交易行为。所以当人们谈论市场和市场规模等词汇时，还包含消费者、消费水平和消费欲望这三个要素，而不是仅仅指交易场所的大小，还要考虑消费行为是否活跃。从广义上讲，所有产权发生转移和交换的关系都可以称为市场。

市场调研也称为市场研究、市场调查、营销调研等，随着市场经济、市场营销的不断发展，市场调研的概念、内容、作用和范围也在不断发生变化。不同的专家学者对市场调研的理解不同，概括起来有两种观点：一种观点认为，市场调研是对市场的调查研究，基于对市场的认识存在差异，又可以将市场调研分为狭义和广义两种。狭义的市场调研是指把市场理解为顾客的集合，认为市场调研就是研究顾客的各种需要，即以科学的方法和手段，收集消费者对产品购买及其使用的有关数据、意见和要求以及购买的行为和动机等，这相当于消费者及其行为研究。广义的市场调研是指从整个市场的角度出发，包含了从认识市场到定制营销决策的一切有关市场交易活动的分析和研究，认为市场调研是运用科学的方法和手段收集产品，使产品从生产者转移到消费者的一切与市场活动有关的数据和信息，并对其进行分析研究的过程。根据这种解释，广义的市场调研是将调查范围从流通领域扩展到生产领域，不仅包括消费者调查，还包括市场分析、销售分析、广告研究等内容。

另一种观点认为，市场调研是市场营销调查，即其主要针对企业在市场营销决策中所面临的各种问题的调查。而营销观念是一种以顾客的需求和欲望为导向的经营哲学。按这一观念作为企业经营的指导思想，营销的职能就不仅仅是如何把已经生产的产品卖出去，更重要的是以满足消费者或者用户的需求为中心，参与企业生产经营全部活动的决策。

综合上述观点，市场调研指的是运用科学的方法，系统地收集、记录、整理和分析有关市场信息，从而了解市场发展变化的现状和趋势，以顾客需求为导向，为市场预测和经营决策提供科学依据的过程。因此，市场调研的重点在于它是一套科学的方法，并以顾客需求为导向的为市场经营决策提供依据。

在此基础上，为了创业成功而进行的调查研究活动或者调查工作称为创业市场调研。创业市场调研与市场调研，在理论和方法上是相通的。

（二）市场调研的作用

对于创业者来说，市场调研对于创业是否成功具有决定性的作用：

第一，通过市场调研，创业者能了解行业资讯，避免决策错误。市场调研者在对产品、销售、竞争对手、消费者购买行为等市场行情做出调研后，能基本了解行业情况。

第二，通过市场调研，创业者能准确把握信息，部署有效战略。根据调查结果，创业者能够知己知彼，在了解消费者需求、评估市场运营、发现市场机会和分析行业发展态势的基础上，可以明确企业发展目标，制订营销计划，确立组织和管理要略，制订财务计划。

（三）市场调研的目的

市场调研是为了了解你的客户。

目标市场分析：详细的目标市场分析，能够促进投资者判断企业目标的合理程度以及他们承担的风险的大小。在对市场的分析中，创业者需要阐明这样的观点——企业处在一个足够大、成长前景非常广阔的市场中，并有足够的能力应对来自各方面的竞争。

行业分析：行业是企业要进入的市场。在计划书中，创业者要分析所进入行业的市场全貌以及关键性的影响因素。

竞争对手分析：竞争对手是这样一类企业——它们在市场上和你的企业提供着相同或者类似的产品和服务，并且在配置和使用市场资源过程中与你的企业具有一定的竞争性。

二、市场调研的内容

市场调研的重点在于它需要一套科学的方法，并以顾客需求为导向，为市场经营决策提供依据。具体而言，市场调研的内容主要包含：创业前期市场需求研究，市场调研与决策的关系，收集资料和研究设计的理论和方法，传递信息的理论和方法，抽样设计的理论和方法，营销数据资料处理的理论和方法，资料分析和解释的理论和方法，如何提出研究成果等。总之，市场调研的内容覆盖了市场交易的全部行为和过程，从识别市场机会、确定目标市场、细分市场及市场定位，到分析营销手段和效果，都可能成为市场调研的内容。

具体而言，市场调研的内容有如下几个方面：

1. 经营行业、政策环境调研

宏观环境调研：宏观环境指影响企业的各种宏观力量，包括经济环境（社会经济结构、经济发展水平、经济体制和政策、当前经济状态）、社会和文化环境（人口因素、社会流动性和各阶层对企业的期待、消费者心理、文化传统和价值观）和政治法律环境（政治局势、政府行为、法律和法规、路线方针等）。

行业环境调研：行业环境调研即调查经营项目所属行业的历史、现状、趋向、结构、行规和管理。

2. 市场需求调研

所谓市场需求调研，即调查现有市场的购买需求和趋势。

3. 产品和服务以及竞争对手调研

对同类产品或服务的调研，主要解决以下问题：如同类产品的外观、色泽有什么特点？产品和竞争对手相比有哪些优势，是质量取胜，还是功能取胜？同行业中失败的产品存在什么问题？

4. 经营策略调研

经营策略调研即调研本企业产品的价格、销售渠道、广告、商标及外包装等存在的问题和跟进情况，包括销售策略调研和广告策略调研两方面。

5. 营利模式调研

营利模式又可称为商业模式，就是企业通过怎样的模式和渠道来盈利，商业模式是企业生存的根本。

三、市场调研的方法

市场调研的类型有很多种，根据不同的性质又可以分出很多类型，例如：问卷法、观察法、抽样法、实验法、访谈法等。此处只以市场调查实际可能会应用到的几种方法为例进行详细讲解。

1. 问卷法

问卷又称为调研表，是调研者根据调研目的和要求所设计的，由一系列问题、备选答案、说明及编码等组成的书面文件。问卷作为一种标准化的数据收集程序，对于保证访谈调研的效度和信度具有重要作用。作为调研信息的主要载体，问卷能体现调研设计、调研实施、数据处理乃至报告撰写各个环节之间的联系，其作用贯穿于整个调研之中。问卷是用来收集所需资料和信息的一种调研工具，在市场研究中的应用非常广泛。

（1）问卷的一般结构

问卷一般由卷首语、问题与回答方式、编码和其他资料四个部分组成。

①卷首语。它是问卷调研的自我介绍信。卷首语的内容应该包括：调研的目的、意义和主要内容，选择被调研者的途径和方法，被调研者的希望和要求，填写问卷的说明，回复问卷的方式和时间，调研的匿名和保密原则，以及调研者的名称等。为了能引起被调研者的重视和兴趣，争取他们的合作和支持，卷首语的语气要谦虚、诚恳、平易近人，文字要简明、通俗、有可读性。卷首语一般放在问卷第一页的上面，也可单独作为一封信放在问卷的前面。

②问题与回答方式。它是问卷的主要组成部分，包括调研询问的问题、回答问题的方式以及对回答方式的指导和说明等。

③编码。就是把问卷中询问的问题和被调研者的回答，全部转变为字母或数字代号。

④其他资料。包括问卷名称、被访问者的地址或单位（可以是编号）、访问员的姓名、访问开始的时间和结束的时间、访问完成情况、审核员的姓名和审核意见等，有的自填式问卷还有一个结束语。结束语可以是简短的几句话，对被调

研者的合作表示真诚的感谢；也可稍长一点，顺便征询一下对问卷设计和问卷调研的看法。

（2）问题的种类

调研所要询问的问题，是问卷的主要内容。设计调研问卷，必须弄清楚问题的种类、问题的结构和设计问题应该遵循的原则。

问卷中要询问的问题，大体上可分为四类：

①背景性问题，主要是被调查者个人的基本情况，它们是对问卷进行分析研究的重要依据。

②客观性问题，是指已经发生和正在发生的各种事实和行为。

③主观性问题，是指人们的思想、感情、态度、愿望等一切主要世界观方面的问题。

④检验性问题，为检验回答是否真实、准确而设计的问题。这类问题，一般安排在问卷的不同位置，通过互相检验来判断回答的真实性和准确性。

四类问题中，背景性问题是任何问卷都不可缺少的。因为，背景情况是对被调查者分类和不同类型被调研者进行对比研究的重要依据。

（3）问题的结构

问题的结构，即问题的排列组合方式。它是问卷设计的一个重要问题。为了便于被调研者答问题，同时也便于调研者资料的整理和分析，设计的问题一般可采取以下几种方式排列：

①按问题的性质或类别排列，而不要把性质或类别的问题混杂在一起。

②按问题的复杂程度或困难程度排列。一般来说，应该先易后难，由浅入深；先客观事实方面的问题，后主观状况方面的问题；先一般性质的问题，后特殊性质的问题。特别是敏感性、威胁性大的问题，更应安排在问卷的后面。

③按问题的时间顺序排列。一般地说，应该按调查事物的过去、将来、现在的历史顺序来排列问题。无论是由远到近还是由近及远，问题的排列在时间顺序上都应该有连续性、渐进性，而不应该来回跳跃，打乱被调查者回答问题的思路。

问题的排列要有逻辑性。在特殊情况下，也不排除对某些问题做非逻辑安排。检验性问题也应分别设计在问卷的不同部位，否则就难以起到检验作用。

（4）设计问题的原则

要提高问卷回复率、有效率和回答质量，设计问题应遵循以下原则：

①客观性原则，即设计的问题必须符合客观实际情况。

②必要性原则，即必须围绕调研课题和研究假设设计必要的问题。设计的问题数量过少、过于简略，无法说明调研所要表达的问题；数量过多、过于繁杂，不仅会大大增加工作量和调研成本，而且会降低回答质量，降低问卷的回复率和有效率，也不利于正确说明调研所要说明的问题。

③可能性原则，即必须符合被调研者是否自愿真实回答的问题。凡被调研者不可能自愿真实回答的问题，都不应该正面提出。

2. 实验法

实验法是一种按照某种因果假设设计的，在高度控制的条件下，通过人为操纵某些因素，以检定两个现象之间是否存在着一定因果联系的研究方法。作为一种特定的研究方式，实验法涉及三对基本要素：自变量与因变量、前测与后测、实验组与控制组。常见的自变量有价格、包装、广告等，常见的因变量有销售量、市场份额、满意度等。

实验法主要用于市场销售实验，即所谓的市场测试。通过小规模的实验性改变，以观察消费者对产品或服务的反应，从而分析是否值得在大范围内推广。

实验法常用的领域有以下几种。

①市场饱和度测试。市场饱和度反映市场的潜在购买力，是制定市场营销战略和策略的重要参考指标。企业通常通过将消费者购买产品或服务的各种决定因素（如价格等）降到最低限度的方法来测试市场饱和度，或者在出现滞销时，是否具有潜在的购买力。

②产品的价格实验。这种实验往往将新定价的产品投放市场，对顾客的态度和反应进行测试，了解顾客是否接受这种价格及其接受程度。

③新产品上市实验。为了降低新产品的失败率，在产品大规模上市前，运用实验调研对新产品的各方面（外观设计、性能、广告和推广营销组合等）进行实验是非常有必要的。

实验法在市场调研中使用频率相对较低的原因是实验的成本昂贵，且在实施的过程中外部变量难以控制，无法准确测试自变量和因变量的关系；实验市场的合作问题及实验市场与总体市场之间的差异问题。

3. 访谈法

访谈法是指通过访问员和受访人面对面地交谈来了解目标群体的消费习惯、用户需求等问题的研究方法。因研究问题的性质、目的或对象的不同，访谈法具有不同的形式。访谈法运用面广，能够简单而迅速地收集多方面的工作资料，尤其是在研究比较复杂的问题时需要向不同类型的人了解不同类型的材料。本书介绍常见的小组访谈和深度访谈两种。

（1）小组访谈

小组访谈：指经过训练的主持人以一种自然的形式与一个小组的被调查者交谈，主持人负责组织讨论，从而深入了解被访者对某一种事物或观念的看法。

小组访谈的实施流程

前期准备：

①访谈人数和时长

小组访谈的人数控制在8~10人为最佳，访谈的时间一般应控制在1.5~2小时。同一小组的受访者以相同性质者为佳。

②访谈时间

应尽量选择受访者便于参加的时间。

③访谈提纲

设计人员和小组人员建立友好关系的开场白，并说明小组访谈的基本规则和基本内容，介绍访谈中需要逐步深入讨论的问题，总结访谈并再次对受访者表示感谢。

小组访谈的优缺点：

小组访谈的优点有：小组访谈收集信息迅速，成本较低，执行相对简单；小组访谈能获得大量意见、看法或观点，受访者的回答不受答案类型的限制；群体动力使小组访谈成为激发受访者产生新观念、新思想的最佳方式。

小组访谈的缺点有：小组访谈的抽样人数少，缺乏对调查总体的代表性，不能把访谈结果作为决策的唯一依据；小组访谈所得到的回答大多是无结构性的，不易编码，难以量化统计；小组访谈要求主持人具有较高的访谈技巧，访谈结果的质量在很大程度上取决于主持人。

（2）深度访谈

深度访谈指由掌握高级访谈技巧的访问员与受访者进行面对面、一对一的交谈，用以揭示对某一问题的潜在动机、态度等。

①深度访谈的特点是适合了解抽象和复杂的问题，便于刺探受访者的真实想法，了解受访者复杂的行为，适合了解不便于公开的问题和访问专业人士、竞争对手等特殊人群。

②深度访谈一般用于正式调查前的探索性研究，或正式调查后有关问题的深入探讨。

③深度访谈对访问员的要求略高，要求访问员能够让受访者轻松地接受访问，做到态度中立、客观，不表露自己的观点，并能够巧妙地刺探受访者真实的想法，还要有较好的控制访谈主题和进度的组织协调能力。

④深度访谈的优缺点

深度访谈的优点在于可以获得比较全面的资料，有较多机会评价所得资料的效度和信度。

深度访谈的缺点是样本量小，误差较大，所得资料难以量化统计和推论，对访问员的素质和访问技巧要求较高。

四、市场调研的步骤

市场调研工作必须有计划、有步骤地进行，以防止调研的盲目性。一般来说，市场调研可分为确定目标、正式调研、分析资料、撰写报告四个阶段。

确定目标：科学的市场调研需要明确调研目标，有针对性地获取关联信息，高效地解决问题。

正式调研：首先确定应该搜集哪些资料，接下来要确定搜集资料最有效的方式。

分析资料：调研员可以先对这些资料分别从价值大小、适用领域等角度进行分类，以方便取用。接着可以进行全面调研，多余的先剔除，遗漏的再填补。最后是资料分析，并将分析结果以统计图表的样式展示出来。

撰写报告：调研报告重在报告调研结果，从中得出调研结论。

第三节　选择创业项目

一、创业机会

创业机会即商业机会或市场机会，是指有吸引力的、较为持久和适时的一种商务活动的空间，并最终体现在能够为顾客创造价值或增加价值的产品或服务中，好的创业机会，必然具有特定的市场定位，专注于满足顾客需求，同时能为顾客带来增值的效果。

创业需要机会，机会要靠发现，创业难，发掘创业机会更难，要想寻找到合适的创业机会，创业者应熟知创业机会的特征，更好识别或辨别创业机会。

有的创业者认为自己有很好的想法和点子，对创业充满信心。有想法有点子固然重要，但是并不是每个大胆的想法和新异的点子都能转化为创业机会。许多创业者因为仅仅凭想法去创业而失败了。那么如何判定什么是一个好的创业机会呢？

好的商业机会有以下四个特征：

(一) 能吸引顾客

根据马斯洛的需求层次理论，人类的需求层次由低到高依次为生理、安全、社交、自尊、自我实现，较低层次需求的满足是实现较高层次需求的基础。任何社会经济时代的产生和发展，都是生产力发展和人类需求不断升级、创新及其相互作用的产物。21 世纪进入“微创新”时代，顾客需求更是成为企业产品“微创新”的主要创作依据来源。

产品经济时代，产品供不应求，人们以农产品作为经济提供品满足他们生存的需要。

商品经济时代，商品日渐丰富，顾客需求开始变得苛刻起来，商品质量和技术含量的提升引起他们的关注，这一时期主要以工业产品作为主要经济提供品来满足他们生存和安全等较低层次的需要。

服务经济时代，商品经济空前繁荣，顾客对服务的需求不断增加，对服务的品质日益挑剔。顾客对社会地位、友情、自尊、态度的追求，使得高品质的服务成了满足他们需求的主要经济提供品。

体验经济时代，随着社会生产力水平、顾客收入水平的不断提高，人们的需求层次有了进一步的升华，产品和服务作为提供品已不能满足人们精神享受和发展的需要。从社会总体上看，顾客需要更加个性化、人性化的消费来实现自我。因此，顾客的需求也随之上升到了“自我实现”层次。

要吸引顾客，首先必须满足顾客的需求，那些能够满足顾客需求的项目才是能够吸引顾客的项目，这样的项目才有存活的市场。

(二) 可能性

可行性是机会的第二个特征，只有可行的项目才能成为机会，否则只能是空想。一般项目可行性包括投资必要性技术可行性、财务可行性、组织可行性、经济可行性和社会可行性的内容。对于工业项目，应对原材料供应方案、厂址选择、工艺方案、设备选型、土建工程、总图布置、辅助工程、安全生产、节能措施等技术可行性的各方面内容进行研究。对于非工业项目，应重视项目的经济和社会评价，重点评价项目的可持续性和经济社会环境影响。

1. 投资必要性

投资必要性指主要根据市场调查及预测的结果，以及有关的产业政策等因素，论证项目投资建设的必要性。在投资必要性的论证上，一是要做好投资环境的分析，对构成投资环境的各种要素进行全面的分析论证，二是要做好市场研究，包括市场供求预测、竞争力分析、价格分析、市场细分、定位及营销策略论证。

2. 技术可行性

技术可行性指主要从项目实施的技术角度，合理设计技术方案，进行比选和评价。各行业不同项目技术可行性的研究内容及深度差别很大。对于工业项目，可行性研究的技术论证应达到能够比较明确地提出设备清单的深度；对于各种非工业项目，技术方案的论证也应达到目前工程方案初步设计的深度，以便与国际惯例接轨。

3. 财务可行性

财务可行性指主要从项目及投资者的角度，设计合理财务方案，从企业理财的角度进行资本预算，评价项目的财务营利能力，进行投资决策，并从融资主体（企业）的角度评价股东投资收益、现金流量计划及债务清偿能力。

4. 组织可行性

组织可行性指制订合理的项目实施进度计划、设计合理的组织机构、选择经验丰富的管理人员、建立良好的协作关系、制订合适的培训计划等，保证项目顺利执行。

5. 经济可行性

经济可行性指主要从资源配置的角度衡量项目的价值，评价项目在实现区域经济发展目标、有效配置经济资源、增加供应、创造就业、改善环境、提高人民生活等方面的效益。

6. 社会可行性

社会可行性指主要分析项目对社会的影响，包括政治体制、方针政策、经济结构、法律道德、宗教民族及社会稳定性等。

另外，这些必须符合国家有关的法律法规、政策、规划。

（三）能快速实施

机会具有较强的时间性，项目是否能以较快的速度实施也是衡量创业机会好坏的特征之一。一方面，项目推广时间如果过长，就给竞争对手留下了空间，若他们也有了同样的思想，并已把产品推向市场，那么机会之窗也就关闭了；另一方面，很多机会的最佳实施时间是有限的，过期就失去意义了。

世界酒店业大王希尔顿，早年追随掘金热潮到丹麦掘金，他没有别人幸运，没有掘出一块金子，可他却得到了上天的另一种眷顾。当他失望地准备回家时，他发现了一个比黄金还要珍贵的商机，并迅速地把握住了它。当别人都忙于掘金之时他却忙于建旅店，这为他日后在酒店业的成功奠定了基础。前中国首富李嘉诚的成功在于对时机的把握。改革开放初期，社会还相对落后，土地也没有现在这样的“寸土必争”。但就是在这样的环境下，李嘉诚把握住了商机，在自己并不富裕的情况下借巨款购买了大量的地皮。这样的举动需要多大的勇气和智慧啊！也正是这次常人想都不敢想的投资，使他成了亚洲地产大亨。其实，机遇是留给有准备的人。管理学家劳伦斯·彼得说过，不要有怀才不遇、生不逢时的想法。只要你是锥子，哪怕是放在口袋里，年长日久，也会冒出尖来。

（四）必须有资源和技能才能

无论从事哪一种创业活动，都离不开几种关键技能，即职业生涯规划能力、自我学习能力、数据与信息处理能力、与人沟通能力、解决问题能力、创新能力及团队建设与管理能力，这些能力将伴随终生，并在职业生涯和创业生涯中发挥不可替代的作用。

创业是一个综合过程，只有个人技能还不够，还需要资源。创业资源是指新创企业在创造价值的过程中需要的特定的资产，包括有形与无形的资产，它是新创企业创立和运营的必要条件，主要表现形式为：资金管理、人才分配、时间分配、营销资源管理等。

1. 资金管理

这是因为企业创业在内部发生，一般新业务由旧业务的收入来支撑，所以资金来源显得有保障。在这种资金获取办法下，由于新业务本身不但没有收益，反而必须投入大量的资金而导致“新业务招损”。因此，可能打击旧业务员工的积极性，对企业发展不利，特别是当企业从专业化向多元化转变时更是如此。解决这个问题的办法有：对新项目使用种子资助资金，采取内部风险投资的方式，或其他有偿使用资金的办法。

2. 人才分配

企业创业的另一个问题是人才支持。当项目处于种子阶段时，主要由少数几个人在运作和管理，一旦进入了孵育发展阶段，就必须有得力的人才来进行规划管理。因此，这里也存在一个新、旧项目争夺人才的问题。为了使新、旧项目的发展不受人才问题的影响，企业必须注意在发展过程中培养新的人才，稀释各部门的人才密度，给人才施加压力。

3. 时间分配

企业创业相对个人创业来说，一个大问题是创业者的工作时间和精力很难保障。一般来说，企业内部的创业者既要完成当前的工作，又要进行开发工作。因此，工作时间分配经常顾此失彼。为了保障员工有充足的时间来孵化创新性的想法，组织应该从制度上给他们以保证，同时减轻他们的工作负担，避免对员工各方面施加过多的时间压力，允许他们长时间解决创新问题。

4. 营销资源管理

营销资源管理主要是指营销资源的分配和新市场的开拓。企业创业是以市场为导向的活动，市场对新产品的接受程度直接关系到创业的成败，但开始时，新产品在市场中几乎不为人所知。因此，企业必须集中销售资源，致力于新产品的市场开拓。这里也存在新、旧项目营销资源竞争的问题。为了解决这个问题，企业必须加大营销投入。

二、创业机会的来源

创业机会来源于社会生活的方方面面，可以成为创业者发现和寻找创业机会重点关注的地方，一般可以归纳为以下几个方面。

(一) 解决顾客问题

顾客是创业者应该重点关注的。创业的根本目的是满足顾客需求，而顾客需求在没有被满足前就是问题，寻找创业机会的一个重要途径是善于去发现和体会潜在客户的需求或痛点。

(二) 跟踪业内企业

业内人士对其产品更了解，所以对业内企业的跟踪可以让创业者事半功倍。由于对企业跟踪的成本比较高，因此对行业较为熟悉的或有专业能力的创业者可以对市场上对手的产品、服务进行跟踪、分析和评价，由此发现市场上产品的优劣，并且有针对性地改进产品或开发新产品，这样就有可能发现较大的市场机会和开创新的市场机会。

（三）与渠道分销商交流

渠道分销商对顾客分销商是最了解的，因为他们整天与顾客打交道。他们知道顾客和市场的需求，所以他们对产品的看法可能比单个的顾客更为清晰和准确。所以在这方面，创业者不仅要与顾客交流，还要与分销商进行交流，倾听他们的建议。他们的建议不乏真知灼见，特别是他们对渠道营销采取的方法可能有很多很好的策略，这样可以使创业者的产品更好地与顾客接触。当然，与他们多交流也可以帮助创业者推广新产品。

（四）环境的变化

创业机会大都产生于不断变化的市场环境，环境变化了，市场需求、市场结构必然发生变化。这种变化主要来自产业结构的变动、消费结构升级、城市化加速、人口思想观念的变化、政府政策的变化、人口结构的变化、居民收入水平提高、全球化趋势等方面。正是这些外在因素的刺激，推动了人类的需求变化，要求国家、社会、人民去研究新方法、解决新问题，从而带动了新的社会总需求，为创业机会的诞生孕育新的沃土。

（五）创造和发明

创造和发明提供了新产品、新服务，更好地满足顾客需求，同时也带来了创业机会。对新技术的了解就是从其创造和发明的研发过程中获得的。创业者应对业内企业目前的研发活动有所了解，包括应重视所有目标产品的基础研究，因为科学家所研究的项目往往与基础性研究有关，而企业则与应用有关。关注科学家的研究和企业开发同等重要，这样你就能很好地把握新技术进入应用的节奏。如互联网对视频技术的应用。你如果能了解科学家们对视频基础技术的研究进展，再跟踪 Beacon Man 公司和 ADOBE 公司等的应用开发，同时关注网上的草根研究小组，再看看应用网站，你就会发现未来视频技术应用的前景，即使不发明新的东西你也能成为销售和推广新产品的人，从而给你带来新的商机。

（六）竞争的指引

弥补竞争对手的缺陷和不足也是创业机会。看看你周围的公司，你能比他们更快、更可靠、更便宜地提供产品或服务吗？你能做得更好吗？你若能，也许就找到了创业机会。如顺丰快递的成功，就是因为它比一般的快递公司更快、更可靠。

（七）新知识的产生

随着经济的快速发展，对教育的投入越来越大，知识领域不断拓展，新知识的产生也给创业者带来了大量的机会。例如，当人类基因图像得到完全解决，可以预期，必然在生物科技与医疗服务等领域带来极多的新创业机会。

（八）国外市场

创业者要经常关注国外市场的动向。中国是一个新兴市场，与发达国家的市场相比，很多产品要在发达国家市场兴起一段时间之后，才会在新兴市场上出现。所以关注国外市场出现的新动向，在适当的时机下，就有可能发现新兴市场的大机会。

虽然大量的创业机会可以经由系统的研究来发掘，不过，最好的点子还是来自创业者长期的观察与生活体验。

三、创业机会开发过程

机会的识别和开发是创业的基础，也是创业过程的核心部分。识别和选择正确的机会是创业者成功开展新业务的重要能力之一。

创业机会识别与开发过程和产品的研究、开发过程一样，包括机会发现、鉴别、评价、实施等活动，其中机会评价贯穿始终。

1. 机会发现（搜索）

创业者在这一阶段对整个经济系统中的创意展开搜索，如果创业者意识到某一创意可能是潜在的商业机会，具有潜在的发展价值，就将进入机会识别阶段。

2. 机会识别（鉴别）

这里的机会识别是狭义上的识别，即从创意中筛选出合适的机会。这一过程包括两个步骤：首先是通过对整体的市场环境，以及一般的行业分析来判断该机会是否在广泛意义上属于有利的商业机会；第二步是考察对于特定的创业者和投资者来说，这一机会是否有价值，也就是个性化的机会识别阶段。

3. 机会评价

机会评价带有部分调查的含义，相对比较正式，考察的内容主要是各项财务指标，创业团队的构成等，创业者据此决定是否正式组建企业，吸引投资。

4. 机会开发与实施

对创业机会进行修订完善并实施，在实施中继续完善。

机会是商机，在搜索中发现，在识别中明确。通过循环往复的“识别—评价—开发”步骤，一个最初的商业概念或创意就会逐步完善起来。有了好的创业机会并加以实施，就能形成创业项目。

四、选择创业项目时应考虑的因素

（一）选择自己熟悉的行业

初次创业，如果选择以前一点认识都没有的行业，风险是比较大的，所以最好选择自己比较熟悉的行业。

创业者在创业初期，由于时间、精力和过去的经历有限，又没有太多的时间和条件来学习和实践，所以最好选择自己熟悉又精通的行业。因为自己对这个行业比较熟悉，对这个行业的有关资源、市场和消费情况比较了解，在创业的时候就可以少走弯路，避免不必要的风险，容易在创业初期获得成功，从而产生成就感，激励自己的信心。然后在此基础上进一步发展，把事业做强做大。如果初次创业选择以前没有多少认识的行业，你就要花很多时间和精力去了解市场、熟悉情况，这样时间和资金成本就比较大，失败的风险也比较大。

（二）根据自身性格选择创业项目

创业者的性格是影响创业者是否成功的一个非常重要的因素。创业者在选择创业项目时必须要考虑到自身的性格。比如说，急躁型性格就比较适合贸易型的项目，一般情况下不适合选择生产型的项目，因为生产型的项目需要很长的市场适应期，需要有顽强的毅力。为了确保项目的生存和可持续发展，需要不断扩大规模，性格急躁的创业者可能等不了那么长的时间，一旦撑不住的时候，设备、半成品就有可能一文不值，创业者就有可能陷入亏损的泥潭之中。

同时，性格急躁的创业者也不适合选择娱乐服务型的项目，因为现在的客户越来越挑剔，有时候刁钻的客人会让创业者暴跳如雷，那样的话客户会越来越少，最终的结果是关门大吉。以上两类项目比较适合温柔性格的人。当然，创业者如果有合伙人，并且他们的性格能够互补，也是可以选择与自己性格不适合的项目的。

（三）根据自身优势选择创业项目

创业者在选择创业项目时一定要从自身优势出发，才能有效提高创业成功率。每个人的出身、专业、经历不同，拥有的资源和优势也不同。创业者要想成功创业，一定要学会扬长避短。做自己最擅长的事、最专业的事、最熟悉的事、最有经验的事，才能以最少的代价获取成功。

企业的类型有很多种，创业者在选择创业项目之前需要做好自己的企业定位，要清楚地知道自己适合做什么。相对而言，农民做种植业、养殖业比较有优势；大学生做科研型企业有优势；打工者做制造型、贸易型企业有优势。创业者只有找到与自己的资源相匹配的项目，才是最佳选择。

每个人都有自己的特长、专业和优势，这种优势在某种情况下会成为创业者选择创业项目的主要根据。根据自己的优势选择创业项目有利于创业者一开始就进入良好的工作状态。同时自己擅长的往往是自己比较感兴趣的，做自己感兴趣的事情，容易使人的注意力集中，产生一种愉快而适度紧张的心理状态，而这种良好的心理状态对于创业来说是非常重要的。心理学研究表明：兴趣是一种强大的精神力量。兴趣可以使人集中精神去做事，使人产生灵感并创造性地开展工作。当一个人对某事产生兴趣时，他就能充分地调动自己的主动性，并积极思考，大胆探索，全身心投入，增强克服困难的意志。当一个人对某件事情感兴趣时，枯燥的工作也会变得丰富多彩、趣味无穷。因此，根据自己的优势选择创业项目，可以大大提高工作效率和创业的成功率。

五、创业项目的筛选

项目选择是创业成功的关键步骤之一，需要花费较多时间进行调研、论证、决策。日本软银公司的孙正义，大学毕业后从美国回到日本，选出了 50 个创业目标，用一年时间逐个进行考察，写出了几尺厚的资料，最后选择了做软件。既然选择目标事关人生，就不可随随便便，必须要经过充分的论证。在这个过程中，要舍得花时间、花力气，要能够静下心，认真调查研究，寻找事实根据。

（一）项目选择的原则

1. 政策导向

创业者若能遵从国家战略、政策的导向，并按这个方向进行发展，会在设立、场地、投融资、财税等方面获得便利与支持。大树底下好乘凉，国家的战略规划，产业政策、财政货币政策就如同大树，如十年前的房地产，现在的互联网、新能源汽车在大树的荫护下健康发展。若反其道而行之，则容易受到约束，发展受限，面临淘汰落后的风险，如银行对落后产能的限制性信贷政策。中国经济已进入“新常态”，加快改革发展，转型升级的战略路径选择主要是“一带一路”“中国制造 2025”“互联网 +”等。

政策支持的行业和方向主要有：

①节能环保：节能，资源循环利用，废弃物回收利用等；

②新一代信息技术产业：包括移动互联网、跨境电子商务、农村电子商务；

③生物产业：生物医药、绿色农业；

④高端装备制造产业：飞机、航空、高铁、轨道交通、机器人等；

⑤新能源产业：核能、太阳能、风能等；

⑥现代农业：规模化、科技化的现代家庭农场；

⑦现代物流业：构建快速高效的现代物流体系，解决最后一公里问题。

大学生创业政策红利主要有：

①廉价场地：省、市、区以及学校等各级创业孵化园、产业园。

②财税减免：大学生创业免税政策，财政补贴政策。

③低息信贷：青年创业贷款等低息贷款，获取金融支持。

获取政策支持的项目，其创业成本得到了最大限度的降低，创业成功率较高，应该优先选择这样的项目。

2. 营利模式

营利空间是项目生存发展的基石。不管是提供产品还是服务，必须有营利空间才能进行。有营利空间才能支付员工薪酬、场地租金，这是项目生存发展的基石，也是创业者安身立命的根本。

初次创业的大学生经验少，人脉窄，资金紧缺，抗风险能力低。但是，接受新事物能力强，思维活跃，年轻就是资本，能够与项目一起慢慢成长，建议优先选择商品差价、服务收费、广告推广三种营利模式。

3. 竞争有利点

（1）有明确的客户群体

企业是为解决顾客的问题而存在的。没有满意的顾客就没有公司的存在。项目的选择必须以市场为导向。就是说想要进行什么项目不能凭自己的想象和愿望，而要从社会需要出发。

创业者要通过市场调查作详细的了解，要清楚市场需要什么？为顾客解决什么问题？顾客群体是谁？谁会来购买你的产品或服务？

无论在哪个行业，当前的市场竞争都异常激烈。必须善于揣摩客户的需求，了解市场环境，清楚自己与竞争对手的优劣势，才能打造有竞争力的产品或服务，赢得客户。

（2）项目有特色

选择的项目一定要有“根”。而有特色就是项目生命的根、生存的权利、活下去的条件。特色项目可以表述为四句话：别人没有的、先人发现的、与人不同的、强人之处的。

（3）契合客户需求

合格的创业项目，要针对客户考虑的要素，与竞争对手进行比较分析，充分运用自己的优势，赢得客户。要选择契合客户需求、在市场竞争中有利的创业项目。

4. 自我匹配

符合前面三个条件的创业项目或许有很多，如何进行进一步的筛选，则需要“知己知彼”，结合创业者的兴趣爱好、专业特长、资源优势等方面考虑，进行综合筛选。俗话说“隔行如隔山”，适合自己的才是最好的，发挥己之所长，把握天时、地利、人和，是取得成功的关键。

（1）个人/团队优势分析

①兴趣爱好。将自身的兴趣爱好与所从事的事业结合起来，那是一件美妙的事情。因为你在事业中将源源不断地获得愉悦感、成就感，这些将成为推动你不断前进的动力。例如，张秉新出身于一个农民家庭，十几年前是一个非常普通的年轻人。他的爱好是网络游戏，在网络游戏道具装备交易中他获得了创业灵感。2003 年，他发起并设立 www.5173.com 网站，成为中国首家也是最大的网络游戏服务网。目前公司员工超过 3 000 人，业务范围涵盖了网络游戏、互联网金融、互联网医疗，并朝着移动互联网端迅速发展。

②专业特长。专业和专长是大学生创业项目选择的主要影响因素之一。大学生创业选择与自己专业相关的项目，可以充分发挥自己的专业优势，提高创业的成功率。特别是理工科学生，若在学习研究过程中取得技术专利，走产学研相结合的道路，将是一个很好的选择。例如，网易的丁磊，出身于一个知识分子家庭，从小就喜欢电子，希望自己将来能够成为一个电子工程师或者电气工程师。他毕业于成都电子科技大学，于 1997 年创办网易，2000 年网易就在纳斯达克上市。

③人脉资源。整合人脉资源是创业成功的基本条件之一。在个人创业过程中人脉资源是第一资源，各种良好的人脉关系，有助于更方便地找到投资、找到技术与产品、找到渠道等各种创业机会。

大学生的人脉资源相对还较窄，如果创业项目的方向与亲戚朋友、父母祖辈所从事的行业有一定的契合度，那相对来说是一个较好的选择。

④投资能力。俗话说"有多少钱，办多大事"，创业离不开初始资金的支持。如加盟肯德基虽然比较赚钱，但投资金额过高。同时，创业也是有风险的，一旦失败，需要承担相应的损失。

对于初次创业的大学生来说，眼高手低绝对是一大忌。由于缺少资源、资金，应该从小生意做起，逐步积累资金与经验。

（2）资源与项目的自我匹配

综合考虑个人/团队的兴趣爱好、专业特长、人脉资源、投资能力，优先筛选与自身特点、资源相匹配的创业项目。

5. 财务可靠

（1）做好创业项目财务规划

要不要借钱？什么时候能回本？启动资金能支撑多久？预计盈利情况怎么样？现金流是否充足？这些问题不可能在项目的初创时期轻松地解决。创业者需要在一开始就为自己做一个规划。

（2）弄清财务规划三大报表

对于初创公司来说，财务规划不一定要很复杂。首先要清楚项目的初始资金来源，是自己或合伙人出资的，或者是向亲戚朋友借的，分别计入资产负债表的所有者权益方及负债方。然后，列出初始资金的使用方向，如存银行、买办公用品、租场地、购进存货等，计入资产方。在销售收入、产品定价的假定前提下，测算一定期间的营业收入，测算固定开支，包括房租、员工工资、采购费用等，形成营业支出，据此测算利润表。

现金流是创业项目的命脉，掌握着项目的生死大权。客观科学的现金流估计，前提是对市场销售、定价、客流量等关键要素的精确判断，需要以深入有效的市场调查为前提。

（3）坚持财务可靠

财务可靠，就是创业项目的财务规划是以真实的市场调查结果与公允的价格评估、销售测算为基础。不能过于乐观地估计收入、成本，也不能虚增利润。对于创业者来说，财务规划一定要实事求是，乐观的数字只会迷惑自己，而保守一点的估算更为可靠。

由于大学生初始资金少、抗风险能力小、融资能力弱，在财务可靠的基础上，根据测算的报表，应该优先选择以下几种创业项目：

①资产总额小，资产负债率低（低门槛，船小好调头）；

②资金周转快，固定成本小（轻资产，有利润，周转快）；

③现金流充足（避免资金链断裂风险）。

6. 风险可控

风险与机遇永远是并存的，绝对没有风险的投资是奢望。创业意味着开拓新的领域，前面的路有许多不可把握的未知数，也就是风险。

（1）创业中的主要风险

①法律风险。产品或服务，经营的模式，如果不符合法律法规的规定，就会走入违法犯法的陷阱，如传销、走私、倒卖火车票等。

②经营风险。如经营不善导致亏损，资金链断裂，团队不和导致项目难以为继等。

③信用风险。如交易对手、合作伙伴的违约等不可预见的信用风险。

（2）充分评估风险并加以控制

对于创业中的风险，必须提前进行充分的评估，并做好控制。如果创业项目本身就处于法律的禁区，建议及时撤出；若处于法律的灰色地带，建议尽早与主管部门做好沟通；对于不可预见的信用风险，提前做好最坏的打算，准备应对预案。充分评估风险，并做好风险控制预案的项目，更容易受到投资者的青睐，易在待选创业项目中脱颖而出。

(二) 选择项目的步骤

知道如何选择创业项目后，确定选择投资项目路径要按以下 4 个步骤进行：

1. 排除一大片

知道什么事情是不可以做的。把明显不能做、不想做、不适合做的创业项目排除掉。

2. 划出一个圈

知道哪些事情是能长期做的。把社会恒久需要的、已初露端倪的大趋势划进来。例如，由环境保护引发治理江河，导致关闭中小造纸厂，产生纸制品的供求不平衡，腾出了一块市场。如果用再生纸做资源去填补市场空缺，会怎么样呢？

3. 列出一个序

把可能做的事情排列起来。回头看看过去的 20 年中，做强、做长的企业是在哪些行业，很大程度上能够证实行业与发展的联系，如房地产、医药、保健品、证券、建材、装修、交通、教育、通信等。那么，再把大的范围圈定在这里，选出若干项。

4. 切入一个点

成就事业的公认法则是集中和持续在已经缩小的范围内，可做的事仍然很多，这时，比较优势的道理是有用的——认真地审视自己的强项、优势、兴趣所在，可能同时有几个，与他人比较哪一个优势是最有利的。这时，机会成本的概念也是有用的——同样多的时间，同样的付出，哪个能力对应的事业会有更大的前景收益，比较中优势就会凸显出来。

项目选择固然重要，但还需要记住：再好的项目也要靠艰苦努力，结果由过程决定，过程由细节决定。

第四节　创业机会评价

创业本身是一种高风险行为，失败也可能是奠定下一次创业成功的基础。但经调查发现，有近一成的创业者开办创业组织不到一年时间即告结束，不仅损失了金钱，而且对自身信心也有一定的影响，同时还可能放弃创业的梦想。如创业者能先以比较客观的方式进行评估，那么不至于失败一再发生，创业成功的概率也可以因此而大幅提升。

如何评估创业机会，降低创业风险，不妨结合小型创业组织的特点，整理一套评估方法，作为创业者是否投入创业的决策参考。

一、创业机会评估原则

(一) 市场评估准则

1. 市场定位

一个好的创业机会，必然具有特定市场定位，专注于满足顾客需求，同时能为顾客带来增值的效果。因此评估创业机会的时候，可由市场定位是否明确、顾客需求分析是否清晰、顾客接触通道是否流畅、产品是否持续衍生等来判断创业机会可能创造的市场价值。创业带给顾客的价值越高，创业成功的概率也会越大。

2. 市场结构

我们针对创业机会的市场结构进行6个方面的分析，包括进入障碍、供货商、顾客、经销商的谈判力量、替代性竞争产品的威胁，以及市场内部竞争的激烈程度。由市场结构分析可以得知新企业未来在市场中的地位，以及可能遭遇竞争对手反击的程度。

3. 市场规模

市场规模大小与成长速度，也是影响新企业成败的重要因素。一般而言，市场规模大者，进入障碍相对较低，市场竞争激烈程度也会略微下降。如果要进入的是一个十分成熟的市场，那么纵然市场规模很大，由于已经不再成长，利润空间必然很小，因此这项新企业恐怕就不值得再投入。反之，一个正在成长中的市场，通常也会是一个充满商机的市场，所谓水涨船高，只要进入时机正确，必然会有获利的空间。

4. 市场渗透力

对于一个具有市场潜力的创业机会，市场渗透力评估将会是一项非常重要的因素。聪明的创业者知道选择在最佳时机入场，也就是市场需求正要大幅成长之际，你已经做好准备，等着接单。正确的判断力是对成功创业者的要求之一，发现并抓住创业机会又是成功创业者的胆识。

5. 市场占有率

一般而言，要成为某一市场的领导者，最少需要拥有20%以上的市场占有率。但如果低于5%的市场占有率，则市场竞争力显然不高。小型创业组织，往往就是5%甚至5%都不到，而市场占有率就是生存率。与大型创业组织竞争，提高生存率的方式，只有以不同于大型创业组织的经营方式，从强者手中抢食，但这是很不容易的。

6. 产品的成本结构

从财务角度讲，产品的成本结构可以反映创业的前景是否光明。小型生产型创业组织，往往产品单一，顾客群单一，一旦产品顾客群流失，难于规避财务负债的陷阱，很难有咸鱼翻身的机会。小型销售类创业组织，则产品多样化缺乏特色，顾客群难以稳定，消费心理难以把握，一旦出现变数，存货控制不当，容易造成资金呆滞。如何尽量避免，需人人参与财务管理，成本控制有张有弛，重视存货管理。

(二) 效益评估准则

1. 合理的税后净利

一般而言，具有吸引力的创业机会，至少需要能够创造15%以上的税后净利。如果创业预期的税后净利在5%以下，那么这就不是一个好的投资机会。

2. 达到损益平衡所需的时间

合理的损益平衡时间应该能在两年以内达到，但如果3年还达不到，恐怕就不是一个值得投入的创业机会。不过有的创业机会确实需要经过比较长的耕耘时间，通过这些前期投入，创造进入障碍保证后期的持续获利。在这种情况下，可以将前期投入视为一种投资，才能容忍较长的损益平衡时间。

3. 投资回报率

投资回报率是指生产期正常年度利润或年均利润占投资总额的百分比。投资回报率（ROI）= 年利润或年均利润 / 投资总额 ×100%。考虑创业可能面临的各项风险，合理的投资回报率应该在25%以上。一般而言，15%以下的投资回报率的项目是不值得考虑的。

4. 资本需求

资本需求量较低的创业机会，投资者一般会比较欢迎。事实上，许多个案显示，资本额过高并不利于创业成功，甚至还会带来稀释投资回报率的负面效果。通常，知识越密集的创业机会，对资金需求量越低，投资回报反而会越高。因此在创业开始的时候，不要募集太多资金，最好通过盈余积累的方式来创造资金，而比较低的资本额，将有利于提高每股盈余，并且还可以进一步提高未来上市的价格。

5. 毛利率

$$\begin{aligned}\text{毛利率} &= \text{毛利} / \text{营业收入} \times 100\% \\ &= (\text{营业收入} - \text{营业成本}) / \text{营业收入} \times 100\%\end{aligned}$$

毛利率高的创业机会，相对风险较低，也比较容易取得损益平衡；反之，毛利率低的创业机会，风险则较高，遇到决策失误或市场产生较大变化的时候，企业很容易遭受损失。一般而言，理想的毛利率是40%。当毛利率低于20%的时候，这个创业机会就不值得再予以考虑。软件业的毛利率通常都很高，所以只要能找到足够的业务量，从事软件创业在财务上遭受严重损失的风险相对会比较低。

6. 策略性价值

能否创造新企业在市场上的策略性价值，也是一项重要的评价指标。一般而言，策略性价值与产业网络规模、利益机制、竞争程度密切相关，而创业机会对于产业价值链所能创造的价值效果，也与它所采取的经营策略和经营模式密切相关。

7. 资本市场活力

当新企业处于一个具有高度活力的资本市场时，它的获利机会相对也比较高。不过资本市场的变化幅度极大，在市场高点时投入，资金成本较低，筹资相对容易。但在资本市场低点时，投资新企业开发的诱因则较低，好的创业机会也相对较少。不过，对投资者而言，市场低点的成本较低，有的时候反而投资回报会更高。一般而言，新创企业的活跃的资本市场比较容易创造增值效果，因此资本市场活力也是一项可以被用来评价创业机会的外部环境指标。

8. 退出机制与策略

所有投资的目的都在于获得效益，因此退出机制与策略就成为一项评估创业机会的重要指标。企业的价值一般也要由具有客观鉴价能力的交易市场来决定，而这种交易机制的完善程度也会影响新企业退出机制的弹性。由于退出的难度普遍要高于进入的难度，所以一个具有吸引力的创业机会，应该要为所有投资者考虑退出机制，以及退出的策略规划。

二、创业机会评估的方法

（一）标准打分矩阵

标准打分矩阵是通过选择对创业机会成功有重要影响的因素，并由专家小组对每一个因素进行最好（3分）、好（2分）、一般（1分）三个等级的打分，最后求出每个因素在各个创业机会上的加权平均分，从而对不同的创业机会进行比较。表 6-1 列出了其中 10 项主要的评价因素，在实际使用时，创业者可以根据情况选择其中的全部或部分因素来进行评估。

表 6-1　标准打分矩阵表

标准	专家打分			
	最好（3 分）	好（2 分）	一般（1 分）	加权平均分
易操作性				
质量和易维护性				
市场接受性				
增加资本能力				
投资回报				
专利权状况				
市场大小				
制造的简单性				
口碑传播力				
成长潜力				

（二）温斯丁豪斯法

温斯丁豪斯法实际上是计算和比较各个机会的优先级。公式如下：

机会优先等级 = 技术成功概率 × 商业成功概率 ×（价格 – 成本）× 投资生命周期 / 总成本

在该公式中，技术和商业成功的概率以百分比表示（从 0 到 100%）；平均销售数以销售的产品数量计算，成本以单位产品的成本计算；投资生命周期是指可以预算的平均销售数保持不变的年限；总成本是指预期的所有投入，包括研究、设计、制造和营销费用。对于不同的创业机会，将具体的数值代入计算，特定机会优先级越高，此创业机会越有可能成功。

案例延伸

余额宝暴富记

支付宝与天弘基金共同推出的余额宝大获成功，最关键的是其把握住了互联网发展的趋势，充分识别和运用这一机会，给用户带来了“便捷简单”的互联网时代的体验，可以说，余额宝启动了互联网时代金融产业的变革。

“穷”则思变，抓住机遇

天弘基金是小公司，自2004年成立，规模在行业中一直处于中下游，最初的几年几乎年年亏损。基金业要赚钱，规模是基础。而做大规模要靠铺渠道和充足的资金支持。2011年下半年，公司管理层更换，周晓明加入。新管理层想做直销。直销有两种方式，即建实体网点或者做电商。实体网点没钱做，只能考虑做电商。做电商又有两个选择：自己直销，或者去“傍”大平台开店。周晓明先想到淘宝：他早年间的同事祖国明去了淘宝，负责金融理财业务。祖国明告诉他，淘宝在筹划推动基金公司开店，给他看了淘宝的首页浏览量、交易支付笔数等数据。2011年9月22日，周晓明第一次去淘宝的总部杭州西湖国际，见了淘宝网总裁姜鹏，谈了1个多小时。当年年底，周晓明就在公司成立电子商务小组，在那之前天弘基金的电子商务是三无：无人员、无系统、无客户。但后来，因为种种原因，淘宝的基金业务拖了1年多也没推出，同期接触的很多基金公司已经基本放弃。而且互联网卖基金的效果一直平平，2012年下半年，时任中欧基金公司董事长唐步就此话题接受《商业周刊》采访时说，互联网渠道就像鸡肋，成本不比银行低，效果也没比银行更好。

2012年下半年，天弘基金开始考虑为支付宝量身定制产品，方案是货币基金，加上支付功能，正好能和阿里系的网上购物结合。“支付宝是最重要的流量入口，1.6亿的实名用户数远超过其他互联网公司。”余额宝创始团队成员、天弘基金产品设计部副总经理李骏说，不去找它，就像线下放弃北上广，所以一定要抢占这个制高点。天弘基金把和支付宝的合作当作头等大事，周晓明作为项目负责人，调动了公司一切资源。光余额宝上线前的系统开发、服务器投入，就花了至少400万元，这对天弘基金这样的小公司来说不是小数目。其实，也有其他基金公司收到阿里邀请，但大多数公司望而却步。

5个月，一只新基金的规模从0走到1 000亿元，成为国内最大规模的货币基金。名不见经传的天弘基金旗下的一只货币基金2013年6月13日上线，截至11月14日下午3点，其投资账户数已经接近3 000万户，规模超过1 000亿元，相当于国内全部78只货币基金总规模的近20%。这背后的功臣，是名为“余额宝”的产品，这个产品在支付宝账户内嵌入了天弘基金旗下名为“增利宝”的货币基金，如果用户将资金从支付宝账户转入余额宝内，即相当于默认购买增利宝货币基金。普通的货币基金，搭载到大家习以为常的支付平台，唯一的创新就是所谓的嵌入式直销，把货币基金直接放到支付账户里，也就是一张纸的距离，但不是谁都能想到戳破这一张纸，天弘基金和余额宝做到了。

余额宝改变了一个行业

一个产品，改变了一个行业。似乎一夜间货币基金就成为理财市场的宠儿。由于方便程度与银行活期储蓄相差无几，收益率却普遍高出后者不少，各种名为“现金宝”“活期宝”“天天宝”的类余额宝产品相继出现，规模快速增加。“银行、基金、券商都该感谢余额宝，因为它带来了颠覆性变化。”华宝兴业基金管理有限公司副总经理黄小薏说。该产品给整个行业带来了快速的改造和提升。由于余额宝的出现，货币基金实际上已经具有活期存款的功能，已经可以有条件和银行在这个品种上形成竞争。各家基金公司纷纷联系阿里、腾讯等互联网公司，要求合作。

现在，几乎没有基金公司不在触网。南方基金和财付通合作，华夏基金和百度走在一起，易方达基金据传正在同360公司接洽。2013年11月初上线的首批基金淘宝店，一下子涌入了17家基金公司。这一切都归功于支付宝与天弘基金的合作所推动的互联网金融的发展，以及由此带来的创业机会。

短短5个月时间里，名不见经传的天弘基金在余额宝的推动下从年年亏损到资产规模排名国内前十，这不仅证明了中国草根网民的力量，更证明了基金公司触网而带来的变革和机遇，同时也说明，只有抓住好的创业机会，成功才不是遥不可及。

资料来源：彭博商业周刊 APP

思考题：

1. 创业机会是商业机会吗？
2. 识别创业机会受到哪些因素的影响？
3. 有价值的创业机会的特征有哪些？

第七章　商业模式开发

“商业模式”是近年来非常热门的一个话题。商业模式到底有多重要？管理学家彼得·德鲁克说：当今企业之间的竞争，不是产品之间的竞争，而是商业模式之间的竞争。2000年互联网泡沫破裂时，原时代华纳首席技术官迈克尔·邓恩在接受美国《商业周刊》采访时说，一家新兴企业，必须建立一个稳固、合理的商业模式，相比之下高技术反倒是次要的。所以，当你发现好的创业机会，决定要去创业的时候，很重要的一点便是设计好商业模式。商业模式决定了一个初创企业能否走得更快与更远。

第一节　商业模式的内涵与特征

虽然早在20世纪50年代就有人提出了“商业模式”的概念，但其真正得到重视是在20世纪90年代，足足过了40年。据统计，美国企业的成功创新中有60%是商业模式的创新。但全球企业对新商业模式的开发投入，在创新总投资中所占的比例还不到10%。可见，相比商业模式的重要性，人们对商业模式开发的重视程度还远远不够。

一、商业模式的内涵

究竟什么是商业模式呢？人们对于商业模式的理解一直是仁者见仁、智者见智，颇有只能意会，不可言传的意味。有人说商业模式就是一个企业如何赚钱的故事，有人说商业模式就是做生意的方式，有人把它定义为企业家为了最大化企业价值而构建的为企业利益相关者提供服务的交易结构。还有人认为，商业模式就是企业整合各种资源，来满足特定客户的某些需求并实现盈利的途径或方式。这些说法和理解都有一定道理，分别从不同侧面反映了商业模式的内涵。

目前，最为管理学界所接受的定义是：商业模式是一种包含了一系列要素及其关系的概念性工具，用以阐明某个特定实体的商业逻辑。它描述了公司所能为客户提供的价值，以及公司的内部结构、合作伙伴网络和关系资本等用以实现（创造、营销和交付）这一价值并产生可持续、可营利性收入的要素。简而言之，商业模式是一个由客户价值主张、企业资源与能力、营利模式构成的三维立体模式，即

商业模式 = 客户价值主张 + 资源与能力 + 营利模式

其中，客户价值主张指在一个既定价格上企业向其客户或消费者提供服务或产品时所需要完成的任务；资源与能力指企业所拥有的资源和能力情况，亦即支持客户价值主张和营利模式的具体经营模式；营利模式是指企业为股东实现经济价值的过程。

二、商业模式的基本特征

事实上，并不是所有的新创企业都是在商业模式创新的基础上建立的，但是创建新的商业模式是新创企业进行市场竞争并获得成功的捷径。成功的商业模式首先具有独特性，其次是难以模仿和能够脚踏实地创造价值。

第一，成功的商业模式要能提供独特的价值。有时候这个独特的价值可能是新的思想，而更多的时候，它往往是产品和服务独特性的组合。这种组合要么可以向客户提供额外的价值；要么可以使客户能用更低的价格获得同样的利益，或者用同样的价格获得更多的利益。

第二，商业模式是难以模仿的。企业通过确立自己的与众不同，如对客户的悉心照顾、无与伦比的实施能力等，来提高行业的进入门槛，从而保证利润来源不受侵犯。比如直销模式（仅凭“直销”一点，还不能称其为一个商业模式），人人都知道其如何运作，也都知道戴尔公司是直销的标杆，但很难复制戴尔的模式。原因在于，直销的背后是一套完整的、极难复制的资源和生产流程。

第三，成功的商业模式是脚踏实地的。企业要做到量入为出、收支平衡。这个看似不言而喻的道理，要想年复一年、日复一日地做到，其实并不容易。现实当中的很多企业，不管是传统企业还是新型企业，对于自己的钱从何处赚来，为什么客户看中自己企业的产品和服务，乃至有多少客户实际上不能为企业带来利润，反而在侵蚀企业的收入等关键问题，都不甚了解。

三、商业模式的主要内容

一个商业模式的核心是产品和服务，本质是通过产品为用户创造价值。商业模式不仅是赚钱模式，它至少还包含了四个方面的内容：产品模式、用户模式、推广模式，最后才是收入模式，即怎么去赚钱。一句话，商业模式是你能提供一个什么样的产品，给什么样的用户创造什么样的价值，在创造用户价值的过程中，用什么样的方法获得商业价值。

首先是产品模式，也就是你提供了一个什么样的产品。真正能做大的公司，都是产品驱动型的公司。所有的商业模式都要建立在产品模式的基础之上。没有产品和对用户的思考，公司不可能做大，也走不了多远。所以，你提供的产品是什么？能为用户创造什么样的价值？你的产品解决了哪一类用户的什么问题？你的产品能不能把贵的变成便宜的，甚至是免费的？能不能把复杂的变成简单的？这是任何一个创业者在回答商业模式的时候，首先要去考虑的问题。

其次是产品模式，还要讲用户模式。这就是说，作为创业企业，一定要找到对自己产品需求最强烈的目标用户。如果你说自己的产品是普适的产品，是放之四海而皆准的产品，这说明你没有经过认真思考。

再次是推广模式，这就是说你找到怎样的方式能够到达你的目标用户群。很多人提到推广就想到要花钱，但花很多钱的推广未必是好的模式。你的产品好，但是没有钱去推广，你可能会逼着自己想出很多方法。真正的推广模式是要根据你的用户群，根据你的产品，去设计相应的推广方法。在推广过程中，你要研究市场，跟目标用户打交道，了解用户真正的需求，了解用户使用产品时遇到的困惑和问题，再反馈到产品上进行改进，由此不断调整和完善。

最后是收入模式，就是通过产品获得巨大用户基数，在此前提下考虑怎样来获取收入。在公司发展过程中，收入模式往往不断调整，这就是为什么当一个创业公司真正做起来，会发现公司的收入模式往往与创业计划的设计大相径庭。

四、商业模式的作用

1. 有助于提高创业成功率

创业者一旦发现机会，往往迫不及待地去进行开发，结果常以失败而告终。

初创企业利用商业模式可以更加全面地对创业活动进行思考，能有效地避免企业匆忙创业造成的失误，从而提高创业成功率。

2. 有助于保证企业快速、健康地成长

商业模式以机会为中心，包含价值创造与获取的内在经济逻辑，是对企业系统的整体描述。企业进行商业模式创新，意味着构建特有的资源组合形式，它难以被其他企业复制，但有可能改变整个产业的经济性，因此具有巨大的经济潜力，从而有可能为企业的快速成长打下基础。

3. 为二次创业提供新思路

过去，创业企业可以通过单一的产品或技术创新获得成功，而现在越来越需要通过更为综合的商业模式创新来战胜对手。因为，商业模式可以提供具有独特资源组合的企业系统，并为企业持续发展奠定基础，所以，商业模式创新是企业进行二次创业的新途径。

4. 有助于增强我国企业应对全球化竞争的能力

要想继续在竞争中战胜来自全球的竞争对手，我国企业必须建立具有创造性的商业模式，利用当前各种资源和环境条件，围绕市场提供的特殊机会构建独有的商业模式，从而提高全球化竞争的能力。

五、商业模式的原则

所有成功的商业模式都要遵循一些共同原则，这些原则是对商业模式定义的延展和丰富，包括客户价值最大化原则、持续盈利原则、资源整合原则、有效融资原则、管理高效原则、不断创新原则、风险控制原则等。

1. 客户价值最大化原则

市场经济本就是一种“为他”性质的经济，即企业凭借自己的商品和服务来满足消费者的需要，并在此过程中实现自己的盈利，能否盈利以及盈利的多少是以消费者被满足的程度为基础的。一个能不断满足客户需要甚至实现客户价值最大化的商业模式即便暂时没有盈利也一定能赢得消费者并最终实现盈利。相反，那些只顾自己赚钱不考虑客户需求的经营者注定是短视。所以，大学生无论选择何种创业项目都应当把满足客户需求、实现客户价值最大化作为追求的目标，实际上，创业项目往往也源于市场需求。

2. 持续盈利原则

持续盈利是企业的最终目的，能否帮助企业实现持续盈利是我们判断商业模式成功与否的唯一外在标准。一个好的商业模式不仅要解决赚钱的问题，更要解决在合法经营和持续发展中不断盈利的问题，这就需要大学生克服短视、积累诚信，避免“一锤子”交易的心理。

3. 资源整合原则

资源只有放在对的地方才能发挥它的价值，整合就是优化资源配置，让资源的价值最大化。好的商业模式能够对企业的内部、外部资源进行有效的整合或重组，从而实现降低成本、优势互补、一体联动，既提升了企业的核心竞争力，又提高了企业的市场响应速度，使企业得以在机会稍纵即逝的市场竞争中稳操胜券。

4. 有效融资原则

可以说资金就是企业的命脉，融资对于企业来说具有特殊而重大的意义，尤其是初创企业或中小企业。大学生对于融资问题必须高度重视。因此，成功的商业模式必须能够很好地解决这一问题。

5. 管理高效原则

管理也出效益，高效的企业管理也是企业盈利的重要条件。一家企业要想高效率地运行，首先，要解决企业的愿景、使命和核心价值观的问题，这是企业生存和发展所需凝聚力的来源；其次，要有一套科学实用的运营和管理系统，从而解决系统协同、计划组织和约束的问题；最后，要有科学的奖励方案，这是增强员工向心力的制度设计。只有把这三个问题都解决好的商业模式才是成功的商业模式。

6. 不断创新原则

创新是一个民族进步的灵魂，也是一家企业进步的灵魂。创新不一定仅指技术上的创新和突破，这一点对于很多初创企业的大学生而言很难做到，打造新的商业模式或是在原有商业模式的基础上进行改造也是创新。对于商业模式的创新而言，也许需要对原有模式进行结构、重组，甚至对整个游戏规则进行颠覆，也许只需要改造某个环节，也就是说，即便只是某一个环节上的创新都可能变成一种成功的商业模式。此外，大学生还要明白，没有一成不变的商业模式，过去成功的模式未必一直有效，商业模式只有保持不断创新才能成为真正成功的模式。

7. 风险控制原则

无论是创业阶段还是企业的发展阶段，风险都是无法杜绝的，就像栽下的一棵小树，即便长势再好，如果遇到风雨被吹倒就很难成材，因此好的商业模式必须考虑企业抵御风险的能力。风险可能来自内部，也可能来自外部，如产品的变化、人员的变更和资金的不继等，也可能是政策、法律和行业风险，这些风险的预判和控制都要体现在商业模式中。

第二节　商业模式的设计与创新

商业模式的建立就是按照既定的原则对商业模式的各构成要素进行合理的设计，从而形成一个可以帮助企业持续盈利的运行机制。因此，建立商业模式前首先要对其构成要素进行深入的分析。

一、商业模式的构成要素

一个成功的商业模式必须考虑九大要素的设计，即目标客户、价值内容、网络形态、业务定位、伙伴关系、管控模式、隔绝机制、收入模式和成本管理等。

目标客户就是企业的产品或服务所针对的对象，企业通过对市场进行细分，确定哪个是目标市场，哪些是目标客户；价值内容就是企业将通过何种产品或服务为顾客创造价值，企业准备向客户传递何种价值；网络形态是指为实现对目标客户的价值内容所必需的资源组合和能力安排，企业应当构建何种形态的网络以使价值创造活动最有效率；业务定位是指企业在价值网中所从事业务范围的描述，企业要区分哪些业务应当外包，哪些业务应当自己完成；伙伴关系是指企业与伙伴之间产品流、收入流和信息流的总体安排，企业如何处理合作关系以使企业和伙伴在价值创造中实现共赢；管控模式是指企业为实现其战略和模式运营所建立的组织架构和治理模式，企业如何优化流程，提高其管理能力和执行力的水平；隔绝机制是为避免外来破坏和模仿所做的自我保护的设计，这种设计的门槛越高就越能阻止外来竞争者，从而更好地保护本企业；收入模式是指企业获得收入的方式，即企业如何对创造出来的价值进行回收；成本管理就是企业管理成本的方式，即企业如何进行成本布局和成本控制从而保证更大的盈利。

二、五步设计法建立商业模式

充分考虑商业模式的九大要素及其具体设计之后就可以开始尝试建立自己的商业模式了。建立商业模式的过程中，除了要坚持客户价值最大化、持续盈利、资源整合、有效融资、管理高效、不断创新和风险控制这七大原则外，还要坚持五步设计法。

第一步，创意产生。这是商业模式产生的基础，一个有创新精神的企业是模式创意产生的温床，一群有创新精神的大学生是模式创意的主人。当然，好的创意不仅是源自灵光一现，更是源自对客户需求的积极回应和对企业发展的不懈追求，善于观察、敏于反思、勤于总结，才会有“灵光”出现。

第二步，结构设计。把创意对象化，让它从观念中走进现实里。这首先需要大学生把创意描述成一个有完整的经营理念、组织内外部结构和流程以及各部分如何进行配合的结构性蓝图。其间，大学生可能要在很多具体问题上做出恰当的取舍，不同方案的组合得出的模式是不同的。接下来就是付诸实施，把它变成现实的企业运行。

第三步，模式运行。当创意变成现实后，让企业在这一新的模式下运行，检测企业的环境适应能力和市场竞争力。此时的企业运行可能不一定顺利，但所遇到的所有问题都将对我们后续的改进具有积极意义。

第四步，评估和修正。通过市场检验，做出横向和纵向对比评估，考察模式的可行性和绩效，了解模式是否具有持续的盈利能力和价值潜力，并根据实际情况做出相应的修正和完善。

第五步，模式的规模化。企业将经过运行测试和评估修正的模式发展成为企业经营的总体模式。这并不是建立商业模式工作的终结，模式运行的持续过程中都需要我们不断修正和完善。

三、商业模式的创新方法

优秀的商业模式都具有一定弹性，即存在对已有商业模式不断创新的空间。从这个角度看，模仿总是跟不上创新的步伐，因此只有真正的创新者才能获取竞争优势。例如，至今没有企业能够成功模仿阿里巴巴的商业模式，其原因在于阿里巴巴在掌握企业会员信息这一关键资源的基础上，不断创新，如企业信用认证、电子商务搜索、淘宝网、余额宝等新概念将这一关键资产持续地应用于新的机会领域，从而使阿里巴巴的竞争优势在关键资产与创新能力相互交融的过程中越来越强。

彼得·德鲁克曾说，一种商业模式最多只能存活 20 年。市场、环境和技术变化速度之快，以至于今天的利润难以保障明天的成功。企业在创建之初，其商业模式往往并不清晰。随着企业的不断探索和尝试，商业模式才逐渐得以确立。但当环境出现重大变化时，如相关技术出现重大突破、相关政策法规发生重大变化、消费结构偏好改变等，企业原有的竞争模式可能不再具有竞争优势，这时就需要做出调整和创新。那么如何进行商业模式的创新呢？

（1）顾客价值创新法

其实质是企业通过对一种新的顾客价值的搜索和自身使命的调整，实现一种新的市场定位，扩大价值空间的聚焦半径，由此进入新的利润区。具体而言：第一，重新定义顾客和顾客需求，发现潜在的顾客，以及顾客的潜在需求。第二，重新定义产品或服务的功能和价值的实现方式。这是对产品功能、结构和形态的创新，而不只是产品和服务形式或款式局部性的改变。第三，提供新的服务方式或途径，使产品和服务能更加便捷地到达顾客，为其创造更多的价值。

（2）价值链创新法

其实质是围绕顾客需求，通过优化企业内部资源配置，使资源最大化利用的同时发挥成本优势。具体方法包括价值链组合调整和价值链优化整合。

（3）供应链体系创新法

其实质是优化配置企业内外部资源，形成整个供应链协同创新，保障企业在激变的市场环境中动态发展。具体可通过重构供应链结构和形成以顾客价值为中心的价值网络来实现。

创新商业模式有三个基本点：首先，一个新模式一定要考虑能否增加利益相关者价值，包括企业自己。其次，能否降低成本，包括搜索、库存、信用、资金和监督等各种成本。最后，能否降低风险。商业模式的创新应围绕三个基本的元素：价值成果，资源和能力，决策。价值成果决定企业在形成商业模式时考虑企业的外部和内部价值，其中包括客户价值。这一过程中，消费者得到了产品，企业得到了市场占有率和知名度，供应链整体也得到了提升。资源和能力能够形成企业对产品品质的控制力和供应链系统的配置能力与效率。决策生动地展示着企业生长的过程，从资源获取的价值链、研发生产的价值链到销售流通的价值链。价值成果、资源和能力、决策构成商业模式的整体。

四、“互联网 +”的六大商业模式

“互联网 +”企业的四大落地系统为：商业模式、管理模式、生产模式和营销模式，其中最核心的就是商业模式的互联网化，即利用互联网精神（平等、开放、协作、分享）来颠覆和重构整个商业价值链。就目前来看，它主要分为六种商业模式。

（一）“工具 + 社群 + 电商 / 微商”模式

互联网的发展使信息交流越来越便捷，志同道合的人更容易聚在一起，形成社群。同时，互联网将散落在各地的分散需求聚拢在一个平台上，形成新的共同的需求，并形成规模，解决了重聚的价值。

如今，互联网正在催熟新的商业模式，即“工具 + 社群 + 电商 / 微商”的模式。如微信最开始是一个社交工具，它先是通过工具属性 / 社交属性 / 价值内容的核心功能过滤海量的目标用户，然后加入了朋友圈点赞和评论等社区功能，继而添加了微信支付、精选商品、电影票、手机话费充值等商业功能。

为什么会出现这种情况呢？简单来说，工具如同一道锐利的刀锋，它能够满足用户的痛点需求，用来做流量的入口，但它无法有效沉淀粉丝用户。社群是关系属性，可以用来沉淀流量；商业是交易属性，可以用来变现流量价值。三者看上去是三张皮，但内在是融合的。

（二）长尾型商业模式

长尾概念由克里斯·安德森提出，这个概念描述了媒体行业从面向大量用户销售少数拳头产品，到销售庞大数量的利基产品的转变。虽然每种利基产品相对而言只产生小额的销售量，但利基产品销售总额可以与传统面向大量用户销售少数拳头产品的销售模式媲美。通过 C2B 实现大规模个性化定制，核心是“多款少量”。所以，长尾模式需要低库存成本和强大的平台，并使利基产品对于兴趣买家来说容易获得，例如 ZARA。

（三）跨界商业模式

互联网为什么能够如此迅速地颠覆传统行业呢？互联网颠覆实质上就是利用高效率来整合低效率，对传统产业核心要素进行再分配，这也是生产关系的重构，并以此来提升整体系统效率。互联网企业通过减少中间环节，减少所有渠道不必要的损耗，减少产品从生产到进入用户手中所需要经历的环节来提高效率，降低成本。因此，对于互联网企业来说，只要抓住传统行业价值链条当中的低效或高利润环节，利用互联网工具和互联网思维，重新构建商业价值链就有机会获得成功。

“互联网 +”时代是一个“信息过剩”的时代，也是一个“注意力稀缺”的时代，怎样在“无限的信息中”获取“有限的注意力”，便成为“互联网 +”时代的核心命题。注意力稀缺导致众多互联网创业者们开始想尽办法去争夺注意力资源，而互联网产品最重要的就是流量，有了流量才能够以此为基础构建自己的商业模式，所以说，互联网经济就是以吸引大众注意力为基础去创造价值，然后转化成利润。

（四）免费商业模式

很多互联网企业都是以免费、好的产品吸引到很多的用户，然后提供新的产品或服务给不同的用户，在此基础上再构建商业模式。比如，360 安全卫士、QQ 用户等。互联网颠覆传统企业的常用做法就是在传统企业用来赚钱的领域免费，从而彻底把传统企业的客户群带走，继而转化成流量，然后再利用延伸价值链或增值服务来实现盈利。

如果有一种商业模式既可以统摄未来的市场，也可以挤垮当前的市场，那就是免费的模式。信息时代的精神领袖克里斯·安德森在《免费：商业的未来》中归纳了基于核心服务免费的商业模式：一是直接交叉补贴；二是第三方市场；三是免费加收费；四是纯免费。

（五）O2O 商业模式

O2O（Online To Offline）从狭义上来理解就是线上交易、线下体验消费的商务模式。它主要包括两种场景：一是线上到线下，即用户在线上购买或预订服务，再到线下商户实地享受服务，目前这种类型比较多；二是线下到线上，即用户通过线下实体店体验并选好商品，然后通过线上下单来购买商品。

广义的 O2O 是将互联网思维与传统产业相融合，未来 O2O 的发展将突破线上和线下的界限，实现线上线下、虚实之间的深度融合。其模式的核心是基于平等、开放、互动、迭代、共享等互联网思维，利用高效率、低成本的互联网信息技术，改造传统产业链中的低效率环节。

（六）平台商业模式

平台商业模式的核心是打造足够大的平台，使产品更为多元化和多样化，更加重视用户体验和产品的闭环设计。在互联网时代，用户的需求变化越来越快，越来越难以捉摸，单靠企业自身所拥有的资源、人才和能力很难快速满足用户的个性化需求，这就要求打开企业的边界，建立一个更大的商业生态网络来满足用户的个性化需求。通过平台以最快的速度汇聚资源，满足用户多元化的个性化需求，所以，平台模式的精髓在于打造一个多方共赢互利的生态圈。

案例延伸

成功源于商业模式

20 世纪 20 年代，好莱坞的电影产业开始兴起，迪士尼电影公司（以下简称“迪士尼”）也在这个时期开始投身创业的浪潮。1928 年，迪士尼推出首部以米老鼠为主角的世界最早的有声动画片，掀起社会热潮，随后迪士尼推出了世界上第一部动画长片《白雪公主与七个小矮人》，第一部宽银幕动画片《小姐与流氓》，直到20世纪90年代，仍然是迪士尼推出了世界上第一部数字技术的动画片《玩具总动员》。正是这些领先的多媒体技术的引入，让迪士尼的动画片始终拥有着同时代作品中最好的视觉体验，带来了广泛的社会影响力。但迪士尼的探索不仅于此。迪士尼之所以能够超越同时代的所有文化媒体企业，获得更大的商业成就，在于它建立了文化行业独一无二的商业模式。迪士尼认为，对于电影产业来说，故事不是最重要的，形象才是核心。围绕着永恒的角色形象，延伸出的迪士尼乐园和玩具销售的下游产业链，才使迪士尼拥有了更大的市场规模、更低的成本支出、更长久稳定的利润回报。迪士尼带给我们的启示是，创新的产品可以带来一时的成功，创新的商业模式可以带来一辈子的成功。

深圳市腾讯计算机系统有限公司（以下简称“腾讯”）1998年成立，最早是ICQ即时通信产品的跟风者，通过产品的改进和商业模式的创新，成了世界上最早的社交网络平台。2003年后，腾讯进入迅速成长的网络游戏市场，并且依靠社交平台的流量优势和优质产品体验取得了巨大的成功，成为世界上最大的网络娱乐公司。2011年，腾讯推出微信产品，及时向移动通信平台转型，再次获得巨大成功，成为世界上用户量最大的移动社交平台。腾讯的成功，第一是创新商业模式的成功，第二是适应市场发展及时转型的成功。

资料来源：根据网络资料整理

思考题：

1. 企业设计商业模式的步骤有哪些？
2. 选择一个你熟悉的企业，分析其商业模式要素，并探讨其发展前景。
3. 选择适合的方式对团队设计的商业模式进行验证。

第八章　创业者与创业团队

实践表明，无论是传统的制造业，还是现代的高科技产业中，由团队创业创立的企业要比个人创业的企业多很多，特别是在当前高速发展的高科技产业中和互联网企业中，创业所要求的能力涵盖管理、技术、营销、财务等各个方面，远不是单个创业者力所能及的。因此，为了成功地创办一个企业，并使其健康成长，组建优秀的创业团队非常必要，同时只有全面了解公司创办流程，掌握人力资源管理、财务管理和营销管理，才能做好项目管理和公司运营。如果创业者掌握了充分的知识，并有恒心与毅力，企业保持可持续发展的可能性也就会大大增加。

第一节　创业者

对于一个企业来说，创业者乃群龙之首，创业者的品质素质直接关系到企业文化和企业的灵魂精髓；创业团队则是整个企业的栋梁，团队的好坏决定了企业的兴衰成败，没有绝对优秀的个人，只有绝对优秀的团队。麻雀虽小，五脏俱全，小型企业同样应当重视创业者的素质和创业团队的建设。

一、创业者的含义

创业者是指某个人发现某种信息、资源、机会或掌握某种技术，利用或借用相应的平台或载体，将其发现的信息、资源、机会或掌握的技术，以一定的方式，转化、创造成更多的财富和价值，并实现某种追求或目标的过程的人。

创业者一词由法国经济学家坎梯龙（Cantillon）于1755年首次引入经济学。1880年，法国经济学家萨伊（Say）首次给出了创业者的定义，他将创业者描述为将经济资源从生产率较低的区域转移到生产率较高区域的人，并认为创业者是经济活动过程中的代理人。著名经济学家熊彼特则认为创业者应为创新者。

创业者与企业家的区别和联系主要在于：早期的企业家是创业者；企业家是

创业成功的代表，是创业者的终极目标；创业者需要伴随着新创企业的成长而逐渐向真正的企业家角色转换，而企业家需要时刻保持着创业精神。

二、创业者的素质与能力

(一) 素质

20世纪70年代，美国心理学家麦克利兰提出素质概念。根据麦克利兰的观点，素质是一个人在特定情境下实现高产出所具备的，并且可以有效测量的知识、技能、价值观和内驱力等特质。素质是人活动的主观条件和内在根据，是人完成一定活动与任务所具备的基本条件和特点，是行为的基础和根本因素，包括生理素质和心理素质两大方面，它对一个人的身心发展、工作潜力和工作成就的提高起决定性的作用。素质的形成受到先天生理基础，以及后天环境、教育等的影响。

素质一般包括知识、技能、个性、态度、价值观等多种因素，这种组合能够区分出绩效优秀者和绩效一般者。素质具有以下特点：

1. 素质与绩效识别相联系

任职者在素质上的差别将体现为工作绩效上的差异。

2. 素质的本质和基础是个体特征的综合表现

它包括个体的知识、能力水平以及心理活动过程，三者是缺一不可的有机整体。

3. 素质是可以观察、分级并测量的

无论是什么类型或者表现形式的素质要素，都可以借助于某种测量工具或行为对其加以测量，否则就失去了现实意义。

4. 素质与具体情境紧密相连

高绩效的素质是与具体情境相联系的，因此，不存在绝对地适用于所有情况的高素质特征。

综上所述，素质是驱动一个人产生优秀工作绩效的各种特征的集合，它反映的是可以通过不同方式表现出来的个体的知识、技能、个性与内驱力等。素质是判断一个人能否胜任某项工作的起点，是决定并区别绩效差异的个人特征。

（二）创业者素质

创业者素质是指创业者实现成功创业所具有的独特品质和能力。按照素质的生理和心理两方面的构成来看，创业者素质包括创业者身体素质和心理素质，其中创业者心理素质是关键，其又包括智能素质（知识、智力、技能和才能等）、品德素质（思想品质、创新意识和道德品质等）、文化素质（文化广度、深度和社会工作经验等）和心理健康素质等。

1. 创业者素质的冰山模型

按照麦克利兰提出的素质冰山模型，创业者素质模型对应包括深藏在“冰山下”的创业者内在心理素养和“冰山上”的创业技能和基础知识。

（1）创业者内在心理素养

创业者内在心理素养是创业行为习惯和思维方式的内在特质，是难以测量又不易通过外界的影响而改变的部分，对人的创业行为表现起着关键性的作用，是成功创业者的深层次特征。其从深到浅包括五个方面：①创业动机，创业者内在的自然而持续的创业想法和偏好，往往驱动、引导和决定创业行为；②创业品质，创业者的持续而稳定的行为特性；③创业者自我认知，创业者对自己的认识和看法；④创业者价值观和角色定位，创业者对创业的是非、重要性和必要性等的价值取向，以及创业预期等；⑤深层次的创业知识，创业者长期积累或者受到他人影响的创业经验和技巧，是很难短期内学到并掌握的创业素养。

（2）创业技能

创业技能是指为了实现创业目标，有效地利用自己掌握的知识而需要的创业能力，如机会识别能力、学习和开拓创新能力、社交与资源整合利用能力、组织经营与战略管理能力、风险决策能力等，并且要能够把这几种能力协调地平衡发展，形成有机的能力聚合体，领导所创立的企业带动创业团队逐步走向成功。

（3）创业基础知识

创业基础知识是指为了顺利地完成创业所需要知道的事实型与经验型信息，如企业运作和市场开发知识、商业基础知识、创业行业背景、专业技术基础知识、法律基础知识和对国家政策和经济形势认识等。表面的创业技能和创业基础知识是创业者的外在表现，是容易了解与测量的部分，相对而言也比较容易通过学习培训、反复的训练和经验的积累来改变和发展。

2. 创业者素质的四因素模型

创业者素质是一个复杂的系统，由创业意念、创业心理品质、创业能力和创业知识四个子系统构成。

（1）创业意念

创业意念包含与创业有关的需要、动机、兴趣、理想、信念和世界观六大因素。这六大因素中，创业需要是创业活动的最初原因和原始动力，是形成创业动机的基础。创业动机是形成和推动创业行为的内驱力，是产生创业行为的前提和基础。创业需要和动机是创业意念的基本层面。创业兴趣是从事创业活动的积极情绪和态度；创业理想是对创业活动未来奋斗目标的持久向往和追求。创业兴趣和创业理想是创业意念的较高层面。创业信念是对创业活动和实践所形成的认识、看法和见解，并坚信其真实性和有效性的心理倾向。创业世界观则是由一系列价值观所组成的逻辑系统。创业信念和创业世界观是创业意念的最高层面。

（2）创业心理品质

创业心理品质包括独立性、敢为性、坚韧性、克制性和适应性五种因素。独立性是对思维和行为不受他人影响，能够独立地思考、判断、选择、行动的心理品质的描述；敢为性是对敢于行动、敢冒风险、敢于拼搏，并勇于承担行为后果的心理品质的描述；坚韧性是对为达到某一目标而坚持不懈、不屈不挠、顽强努力的心理品质的描述；克制性是对自觉调节和控制自己的情绪和情感，善于克服盲目冲动和私利欲望的心理品质的描述；适应性是对能及时适应环境和条件的变化，善于进行自我调节和角色转换的认同和学习，善于交往、合作、共事的心理品质的描述。大学生走上社会后进行创业，最需要培养的就是这五种个性心理品质，其核心是培养意志特征和情感特征，抓住了意志和情感，也就抓住了创业个体心理品质的总体特征。

（3）创业能力

创业能力包含方法能力、社会能力、经营管理能力和综合性能力四个方面。方法能力是指从业和创业所需要的工作和学习方法，如分析问题和解决问题的能力、不断学习的能力、创造性思维的能力等。社会能力包括交往、公关、协商、社会活动能力等。经营管理能力，是为了实现一定的经济目标，对所从事的经济活动实施计划、组织、指挥、监督和调节的能力，是一种人、财、物、时间、空间的合理组合、科学运筹和优化配置的心理能量的显示，在较高的层次上决定着社会实践活动的效率和成败。因此，它是一种较高层次的创业能力。综合性能力，包括发现机会、把握机会、利用机会、创造机会的能力，收集信息处理加工信息、综合利用信息的能力，适应变化、利用变化、驾驭变化的能力，非常规性的决策和用人的能力，交往、公关、社会活动的能力等。它是对社会环境和社会关系的综合开发和运筹的能力，在更高的层次上影响着社会实践活动的效率和成败是一种最高层次的创业能力。

（4）创业知识

创业知识包括专业知识、职业知识、经营管理知识和综合性知识。专业知识、职业知识、经营管理知识是从事经营管理工作必须具备的知识。综合性知识是发挥社会关系运筹作用的多种专门知识，其中包括政策、法规、工商、税务、金融、保险、人际交往、公共关系等。在创业社会知识的构成中，经营管理知识、综合性知识是一种较高层次的知识，它们与经营管理能力和综合性能力一样，具有内部资源配置和社会关系运筹的特征，并与经营管理能力和综合性能力结合在一起共同发挥作用。

三、创业者素质测评

(一) 素质测评

素质是测评的基本对象。测评即测量和评定，测量是测评主体运用多种测量技术和统计方法对测评者的功能或行为进行量化描述的过程。素质测评虽然离不开测量与评定，但并不是测量与评定的机械相加，而是一种建立在对个体特征信息“测”与“量”基础上的分析判断。

为什么素质可以测评呢？有以下原因：

1. 个体的素质是稳定的

每个人都有自己独特的个性和性格，这种独特性并不是偶然产生的，而是在其长期的成长过程和社会活动中逐渐形成的。它一旦形成，便产生相对的稳定性。

一个人出生后受到家庭成员的影响，进入学校又受到教师和同学的影响，步入社会则受到单位同事和公司文化的影响，在这个过程中，通过自己的思考等活动自发形成具有稳定特性的自身素质。比如，一位教师，经过三年五载的教学生涯，就逐渐形成了怎样备课、怎样讲课、怎样热爱自己的学生、怎样为人师表等一系列教师职业素质，于是，便保持着相对的稳定性。正因为个人特点具有相对稳定性，才使人才测评变得有可信度。如果一个人的特点没有这种稳定性，人才测评就没有意义了。

2. 个体的素质是有差异的

每个人都有自己稳定的素质，不轻易变化，但人和人之间是存在差异的。这种差异不仅表现在生理上，如性别、身高，更多地表现在心理上。这种心理差异可以归结为两个方面：其一是个性倾向差异，包括兴趣、爱好、需要、动机、信念、理想、价值观等方面的差异；其二是个性心理特征差异。人们由于生长与工作的环境不同，所具有的生理特点与遗传素质不同，成长环境和教育背景不同，所形成的素质就不同。素质之间没有好坏之分，只有是否更适合之分。为了测量哪种素质更适合，我们才要在一定的范围内对不同的素质进行测量，测量的结果才会有意义。如果个体之间的素质没有差异或是差异不是那么大，那么素质测评的意义就不那么重要了，人们也就不能根据测评结果进行决策，测评也就失去了它应有的价值，因此，有人说素质的差异性就是素质测评的前提条件。

3. 个体的素质是可以预测的

素质的突出特点之一就是抽象性。素质是一个隐藏在个体身上的一种内在抽象的东西，是看不见、摸不着，甚至说不清的。但素质并不神秘，他有一定的表现方式，即素质可以通过人的行为表现出来，素质和行为之间存在着一系列相关性。我们不能对素质本身进行直接测量，但可以通过其表现出来的行为特征进行间接的推测和判断。

4. 个体的素质是可以量化的

量化，即数量化，是指将事物以数学形式表示出来。素质测评的量化是通过测量手段来揭示素质的数量特征与质量特征，对定性测评中不便于综合处理的行为特征信息，进行统一的数学处理。这样，可使被测评者对不同的被试素质心理感觉的差异反映在数量差异上，进而综合反映在个体素质的差异与水平上。

（二）创业者素质测评的方法

创业者素质测评是指综合利用心理学、社会学、统计学、测量学、管理学、行为学和计算机科学等一系列先进的科学方法，对创业者的个性特征、知识能力、发展潜力和身体素质等人的基本素质方面实施测量和评价的活动。

目前，创业者素质量化测评方法主要有两大类：一是将创业素质分解成创业意识、创业精神、创业学习与创新能力、创业资源获取与整合能力、企业运作管理与市场开发等方面指标，用量表法对创业素质进行测评；二是通过问卷调查和数据统计分析，构建创业素质模型及测评指标体系，利用层次分析法和模糊综合评价方法对创业素质进行多因素分析，以及综合评价，如表 8–1 所示。

表 8–1　创业者素质测评指标层次表

<table>
<tr><th>比较</th><th>一级指标</th><th>二级指标</th></tr>
<tr><td rowspan="16">创业者素质</td><td rowspan="5">内在心理素质</td><td>创业动机</td></tr>
<tr><td>创业品质</td></tr>
<tr><td>创业者自我认知</td></tr>
<tr><td>创业者价值观和角色定位</td></tr>
<tr><td>深层次的创业知识</td></tr>
<tr><td rowspan="5">创业技能</td><td>机会识别能力</td></tr>
<tr><td>学习和开拓创新能力</td></tr>
<tr><td>社交与资源整合利用能力</td></tr>
<tr><td>组织、经营与战略管理能力</td></tr>
<tr><td>风险决策能力</td></tr>
<tr><td rowspan="6">创业基础知识</td><td>企业运作和市场开发知识</td></tr>
<tr><td>商业基础知识</td></tr>
<tr><td>创业行业背景知识</td></tr>
<tr><td>专业技术基础知识</td></tr>
<tr><td>法律基础知识</td></tr>
<tr><td>经济形势和国家产业政策知识</td></tr>
</table>

四、创业动机的含义与分类

(一) 创业动机的含义

动机是构成人类大部分行为的基础。动机一词源于拉丁文，原意是推动或引向行动。动机是激发和维持个体进行活动，并导致该活动朝向某一目标的心理倾向或动力，它是构成人类大部分行为的动力基础。创业动机则是激发、维持、调节人们从事创业活动,并引导创业活动朝向某一目标的内部心理过程或内在动力。创业动机对于创业者的行为也具有如下作用：

首先，创业动机能激发主体有意识关注创业机会信息、搜寻机会、通过现存知识经验判断机会的价值、整合资源开发机会。其实，创业者在何种行业以及怎样创业具有必然性。换句话说，他们即使不在这个行业创业也会在其他行业创业，其中，支持这种必然性的就是创业动机。

其次，创业动机会使创业者朝目标方向努力。创业是十分庞杂的过程，创业动机使个体不迷失目标。

最后，创业过程充满风险，创业者会遇到很多不可测的困难，对个体的心理素质是极大的考验，创业动机可以维持个体创业的激情和信心，继续创业行为。

总之，创业动机不仅是个体创业行为发生的起点和推动力，而且是创业克服困难继续创新的心理保障，它在整个创业过程中起着十分重要的作用。

(二) 创业动机的分类

从社会宏观环境来说，创业是创业者对时代潮流的顺应。一般而言，经济活跃期也是创业踊跃期。因为经济发展，客观上市场机遇较多，创业机会也就较多。反之，创业的踊跃又会促进经济的发展。目前我们既面临着下岗、失业等挑战，同时又面临着许多机遇，这正是造就创业英雄的时代。

奥籍美国经济学家约瑟夫·熊彼特对创业家的创业动机在精神层面上进行了剖析，他将创业动机归结为“建设私人王国，对胜利的热情，创造的喜悦”。实际上，创业家希望摆脱任人摆布的命运，渴望独立、自由地分配时间，安排企业经营活动，实现自我价值。这种独立性、自由和自我发展是创业的关键动机。

库拉特科和纳夫齐格提出了创业动机的四大类别：第一，外部激励，主要是金钱和股份的形式；第二，内部激励，指个体的内部需要，包括内部控制需要和成就需要；第三，独立与自我控制，主要指通过自己做老板的途径来实现；第四，家庭保障，指由于公司裁员而被迫创业的，需要创业者通过创业为自己和家庭提供保障。

曾照英和王重鸣提出了中国情境下创业者动机的二维模型：事业成就型和生存需求型。其中，事业成就型包括获得成就认可、实现创业想法、扩大圈子影响、成为成功人士、控制自己人生五个维度。生存需求型包括不满薪酬收入、提供经济保障、希望不再失业三个维度。

第二节　创业团队

对于创业者，团队很重要。毫不夸张地讲，团队是创业启程路上最重要的事情。全球化与互联网时代的特点就是：即便你已经专注于某个很有意思的领域，而且创意不断，还是会有非常多的竞争对手同时参与进来。不管你正在从事哪一领域，创新的半衰期都是如此之短，如果你能开发出特别吸引用户的功能，产品就可以一夜成名，同样也会很快过时。如果缺少快速反应的创新，你很容易出局。如何跟上时代的步伐？答案是依靠一个能力互补的强大团队。凭借一个人的力量是无法建立强大公司的，而团队则可以。

一、认识创业团队

(一) 创业团队的概念及要素

1994 年，斯蒂芬·罗宾斯首次提出了“团队”的概念：为了实现某一目标而由相互协作的个体所组成的正式群体。在随后的 10 年里，关于团队合作的理念风靡全球。

创业团队是指两个以上具有一定利益关系、共同承担创建新企业责任的人所组建形成的工作团队。

创业团队是团队而不是群体。团队中成员所做的贡献是互补的，而群体中成员之间的工作在很大程度上是互换的。

创业团队的构成要素可以总结为5P，分别是目标、人、定位、权限、计划。团队和群体有着根本性的区别，群体可以向团队过渡。

1. 目标（Purpose）

团队应该有一个既定的目标，为团队成员导航，知道要向何处去，没有目标这个团队就没有存在的价值。

团队的目标必须跟组织的目标一致，此外还可以把大目标分成小目标，具体分到各个团队成员身上，大家合力实现这个共同的目标。同时，还应该向大众有效地传播这个目标，让团队内外的成员都知道这个目标，有时甚至可以把目标贴在团队成员的办公桌上、会议室里，以此激励所有的人为这个目标去奋斗。

2. 人（People）

人是构成团队最核心的力量，两个（包含两个）以上的人就可以构成团队。目标是通过人员的努力具体实现的，所以人员的选择是团队中非常重要的一个部分。在一个团队中可能需要有人出主意，有人订计划，有人去实施，有人协调不同的人一起去工作，还要有人去监督团队工作的进展，评价团队最终的贡献，不同的人通过分工来共同完成团队的目标。在人员选择方面要考虑人员的能力如何，技能是否互补，人员的经验如何。

3. 定位（Pace）

定位应关注这些问题团队在企业中处于什么位置，由谁选择和决定团队的成员，团队最终应对谁负责，团队采取什么方式激励下属。

4. 权限（Power）

团队当中领导人的权力大小跟团队的发展阶段相关，一般来说，团队越成熟，领导者所拥有的权力相应越小，在团队发展的初期阶段领导权相对集中。

5. 计划（Plan）

计划有两层含义：①目标最终的实现，需要一系列具体的行动方案，可以把计划理解成目标的具体工作的程序。②按计划进行可以保证团队顺利按进度实行。只有在计划的操作下团队才会一步一步地贴近目标，从而最终实现目标。

（二）创业团队的特征

创业团队具备群体性、功能性和协同性三个基本特征。

1. 群体性

创业团队的群体性是指两个或更多的创业者共同进行创业。创业团队的成员因为都有创业激情，而且彼此形成了互信，才走到了一起。创业团队的这种群体性，为团队成员的优势互补以及团队功能的发挥奠定了初步的基础。

2. 功能性

创业团队的功能性是指不同的创业者承担着不同的职能，各个成员相互协作，发挥各自的优势，为实现共同的目标而努力。创业团队各成员的知识、能力、心理特征和社会资源等方面各具优势。如果在创业活动中遇到困难，可以充分发挥团队成员的优势解决所遇到的问题，达到职能支持。因此，一个优秀的创业团队，需要团队成员在知识、能力、性格、人际关系资源等各方面相互促进、相互支持。

3. 协同性

创业团队的协同性是指创业团队中承担不同职能的创业者围绕创业目标，协同开展工作。在创业团队中，各个成员都有自己的分工任务：有人提出创意的构思；有人负责制订创业计划；有人负责创业计划的具体实施；有人协调和监督团队成员的工作。正是创业团队的这种协调性使得创业团队能够形成一个有机的系统，有条不紊地运转。

（三）创业团队的构成

人是构成创业团队最核心的力量，不同的人通过分工来共同完成创业团队的目标。剑桥产业培训研究部前主任贝尔宾教授认为一支结构合理的团队应该由八种人构成，这八种人分别为：

（1）行政者或实干家

行政者或实干家是处事冷静的领导，负责运筹计划，在企业人力资源中应该占较大的比例，他们是企业发展的基石。没有执行就没有竞争力，只有通过实干家踏实努力地工作，美好的愿景才会变成现实，团体的目标才能实现。

（2）协调者

协调者关心团队成员的需要，协调各方利益和关系。从某个角度说管理就是协调。没有协调者的团队，领导力会削弱，因为协调者除了要有领导力以外，更要有个性号召力来帮助领导扩大个人影响力。各种背景的创业者凝聚在一起，经常会出现各种分歧和争执，这时就需要协调者来调节。

（3）推进者

推进者促进决策的实施，确保团队赶上工作进度。推进者可以提高创业团队效率和促进创业团队进一步发展。

（4）创新者

创新者是团队的智囊、观点的提出者。创新是创业团队生产和发展的源泉，企业不仅开发要创新，管理也需要创新。

（5）信息者

信息者善于向外界求助，提供决策支持的信息和资源。没有信息者的团队会比较封闭，因为不知道外界发生了什么。创业团队要在社会中生存和发展，而没有外界的信息交流企业就成了一个自给自足的封闭小团体。当代创业团队的成功更需要正确的、及时的信息。

（6）监督者

监督者监督决策实施的过程，善于监察和评价团队的表现。没有监督者的团队会在企业发展过程中失控，使企业遭受不必要的损失，甚至导致团队解体。监督者是创业团队健康成长的鞭策者。

（7）凝聚者

凝聚者是精力充沛、意志坚强的领袖，调节各种关系。没有凝聚者的团队的人际关系会比较紧张，冲突会更多一些，团队完成目标的过程中会受到很大的冲击，团队的生命力也会受到影响。

（8）完美主义者

完美主义者注重细节，强调高标准。没有完美主义者的团队的线条会显得比较粗，因为完美主义者更注重的是品质、标准。但在创业初期，不能过于追求完美；在企业逐渐成长的过程中，完美主义者要迅速地发挥作用，弥补企业的缺陷，为做大做强打下坚实的基础。

不同角色在团队中发挥着不同的作用，一个创业团队唯有角色齐全，才能实现功能齐全。但是，需要注意的是并非所有创业成功的团队都具有以上角色。

二、组建创业团队的策略

(一) 组建创业团队需要考虑的四大要素

创业团队对新创企业的成功起着举足轻重的作用。创业团队的凝聚力、合作精神等可以帮助新创企业克服各种意想不到的困难，保证新创企业的生存。另外，团队成员之间的相互支持、相互协调的关系，对新创企业起到了提高管理水平、降低管理风险的作用。因此，组建一个高效、有序的创业团队就显得十分重要。一般来说，创业团队的组建应考虑以下四个因素。

1. 核心创业者因素

核心创业者是指创业团队中占主导地位的人，他是创业活动的发起者和组织者，是创业团队的核心领导人，是具有使命、荣誉、责任和思考、推理、判断能力的人。

2. 社会网络因素

社会网络是指个体成员之间因互动而形成的相对稳定的关系体系，也就是人们通常所说的“关系网”。社会网络能够给创业者带来人才、物质、资金、项目等各种创业所需的资源。

3. 机会成本因素

机会成本是经济学上一个重要的成本概念，它是指把一种资源投入某一特定用途之后，所放弃的在其他用途中所能得到的最大收益。创业者加入创业团队意味着放弃其他发展机会，因而在加入创业团队之前需三思。

4. 项目发展因素

项目发展是指创业项目的发展需要什么样的团队成员。创业项目中可能需要有各方面专业能力的人才，创业应根据创业项目来挑选合适的创业伙伴。

（二）组建创业团队的主要工作

组建创业团队是一个相当复杂的过程，不同类型的创业项目所需的团队不一样，创建步骤也不完全相同。概括来讲，组建企业团队的主要工作包括以下环节。

1. 明确创业目标

创业目标就是要通过完成创业阶段的技术、市场、规划、组织、管理等各项工作，实现企业从无到有、从起步到成熟。总目标确定之后，为了推动团队最终实现创业目标，再将总目标加以分解，设定若干可行的、阶段性的子目标。

2. 制订创业计划

在确定了一个个阶段性子目标以及总目标之后，紧接着就要研究如何实现这些目标，这就需要制订周密的创业计划。创业计划是在对创业目标进行具体分解的基础上，以团队为整体来考虑的计划，创业计划确定了在不同的创业阶段需要完成的阶段性任务，通过逐步实现这些阶段性目标来最终实现创业目标。

3. 招募合适的人员

招募合适的人员也是组建创业团队最关键的一步。关于创业团队成员的招募，主要应考虑两个方面：一是互补性，即考虑其能否与其他成员在能力或技术上形成互补。这种互补性既有助于强化团队成员间彼此的合作，又能保证整个团队的战斗力，更好地发挥团队的作用。一般而言，创业团队至少需要管理、技术和营销三个方面的人才。只有这三个方面的人才形成良好的沟通协作关系后，创业团队才可能稳定高效发展。二是适度规模，适度的团队规模是保证团队高效运转的重要条件。团队成员太少无法实现团队的功能和优势，而过多又可能会产生交流的障碍，团队很可能会分裂成许多较小的团体，进而大大削弱团队的凝聚力。一般认为，创业团队的规模控制在 2~12 人最佳。

4. 职权划分

为了保证团队成员执行创业计划，顺利开展各项工作，必须预先在团队内部进行职权的划分。创业团队的职权划分就是根据执行创业计划的需要，具体确定每个团队成员所要担负的职责以及相应所享有的权限。团队成员间职权的划分必须明确，既要避免职权的重叠和交叉，也要避免无人承担造成工作上的疏漏。此外，由于还处在创业过程中，面临的创业环境又是动态复杂的，会不断出现新的问题，团队成员可能不断出现更换，因此创业团队成员的职权也应根据需要不断地进行调整。

5. 组建创业团队制度体系

创业团队制度体系体现了创业团队对成员的控制和激励能力，主要包括团队的各种约束制度和各种激励制度。一方面，创业团队通过各种约束制度（主要包括纪律条例、组织条例、财务条例、保密条例等）指导其成员避免做出不利于团队发展的行为，对其行为进行有效约束，保证团队的稳定秩序。另一方面，创业团队要实现高效运作必须具有有效的激励机制（主要包括利益分配方案、奖惩制度、考核标准、激励措施等），使团队成员看到随着创业目标的实现，其自身利益将会得到怎样的改变，从而达到充分调动成员的积极性、最大限度发挥团队成员作用的目的。要实现有效的激励，首先必须把成员的收益模式界定清楚，尤其是关于股权、奖惩等与团队成员利益密切相关的事宜。需要注意的是，创业团队的制度体系应以规范化的书面形式确定下来，以免带来混乱。

6. 团队的调整融合

完美组合的创业团队并非创业一开始就能建立起来，很多时候是在企业创立一定时间以后随着企业的发展逐步形成的。随着团队的运作，组建团队时在人员匹配、制度制定、职权划分等方面的不合理之处会逐渐暴露出来，这时就需要对团队进行调整融合。由于问题的暴露需要一个过程，因此团队调整融合也应是一个动态持续的过程。在完成了前面的工作步骤之后，团队调整融合工作专门针对运行中出现的问题不断地对前面的步骤进行调整直至满足实践需要为止。在进行团队调整融合的过程中，最为重要的是要保证团队成员间经常积极有效地沟通与协调，培养强化团队精神，提升团队士气。

（三）寻找创业伙伴的技巧

一个好汉三个帮，一个人的能力毕竟是有限的。自己做不了的创业项目，肯定要找合作伙伴。“选择了正确的团队，就是完成了 80% 的工作。”这是很多风险投资家投资企业时的经验之谈。调查发现，与传统企业家往往单枪匹马打天下所不同的是，大多数活跃在新经济领域的第三代企业家，都喜欢抱团创业，他们中间90%以上都有一个三人以上的团队。他们的创业也因为一开始建立了一个非常专业、分工明确、互补明显的创业团队，而使企业取得跨越式发展。当企业扩大到一定阶段，也能摆脱家族企业的弊病，迅速地吸引风险投资，确立良好有效的企业制度使企业走上正轨。

虽然每个创业者寻找伙伴，其侧重点都不同，但是，这些已经用事实证明成功的创业团队无疑值得借鉴，也反映了大多数寻找创业伙伴者需要注意的地方。

（1）初期的创业伙伴最好在熟人圈子里寻找

合作伙伴之间最重要的是相互信任、相互尊敬。因此，初期的创业伙伴最好在熟人圈子里寻找。很多人选择创业伙伴通常会在亲戚、同学、同事、朋友等里面寻找。比如谷歌（Google）的创始人之间是同学关系，脸书（Facebook）也是如此。

有不少夫妻携手合作，例如，黛比会做一种巧克力曲奇，她的好手艺让每个品尝过这些曲奇的人都绝口称赞；而她的丈夫兰迪有做生意的天赋和能力，两者合作，把店发展至几百家。在一些好朋友中也能找到合作伙伴。贾德·马尔金选择与他的大学室友尼尔·布鲁姆一起开办了JMB公司，幸运的是，他们的友谊带来了商业的成功。

（2）选择创业合作者应重点考虑的因素

①看脾气，性格。人的脾气、性格生来就很难改变，人的所作所为和性格有必然的联系，做生意切忌相互猜疑，爱嫉妒、易怒、反复、斤斤计较的人一定不能选做合作伙伴。有话闷在心里的人也不能选择。

②看兴趣爱好。看人不能单凭某点就下结论，对兴趣爱好的观察是辅助的考察，有赌博等不良嗜好的一律淘汰，作为对男性的考察也应该把他对异性的看法列在其中，好色的人也不能选择。

③看对事业的理解。有的人认为做事情就是做事情，没什么目的和看法，这种人短期合作倒还可以，长期合作就不太妥当，胸无大志的人可能会在新技术的引进和革新上给创业添加不少阻力。

④看过去的经历。人的经历是财富，无论好的坏的经历都应该是其人生道路的折射，此项考察应该多注意合作伙伴对生意门路的看法以及经商天赋。

⑤从侧面了解为人。了解一个人，最好的办法就是走进他的朋友圈，看看他的朋友和身边的人对他的评价和看法。当然不要只单单了解他的朋友对他的评价，他的对手对他的评价或许更真实一些。

⑥从消费习惯看对钱的态度。一直以来，看一个人怎么花钱，就知道他是怎么挣钱的，有大手大脚花钱习惯的人要谨慎选择，有挣多少钱就花多少钱的习惯甚至过度消费的人，一定不要选择。

⑦从对家庭的态度了解道德。不能做到关心家庭、爱护家庭、维护家庭的人尽量少合作，对父母不孝顺的人一定不能选择，对子女不关爱的人要谨慎选择，个人道德素质是其做事情的准绳，如果在这些方面都做得很差，即使能力再强，也难免有倒戈的时候。

⑧看有没有共同进退的品质。有句话说得好，宁可要不能同苦能共甘的朋友，也不要能同苦不能共甘的朋友，很多合作的人不是因为在困难时期不能共患难，而是成功以后相互算计，让人心寒。

⑨从个人文化修养看有没有独立做事的决心。对合作者文化水平的考察虽然不是特别重要，但是为了长久，有一定文化涵养的合作者也显得很重要。对书生意气很重的人要谨慎选择。

⑩从综合实力看有没有合作的必要。要综合起来评价，凡是在性格、习惯、为人、处事、个人能力上有欠缺的人要妥善选择。选择合作伙伴是投资走出的一大步，应该坚持宁缺毋滥的原则。

三、做好创业团队管理

(一) 创业团队散伙的原因

创业团队散伙现象在民营科技型企业相当普遍。“能共苦，不能同甘”已经成为我国许多民营科技型企业创业团队的宿命。现从团队构成和团队过程两个方面分析散伙的原因。

1. 团队构成因素与创业团队散伙

团队构成因素是指团队成员之间在年龄、教育背景、工作经历、性格等方面存在的差异以及他们相互之间的关系基础，如家人、亲戚、朋友、同事、战友、校友等。团队管理理论认为，团队构成因素能够直接或间接地影响团队的表现，包括团队散伙。

首先，创业团队成员之间的差异性。创业团队成员在年龄、教育背景、工作经历、性格等方面存在的差异会影响团队的运作。这些差异既是创业团队创业成功的必备条件，同时也是团队散伙的潜在诱因。

其次，创业团队成员之间的关系基础。一般来说，由家族成员或者非常亲密的伙伴组成的创业团队不容易散伙，因为成员要退出这样的团队将承担比较高的经济成本和心理成本。

2. 团队过程因素与创业团队散伙

团队过程因素包括团队内部的冲突、沟通和凝聚力等。对它们的讨论有助于打开团队构成因素影响团队行为的过程这个黑箱，因为团队构成因素经常通过团队过程因素最终影响团队行为。

（1）团队内部冲突

创业过程面对大量的不确定性和模糊性，创业团队成员之间出现不同的观点和思想的机会很多，团队内部产生认知冲突的频率会非常高。不论是认知上的冲突还是情感上的冲突，都可能成为创业团队散伙的导火线。

（2）团队内部沟通

创业过程不可能一帆风顺，有效的沟通对于稳定创业团队至关重要。然而，很多创业者普遍缺乏基本的沟通技巧，创业团队成员之间无法进行有效的信息交换，沟通渠道不畅和信息失真等现象相当普遍。

3. 团队凝聚力与创业团队散伙

团队凝聚力是指团队成员之间相互吸引并愿意留在团队中的程度。研究表明，凝聚力是预测团队行为的一个重要指标，对创业团队显得尤为重要，因为创业团队所面对的环境很复杂，具有不确定性。影响团队凝聚力的因素包括团队在一起的时间长短、加入这个团队的难度和团队的规模等。

(二) 创业团队成员的激励

创业团队成员本身具有分离倾向，团队管理稍有松懈就可能导致团队绩效的大幅下降。根据团队管理经验，领导者变更、计划不连续、裁减成员、规则不连续等都会冲击团队的合力。如果缺乏有效的激励，团队或者组织的生命难以长久。而有效激励是企业长久保持团队士气的关键。有效激励要求给予团队成员以合理的“利益补偿”。利益补偿往往分为两种形式：一种是物质条件，比如金钱、工作环境；另一种是心理收益，比如工作成就感和社会地位，感受到尊重、承认和友爱等。

1. 团队文化的激励

团队文化是固化剂。团队文化的精髓就是强调合作精神，团结合作才能成就共同的目标，从而满足团队成员的各自需求，为团队营造一种快乐工作和积极进取的氛围。要形成真正良好的氛围，关键在于彼此的信任。没有信任就没有尊重，也就没有相互关怀和支持。创业团队成员之间的信任程度，将在一定程度上决定他们的沟通程度，进而影响整个团队的凝聚力。

2. 经济利益的激励

创业企业的产权一般比较明晰，机制灵活，所以对创业团队成员，可以把期权激励作为经济激励的一项重要内容来实施，把传统的以现金为代表的短期经济激励和以期权为代表的长期经济激励结合起来，体现人力资源的价值。由于期权激励工具对激励对象利益的兑现附带有服务期的限制，这种做法较好地实现了团队成员的持续激励，对于稳定团队的作用也比较明显。

3. 权力与职位的激励

通常，创业者具有极强的进取精神，创业团队又通常是高知群体。他们不仅为追求经济利益而进行创业活动，也为了得到成就感以及权力和地位上的满足。另外，从团队的生命周期来看，团队发展到追逐权力的阶段，团队冲突增加，矛盾加剧，团队效率降低，部分核心成员选择离开团队。研究表明：约有 80% 的团队在“争权夺利”这个阶段就停止了发展。因此，随着企业的发展，创业团队管理者要注重权力和地位的激励机制，将创业成员的工作成效和职业生涯发展、地位提升有效地结合起来。建立并维护好团队的运作原则，使团队成员之间相互尊重和信任，能够倾听彼此的意见。基于不同的工作情境和分工，团队成员可以共享领导角色，在各自的领域发挥领导作用。

（三）创业团队的冲突管理

1. 冲突的普遍性

冲突可以定义为个人或群体内部、个人与个人之间、个人与群体之间、群体与群体之间互不相容的目标、认识或感情，并引起对立或不一致的相互作用的任何一个状态。为了使群体有效地完成组织目标和个人需要，必须建立群体成员和群体之间的良好和谐关系，即彼此间应互相支持，行动应协调一致。但是，现实的情况是，个人间存在着各种差异，群体间有不同的任务和规范，对同一个问题就会有不同的理解和处理，于是就会产生不一致，或是不能相容。也就是说，冲突在组织或群体内是客观存在的。

一般而言，冲突有三种类型：目标性冲突，即冲突双方具有不同的目标导向时发生冲突；认识性冲突，即不同群体或个人在对待某些问题上由于认识、看法、观念之间的差异而引发的冲突；感情性冲突，即人们之间存在情绪与情感上的差异所引发的冲突。从性质上讲，冲突有两类，即功能正常冲突与功能失调冲突。有些冲突支持群体的目标，并能提高群体的工作绩效，它们是具有建设性的功能正常的冲突。而有些冲突阻碍了群体的工作绩效，它们是具有破坏性的功能失调的冲突。区分冲突是功能正常的还是功能失调的指标是群体的工作绩效。群体之所以存在是为了达到一定的目标。决定冲突功能的标准是它对群体的影响，而不是它对任何群体成员的影响。当然，冲突对个体的影响与它对群体的影响二者之间并不是毫无关系的。因此，个体所感觉到的冲突方式可能会影响冲突对群体产生的效果。但是，情况并不必定如此。当情况不是这样时，我们的注意力应主要放在群体上，也就是说，不管群体中的个人认为某种冲突是积极的还是消极的，都不重要。例如，一名群体成员可能认为某项活动是功能失调的，因为结果令他不满意。然而，如果这项活动促进了群体目标的实现，它的功能就是正常的。

2. 创业阶段与团队冲突

团队问题是企业经营过程中的永恒话题，而创业企业这方面的问题更加突出，其原因是创业企业变化快，处于不同的阶段时对团队的要求也在变化，如果没有心理准备，就会使团队动荡。绝大多数成功企业从创始到粗具规模，至少会经历初创阶段、加速阶段、高位平稳发展阶段和重大战略转型阶段等典型阶段。在这些阶段切换时，一定会面临团队的问题，一旦处理不好，往往面临挫折。而最容易发生团队冲突风险的是企业从初创阶段向加速发展阶段过渡之时。

企业初创阶段的核心任务是找到并验证商业模式，团队需要的是激情、坚韧、勇猛。此时的团队规模较小，不需要高超的团队组织能力。

商业模式被验证后，企业就进入加速发展阶段。业务规模的扩大往往带来团队规模的扩大，企业必须建立合理的业务流程，标准化的工作方法，精细化的管理模式，以及公平合理的绩效机制。此时，绝大多数创业企业要从外部引入高级管理人才，就面临着团队冲突的风险：部门早期创始人的失落和不平衡心理；新人对旧的运行系统的轻视心理；老人对规范化、流程管理方式的抵触心理；岗位调整而带来的情感折磨等。这些风险就像“定时炸弹”一样，遍布所有部门、所有层级、所有事务中，一不小心就会爆炸，而且会产生负面的“情绪病毒”，在老人和新人两个链条中传播，引发恶性循环。所以，企业进入加速发展阶段时，创业者必须要有清醒的头脑，并意识到危机也在悄悄走近。

案例延伸

在失败中成长，没有“天生”的创业者

吴晓燕，女，经济学硕士和儿童文学硕士，5年摩托罗拉公司财务管理工作经验。她2003年走上创业之路，创办天津市爱乐铃教育信息咨询有限公司，2006年获第三届中国青年创业能力大赛冠军，也是历届创业能力大赛的第一个女性冠军。同年，获得自主研发的项目“儿童素质教育”全国银奖和天津青年创业奖，成为天津创业的旗帜人物和天津创业精神的倡导者，被众多媒体誉为“天生的创业者”。

对于有双硕士学位并在跨国公司做高管、拿着丰厚薪金的吴晓燕来说，辞职、创业，走出一条属于自己的路，在别人眼里似乎是在“犯傻”。而吴晓燕则不以为然，她觉得超越“梦想”首先就要和自己“赛跑”。2003年，

在跨国集团工作5年后，她毅然决定离开，创建了一家属于自己的企业——天津市爱乐铃教育信息咨询有限公司。几年中，她不断在挫折和失败中总结经验。如今，她终于用坚韧和对孩子的爱心赢得了市场，树立了自己的品牌形象。

1995年，吴晓燕考入南开大学会计学系。1996年，国家人事部颁发了《国家不包分配大专以上毕业生择业暂行办法》，明确了大学毕业生要双向选择、自主择业。到了1998年，全国自主择业的大学生达到70%以上。也就是在那年，摩托罗拉公司要在天津开发区创建新的国际财务中心，人事部门到南开大学选择即将毕业的大学生，吴晓燕被选中了，毕业后就留在了那里工作。

5年后，成为白领的吴晓燕薪水丰厚，工作也开始按部就班，这让她有了不满足感。于是，她用自己挣得的50万元开了一家公司，经营高档儿童玩具和用品。

2003年，吴晓燕辞去了摩托罗拉的工作，考上了南开大学文学院的研究生。在校学习期间，她继续做着她的玩具店生意。可由于缺乏对儿童行业的了解，对现实的具体问题估计不足，一年后，她的店停业了。深刻反思后，她决定把自己的生意归零，一切从头做起。

也就在这几年，国家鼓励大学生自主创业的相关政策也不断推出和完善，形成了良好的社会环境氛围。这给吴晓燕和所有想自主创业的大学生极大的鼓励和支持。2006年，研究生毕业前夕，天津市团市委推举吴晓燕参加全国青年创业能力大赛，而她参赛的目的很单纯，就是想让大赛的评委和专家们检验一下自己创业的项目，给自己提一些建议。

凭借出色的表现，吴晓燕获得了“第三届中国青年创业能力大赛”总冠军，成为大赛创办以来第一位夺冠的女性。获奖后的吴晓燕面临着研究生毕业后的又一次选择，很多公司找到她甚至给她股份邀她一起创业，家人也不同意她自己搞经营，觉得以她的背景和能力应当有份更好的工作。但最后，她还是放弃了种种机会，全身心地投入到自己的事业中。

如今，公司已经步入正轨，吴晓燕的社会活动也多了起来，有时还应邀到大学做讲座，她希望自己的创业经历能给更多有创业理想的大学生以帮助。吴晓燕坚信，选择一条属于自己的路，成功就在不远处。

资料来源：北方网，2009-03-07

思考题：

1.创业团队的各构成要素之间有怎样的相互联系？

2.你认为一个成功的创业团队中，最重要的特质是什么？并简述理由。

3.如果你是一个创业团队的总体规划者，你认为自己的收入应当占利润的百分比是多少？企业利润应当如何分配？

第九章　整合创业资源

资源整合能力的强弱，不但是衡量创业者、企业家能力的主要指标，更直接关乎企业的成长发展，创业者、创业家或企业必须具备、拥有这种整合资源的能力。另外，就资源而言，也有真伪之分，要有这方面的鉴别能力。那些流传了若干年的以交易、拉拢、贿赂为手段的整合方式，将逐渐退出历史舞台。因此，必须了解各种资源正确的整合方式和获取手段。那么，在创业的过程中，究竟哪些资源是和创业者息息相关的？它们是如何分类的？各自有哪些特征？如何整合这些资源？等等，这些问题都值得我们思考。

第一节　创业资源概述

一、创业资源的内涵与种类

（一）创业资源的内涵

资源一般是指对某一主体具有支持作用的各种要素的总和，这里的主体可以是如政府、学校或企业等组织机构，也可以是如官员、商人或老师等具体的个体。对于企业来说，客户是资源，因为客户是企业的最终支持者；渠道商是资源，他们支持公司的产品或服务流转；投资人是资源，他们出资支持企业；技术是资源，因为它们镶嵌在企业的产品和运营中；资金是资源，它们是公司运行的血液；人力是资源，他们是支持公司发展的资源；等等。从这个角度我们可以将企业概念化为一系列资源的集合体，这就是资源基础论的主要观点。

创业需要资源。就创业资源而言，资源是支持创业企业、企业项目或创业者生存和发展的各种要素。在创业初期，创业者拥有的资源有限，同时受其商业运作能力限制，创业者可获取或可支配的资源也有限，这就更增加了创业难度。尽管随着创业发展，后期资源压力有所缓解，但是资源束缚始终是创业者或创业团队面临的问题，只是不同阶段程度不同而已。正如哈佛大学的斯蒂文森所认为的那样，创业者在企业成长的各个阶段都会努力争取用尽量少的资源去推进企业的发展，他们需要的不是拥有，而是控制这些资源。因此，创业不仅要使用好既有资源，更重要的是整合那些非拥有但可接近、可利用的资源。

（二）创业资源分类

分类首先要确定标准，并且这个标准要满足相容性、独立性、完备性 3 个基本原则。相容性也指不矛盾性，即任一因素属于并且只属于一类，换句话说，不能属于两类或两类以上。独立性是指一类要素不可能从另一要素推导出来，或者说要素间不存在包含关系。完备性是指将所有类别合并后包含所有要素，即不存在某要素无处可归的情形。以大学本科生分类为例说明。如果以性别划分，可以分男生、女生两类。显然，任何一个学生，要么男要么女，男女相容，相互独立。如果以年级划分，可以分为大一、大二、大三和大四。四个年级彼此相容，每一个学生只能属于某一年级，互不包含。四个年级正好不交叉所有学生。如果以专业为分类标准会怎样？

创业资源如何分类？第一种方法是先定标准划类，再将每类细分。如以财务为标准，将资源分为财务资源和非财务资源，然后再对每一种资源进行细分，这样可以同时实现上述 3 个原则。如货币资源可以分为现金、存款、应收款项等；非账务资源可以分为人力资源、技术资源等。而人力资源又可细分为如创业团队、管理团队、董事会、律师、会计师和顾问等。这种划分要求每一种都不交叉，但在实际中很难做到，比如人力资源中就有交叉，不满足独立性。如管理团队与创业团队可能会重合，二者与董事会也存在高度重合。

此外，资源还可以根据其他标准进行划分，例如有形资源和无形资源、离散资源和系统资源、生产资源和工具资源等。Brush 等人在上述分类基础上进一步将资源分为简单资源和复杂资源，前者指有形的、离散的，以产权为基础的资源；后者指无形的、系统的，以知识为基础的资源。

第二种方法是，首先列举创业中需要支持的要素，再将这些要素进行归类。如创业首先需要人、财、物，由此有人力资源、资金资源、物质资源。创业过程还需要各种信息、技术，以及其他各种各样的关系，由此有信息资源、技术资源和关系资源。当然对关系资源还可以进一步细分，如与某些组织机构有关的关系资源，与名声、形象有关的声誉资源等，不一而足。

值得注意的是，不论我们选定什么标准，我们划分的对象总是一致的。不同标准下的划分，只是从不同角度认知而已，划分并没有改变资源的属性。以下我们将运用第二种方法将创业资源主要分为人力资源、技术资源、信息资源、资金资源、关系资源 5 大类。

1. 人力资源

人力资源主要指在创业过程中的创业团队、管理团队等的知识、能力、经验，也包括创业团队或个人的认知、智慧、判断力等。创业中最关键的是创业团队，尤其是核心人物或灵魂人物，如微软的比尔・盖茨，脸书的扎克伯格，阿里的马云等。从某种意义上说，这些核心人物的价值观、信念等认知就代表了公司的使命、愿景，也决定了公司的发展方向。公司里其他如技术人员、营销人员等均受到公司文化的影响，从而间接受到核心创始人的影响。

高素质人才的获取和开发，是新创企业可持续成长的关键，特别是高科技新创企业，专业人才资源更为重要。

2. 技术资源

科技是第一生产力。创业企业是否掌握创业需要的核心技术，是否拥有技术的所有权，决定着企业的成本，决定着企业能否在市场中取得成功，对于依托高科技创业的企业而言更是如此。例如，国外软件在中国能够很快被汉化，关键在于不少企业掌握了软件汉化的核心技术。英特尔公司之所以能“横行”全球市场，就在于它掌握着最先进的芯片技术，而芯片技术是制造计算机的核心技术。本田公司的发动机技术使其在汽车、摩托车制造业中长期处于领先地位。

一般在创业初期，核心技术是最关键的资源。一是因为创业核心技术是决定创业产品的市场竞争力和获利能力的根本因素；二是因为创业技术是否为核心技术决定了所需创业资本的大小——对于技术上为非根本创新的创业企业来说，创业资本只要保持较小的规模便可维持企业的正常运营；三是从创业阶段来说，由于企业规模较小，对管理及人才需求不像成长期那么大，因此技术成为创业初期阶段最关键的资源。美国的微软公司和苹果公司，最初的创业资本不过几千美元，创业人员也只有几人。公司之所以获得成功，就是因为它们拥有独特的创业核心技术。

企业的核心能力是企业获得持续竞争优势和推动企业不断成长的内在因素。作为核心能力六要素中第一要素的核心技术，是构成核心能力的最核心部分，世界级的大公司在研究开发的巨额投入中，倾向于投向一个或几个集中的领域，以形成一项或几项核心技术。其核心产品可能是由核心技术直接延伸的产品系列，或者可能由一个或多个核心技术支撑纵向延伸形成几大支柱产品，再通过市场相关的横向扩张形成更广阔的产品系列。拥有一项或几项核心技术能使企业在某一方面领先于同类企业，形成独特的竞争优势。

对新创企业而言，由于资金和人力资源的相对短缺，不可能像大企业那样在研发上投入巨额资金和大量人力来形成某项核心技术，新创企业的核心技术可能仅仅是在某项技术的某一个方面与其他同类企业相比具有比较优势，这也是新创企业的核心资源。同时新创企业成立和发展所依赖的技术还包括起步项目需要的技术，发展到一定阶段后拓展业务需要的技术以及解决技术瓶颈所需要的技术，这些都是企业的资源。

3. 信息资源

信息资源即企业需要的市场、项目、资金、政策等信息。市场信息即关于创业企业既有产品或拟创产品的未来市场的总体容量、地区或行业分布等；项目信息指拟创业的项目竞争者、后续展开需要的条件等；资金信息多指项目预期需要资金以及如何获得这些资金等。政策信息是指国家和地区的产业政策，各地对创业的支持性政策等，政策资源因地而异。近年来，不同地区相继出台了一些优惠政策，以吸引创业人才和创业项目。

随着网络和大数据的发展，现代社会信息比以往任何时候都多且容易获得。但也正因为海量信息存在，大量信息才真假难辨，从中筛选有价值的信息更难，这就需要运用数据挖掘方法等从大数据中找到所需要的有用信息，为创业决策提供支持。

4. 资金资源

资金犹如企业的血液，它们流淌在创业的各个方面、各个环节，以及企业的各个部门之中。资金资源主要包括现金、有价证券、厂房、设备、土地等，它们散存于政府部门、有关企业和机构、朋友或家人中。现代创业资金缺乏与资金过剩并存。多数创业者难以获得所需要的资金，大部分企业因资金链断裂而失败。但也有大量创业投资者找不到合适的项目投资。这种信息不对称始终存在于创业始终。

资金不仅是企业生产经营过程的起点，更是企业生存发展的基础。大学生创业的困难之一就是缺乏资金。即便已建立若干年的企业，资金链的断裂也是企业致命的威胁。企业可能不会由于经营亏损而破产清算，却常常会因为资金断流而倒闭。

5. 关系资源

关系资源主要为创业企业或创业者拥有的各种社会关系或者由关系派生出来支持企业发展的资源。如熟知政府部门相关的政策与法规等制度，又如与银行、保险、证券公司或者相关个人等联结的金融资源等。关系资源也称社会资源。无论在欧美等西方国家，还是在以我国为代表的东方国家，均存在关系资源，只是程度不同而已。一般来说，关系资源以非正式资源形式存在，它需要通过非正式形式接近、获取、维护等。

我们将上述内容小结如下：

●创业资源因分类标准而定。标准不同，资源划分不一。但不论如何划分，创业过程中需要的资源属性不会改变。

●通常我们将创业资源分为人力资源、技术资源、信息资源、资金资源、关系资源等。

二、创业资源的获取

（一）调配、购买和众包

创业需要资源，而这些资源要么存在于创业企业内部，如内部创始团队；要么存在于企业外部，如政府部门、其他企业或机构。获取企业内部资源，需要不断地开发；而对外部资源，要么通过市场行为购置，要么通过合作，如建立战略联盟、外包等。

企业内部资源散存于企业各部门和个人，过去由于本位主义，内部资源一般不愿与他人分享，从而导致资源部分积压或浪费，这无论对部门或个人，还是对企业和社会整体，都是无效或低效行为。如企业内部资金，多数子公司或部门为了自己使用方便，会将资金控制在自己手里，即便不用也不愿意与其他子公司或部门分享。如有的子公司将资金存于银行，而有的子公司不得不从银行贷款，这样无形中增大了企业总体资金成本。万科早期就经历过这样的历程。由于公司业务发展需要，早期的创始人王功权、冯仑、刘军、王启富、潘石屹、易小迪分散在全国各地，各自“占山为王”，当总公司需要调动资金时，分公司总以各种理由搪塞敷衍。为此，有的企业内部建立资金调配中心，也有的称为“内部银行”，在优先保证子公司或部门使用的前提下，将资金集中统一调配，大大提高了公司整体资金使用效率。

获取外部资源的最简捷的方式是市场购买。对人力资源，高层人才可以通过猎头公司或市场招聘，邀请那些认同创始人或企业发展理念、有共同事业追求的人员加盟，共谋发展大计；对中层管理人员和一线员工等，可以通过人力资源部门直接从市场聘请。信息资源也可以通过资金购买，尤其面对海量的市场信息、产品信息等，更需要从专业公司购买。资金更可以从银行获取，只要满足贷款条件，就可以较低的利息获得资金。技术也是一样，人们通过技术转让等形式，运用市场行为实现技术产权的转移。由于技术多产生和存在于高校的科研院所，国外大部分高校设立技术转移办公室，配备专职技术人员，专职从事技术交易活动。如斯坦福大学早在 1970 年就设立了技术授权办公室。牛津大学一度拥有 92 人的知识产权队伍，其中有 5 名工科博士和 13 名工商管理硕士（MBA）。近年来，美国研究型大学在科技转化办公室下设概念证明中心，填补研发成果与产品市场化之间的空白。同时还建立校企合作转化网络，如德国弗朗霍夫协会由政府机构、科研机构和企业三方合作，平均承担协会经费，受中小企业委托开展应用与开发研究，推进成果转化。1991 年成立的澳大利亚植物科学中心，邀请 25 家公司作为“联系成员”并进行成果迅速转化。为了鼓励科技成果转移、转化，美国《联邦技术转移法》规定国家实验室技术转让费不再交给国库而归各实验室所有，发明者个人可以从技术转让费中得到约 15% 的报酬等。2013 年，美国劳伦斯 · 利弗莫尔国家实验室仅从中小企业授权协议就获益 860 万美元。

然而，对大多数资源来说，创业者要么难以从市场获取，要么不知从何处获取。对那些资源拥有者目标确定但无法通过市场购买的，可以通过介于市场购买和企业内部科层之间调配的形式获取，即通过战略合作，采用如连锁经营、特许加盟、战略联盟等形式获取。连锁经营的典型代表是诸如麦当劳、肯德基、永和大王等餐饮类企业。特许经营如各种类型专卖店。而战略联盟则是两个或两个以上企业，为了共同的目标而在一定时期内结成战略同盟的行为，如房产开发商与经营商合作、高校与企业合作等。对外合作的主要目的就是合理使用散存在不同资源拥有者之间的资源，从而在实现各方利益最大化的同时，也充分使用资源，提高资源的社会使用效率。

在现实创业过程中，经常会出现需要某种资源，但不知从何处获得资源的情形。如对某特定技术问题，企业内部无力解决，而外部也不知道哪所高校或哪个公司甚至哪个人可以解决。传统地，对此类资源拥有者不确定情况，创业企业或企业团队一筹莫展。但是借助互联网，我们可以用“众包”方式解决此类问题。也就是说，需求者通过网络公开发布问题，随后散存于全世界的“高手”则运用自己特殊的人力资源进行“攻关”，直到问题解决。这样，对创业企业来说，特殊的技术类难题可以在全球范围内整合资源，找到问题的解决之道。事实上，包括 IBM、宝洁、宝马等许多跨国企业，也越来越愿意使用“众包”来解决其资源短缺问题。

（二）资源获取的影响因素

如果说内部资源获取可以动用行政手段，通过征用、划拨、借调等形式调配，外部资源的获取则复杂得多。因为资源拥有主体不是内部而是外部，而主体或资源受到制度、组织、文化等多种因素限制，这些无疑增加了资源获取的难度。

从组织制度上看，不同的组织有不同的制度，这些刚性制度制约了创业者从中获取资源。从大的方面看有国家制度，如某国禁止向他国出口技术产品，或转让某种技术。一些企业以商业机密为由，阻止技术向外扩散，这也给技术在不同主体间转移增加了壁垒。即便在同一企业内部，往往也有一些人为的制度约束影响资源在内部流转。这些在现实生活中比比皆是。

从组织结构上看，囿于资源拥有者在组织中的特殊地位，其职责可能影响其资源分享，如果企业组织结构分工明确、权责分明，则组织成员在相关领域收集或分享资源相对有序，在制度和法规范围内能合法地获取一些资源。反之，如果组织结构松散，个人对信息的自由裁量权大，则可能对公平获取资源不利。更有甚者，资源拥有者可以利用手中可支配资源的“权力”向外“寻租”。

从组织文化上看，考虑到组织文化是组织发展过程中自发形成的共同价值观和行为准则，组织文化可以帮助人们理解创业企业的愿景和使命。对初创期的企业来说，企业价值观与主要创业者息息相关，创业者个人的性格与秉性在某种意义上就是企业文化的再现，即便后来成长壮大，创业者的文化特征也在很大程度上影响企业文化。组织文化可以分为对外开放型、内向封闭型两种。二者在利用内外资源上各有利弊。

三、整合创业资源的必要性、原则及方法

(一) 整合创业资源的必要性

新创企业在面对同样的组织资源时，使用不同的决策逻辑会对创业资源整合产生巨大的影响，它主要表现在创业资源的配置及其组合的构建这两方面。在高效率的推理情境下，创业者先基于自身已有资源以“我是谁、我知晓什么、我认识谁”作为决策前提，同时在操作的过程中通过寻找战略联盟和利用利益相关者承诺来降低不确定性，这使得企业会选择可承担风险下的最优创业资源配置方式。

创业资源整合是新创企业如何利用和开发资源的过程。利用创业资源整合来解决新创企业的资源缺陷以及资源匮乏等问题，将散落在组织中的资源进行重新组合、激活，能够发挥这些资源的最大效用，能够很好地帮助新企业在创立和生存阶段发展壮大，提升企业的竞争优势。

有效的资源整合有利于创业者明确企业资源需求的情况，制订切实可行的战略规划，为新创企业的成长打下坚实的基础，也有利于让创业者对企业未来的变化趋势进行正确预测，从而有效地识别和配置潜在资源，保持和促进企业的健康发展。此外，资源整合和管理的过程也是对大学生创业能力进行培养和锻炼的过程，因此，积极进行资源整合还可以提高创业者的素质和能力，进而提高大学生创业的成功率。

（二）整合创业资源的基本原则

1. 渐进原则

对于任何一个创业企业或者创业团队来说，有利的创业资源都是难以完全配置和利用的，因此，就需要遵循渐进的原则，综合考虑对资源的需求程度以及资源开发和利用的成本、收益和不确定性，逐步选择适当的整合时机，寻找和利用各种创业资源，以降低资源的维护成本。

2. 双赢原则

我们所发掘和应用的每一种创业资源实际上都是一个相对独立的利益体。因此，在开发和使用这些资源的时候，创业者不能仅仅从创业企业的自身利益出发，而是要坚持双赢的原则。尤其是需要长期使用的创业资源，创业者更要重视对方的既得利益。

3. 公平原则

在进行创业资源整合的过程中，创业者要注意公平性，尤其是在进行企业内部资源整合的时候，创业者要与员工进行有效的沟通，降低整合可能遇到的风险。在创业初期，创业者和企业员工之间的沟通一般都非常紧密，企业资源整合的过程中不可避免地会触碰到某些员工的利益，那么，不公平的现象就很容易浮现出来，这会给整合工作带来负面影响。

4. 协调原则

创业资源整合就是为了实现企业利益的最大化，而利益也是有长远利益与当前利益之分的。因此，在进行资源整合的时候，创业者就需要协调、规划好当前利益与长远利益之间的过渡与衔接，避免两者之间产生冲突。在考虑长远利益的时候，创业者还需要注重信用和信誉的建立，具有好的信用才能与外部创业资源（如银行、投资公司和工商行政管理部门等）建立良好的合作关系。

5. 稳健原则

在创业的过程中，创业者或多或少会碰到各种挫折、困难以及意想不到的突发状况，而应对这些困难和挫折可能更多地要依靠创业资源。因此，为了保证企业的运转，在资源整合的过程中，创业者一定要留有余地，以备不时之需。比如，适当的资金储备是必须要有的，以防企业在资金上遇到困难，导致资金链的断裂而无法将企业运营下去，因为创业企业在困境中的二次融资是非常困难的。

(三) 整合创业资源的一般方法

1. 建立系统的企业运营管理制度

在创业企业里，创业者与员工作为一个个利益主体能够集合在一起是因为大家有一些共同的目标和需求。但是，不可忽视的是，每个人都是独立的个体，拥有自己独特的个性，这样，个体之间的差异就会产生需求和目标上的不同，而这样的差异既为整合提供了可能，同时也对整合提出了挑战。

基于人的趋利性，对企业内部的人力资源的整合就需要与企业管理制度和激励制度结合起来，在企业可接受的范围内满足员工的需求，使利益总和最大化。除了提供经济利益以外，企业和个人的发展前景与规划的展示、积极正面的企业文化和团队建设氛围的渲染等也是整合创业资源时可以采用的手段。

2. 建立完善的企业财务管理体系

企业应当强化财务管理，建立起完善的财务管理和决策的相关体系和制度，对资产性资源的配置和使用进行财务核算，实现对整个企业的物质资源和资金资源的有效整合。

3. 建立通畅的信息资源收集网络

很多外部创业资源首先需要去寻找，找到之后才谈得上应用的问题。所以，建立通畅的信息收集网络是十分必要的，这样能够快速、精准、大量地获取能满足某具体创业目标的资源要素信息，如新的商机、新的大学生创新创业扶持政策等。除了外部资源，企业内部的信息收集也是十分重要的。企业想要健康、持续地发展下去，就需要听听员工的声音，知道他们的想法，鼓励他们创新或者为企业的发展提出建议。三人行，必有我师焉。顺利快速地收集到更多的信息，有可能就会有不一样的思想碰撞，为企业的运营、发展、规划带来新的动力。

第二节 开发创业资源

一、人力资源开发

创业是人的行为，人力资源是最重要的资源。在创业企业人力资源中，前期主要是灵魂创始人和核心创业成员，后期主要是管理团队和其他人力资源。开发好这些人力资源，对创业企业至关重要。

(一) 灵魂创始人

灵魂创始人通常是公司的灵魂人物，他们或者是创意提出者和完善者，或者拥有、牵头组织协调重要资源者。一些风险投资者之所以投资这个企业，关键也是看重灵魂创始人，社会大众也通过他们来认识创业企业。灵魂创始人应该具备哪些素质，如何去开发这些素质，是人力资源开发的重要内容。一般来说，满腔的创业激情、良好的教育背景、一定的工作经验和良好的社会关系，是灵魂创始人的标配。

1. 创业激情

创业需要激情。尽管现在有政府鼓励和机构支持，但真正投身创业的人毕竟是少数。尤其在资源缺乏甚至“三无”（无资金、无资源、无场地）情况下创业需要极大的激情和勇气。再者，创业后期遇到的无数困难，如果没有激情也很难坚持下去。

2. 良好教育

如今，知识已经成为重要的创业要素。灵魂创始人的教育背景、学识和认知直接影响创业激情。良好的教育背景有助于其准确洞察社会发展趋势，把握经济发展脉搏，拥有良好的教育意味着灵魂创始人有宽广扎实的理论基础，这对创业尤其是技术创业尤其重要。良好的教育有助于他们提高创业技能，因为灵魂创始人对事物乃至创业理解较深，也容易掌握一些沟通、理解等必备技能。

3. 工作经验

经验意味着经历，经历意味着韧性。在工作中必然会经历各种事情，有成功的喜悦，也有失败的教训，这些都是人生成长的必备要素。没有人生来就成功，更没有人随随便便就能成功。尤其是对此前创业的失败者来说，失败积累了教训，至少知道哪条路走不通。而失败者再创业，表明其具有顽强毅力和不屈不挠的精神，这是创业至关重要的品质。

4. 社会关系

前已述及关系资源的重要性，这对灵魂创始人来说更是如此。新创企业的愿景、使命，以及要解决客户的关键问题，只有灵魂创始人最清楚。公司管理大体分日常管理与意外管理两个部分。日常管理通常依靠制度、规则由各分管领导与相关部门处理。而一旦遇到例外问题，则需要公司灵魂人物出面协调，由他们在创业过程中与各方面人物打交道，也只有他们出面，才能将公司的具体情况讲清楚，进而获得更多的理解和支持。

（二）核心成员

核心成员是指那些在创业初期或新创企业成立不久，围绕在灵魂创始人周围的团队成员。他们从不同的角度出谋划策并各自做好本职工作。如何发现与开发核心成员，众说纷纭。大体可从核心人员与灵魂创始人的同质性或互补性两方面考虑。同质指核心人员与灵魂创始人性格、观点等相同或相近；而互补意味着在认知与能力上核心人员是灵魂创始人的有力补充。二者各有利弊。同质有利于执行。因为当别人与自己很多方面相似时，自然会引为知己，甚至有“相见恨晚”之感。他们会充分理解创始人的意图，并设法完成创始人交给的任务。但同质也有屏蔽作用，他们在获取外部信息和知识时可能成为冗余。从社会网络的角度说，同质核心成员与灵魂创始人间的“结构洞”较少，这并不利于企业的创建和发展。在实际创业中需要集中大家的智慧，集思广益。相反地，如果核心成员与灵魂创始人“互补”，他们就会在某些方面提出宝贵意见，或者帮助灵魂创始人有更多的思考。从“结构洞”角度来说，这样的核心成员能给创业组织带来更多的信息和知识，从而有利于企业的生存和发展。

如何才能开发竞争力较强的“合作伙伴”？一是在周围的人中寻找，二是求助于人才市场，后者更为重要。因为当公司发展到一定规模后，需要有一定工作经验的人或专业人士加盟。具体实施前期可以委托专业人力资源公司海选，对于一些“意中人”，再由公司高管面试。

（三）管理团队

企业发展到一定规模就需要按照现代企业制度要求成立董事会、监事会、管理层等治理机构。必要时引进职业化管理团队实行规范管理。事实上，许多创业企业初期创业团队与管理团队高度重合，他们既是公司决策者，又是公司执行者。如果公司发展顺利的话，还会给创业团队留下这样的印象：管理并不难，我们同样可以管好公司。其实除了极少数情况以外，创立公司与管理公司不是一回事。如果说创业需要激情的话，管理则需要平淡。因为创业多处理例外的事情，而管理则多是例行工作，按规章办事。即便遇到例外事情，一般也交由公司高层去处理。这也是企业从外部聘请专业人士管理的主要原因之一，也正是专业人士的角色定位、管理方式与创始团队不一，二者才可能产生矛盾甚至冲突。

为此，公司要坚持科学管理理念，尽量从一开始就按现代企业规制办事：订立公司章程、明确公司股份、明晰岗位职责、确立议事规则等。用制度而不是关系来管理公司，更不能任由灵魂创始人随意支配公司。为此，一方面要发掘新人，尤其是那些熟悉公司业务，与既有管理团队互补的人。另一方面，也要不断提高管理团队的工作能力，优质高效地完成公司业务，使公司尽快步入正轨。

（四）其他人力资源

除了上面提及的几类人力资源以外，还有一些重要的人力资源，如专业咨询顾问，金融机构及法律、税务、海关等具体实务管理人员。有的企业成立正式的顾问委员会，聘请专业造诣深厚、管理经验丰富，且能给公司提出中肯建议的顾问。其他如银行等金融机构也能为企业提供帮助，它们在融资贷款方面具有丰富的经验。另外一些如法律、税务、海关等具体业务，也需要聘请专业人员，服务方式依企业与业务规模而定。

二、信息资源开发

信息资源开发涉及3个问题。一是有哪些信息资源，二是如何收集信息资源，三是如何加工使用这些信息。

(一) 创业信息资源

一般来说，创业需要以下几类信息。一是市场信息，即创业者瞄准进入的市场，这主要体现在创业服务对象（即终端顾客）需求和偏好信息。二是项目信息，创业多依托项目展开。一个创业企业往往有若干项目同时展开，项目需要哪些资源，技术难度如何，项目质量与工期如何保证等。三是技术信息，即创业项目有哪些技术要求，市场上的领先技术是什么，哪些公司是技术上的领导者。四是政府法规信息，即国家对此类项目有什么具体的规定和要求，是否存在进入壁垒，进入有无税收减免等优惠等。

在所有信息中，市场信息最重要。因为无论从事技术创业还是实业创业，抑或服务创业，归根结底都需要终端客户来选择。创业的主意再好，产品再好，服务再优，如果没有市场需求，最终都有可能失败。市场需求是创业成功与否的最终要素。“需求是创新之母”，创业者必须要有敏锐的市场洞察力，提前掌握市场与用户的潜在需求，这是技术创新成功的关键。

(二) 信息资源收集

信息收集是一门学问，其间涉及许多知识和方法。以下以市场信息为例，说明如何收集信息。人们通常用顾客调查法收集人们对新产品或新服务的反应，询问他们对产品的感受，从中得到有益的意见和建议。调查往往围绕价格、质量、款式等维度展开。当遇到一些难以界定的维度时，还要运用认知图法去发掘顾客认知维度。其他方法还有头脑风暴法、专家评价法等。

对一些（如人口结构和分布，地方经济相关数据等）不宜或不能获得的一手信息，可以通过查找年鉴、收集商场月度销售数据等间接得到想要的信息；也可以通过调阅政府文件、行业研究报告，甚至聘请咨询公司代为调查，从而获得关于产品或市场的信息。

此外，报纸杂志、电视、广播和网络等媒体也在每天生产和发布大量的信息，内容涉及宏观和微观领域的经济、科技、社会、市场、政策、法律信息。然而这些信息多为线索性的，详情还需上溯至信息源查实。

（三）信息资源加工

获得信息只相当于采购了食材，能否做可口佳肴还有赖于信息加工处理。诚然，信息加工处理依据信息类型与使用目的而定，方法也各不相同。在当前网络大量的信息面前，需要在“由内而外，由表及里，去粗取精，去伪存真”粗加工基础上，再运用网络爬虫等大数据方法，以及其他专用处理软件，经过加工获得所需的数据或信息。

三、关系资源开发

关系资源主要为创业企业或创业者在社会交往中形成并拥有的各种社会关系或者由这些关系派生出来支持企业发展的资源，它存在于利益相关者或其他组织或机构中。对创业者来说，获取关系资源能延长创业者手臂，有效应对初创期和成长早期资源不足，甚至在企业整个生命周期中都发挥重要作用。以下从利益相关者角度分析如何获取政府部门资源、金融机构资源以及社会资源。

（一）政府部门资源

创业企业在既定的法律法规下创业，接受政府相关部门管理和指导。政府是信息的主要产生地，也是信息的主要扩散渠道。获取并理解这些法律法规，了解国家产业政策和工作重点，不仅有助于选择创业方向与项目，而且有助于后期与政府相关部门的协调与沟通。

一是通过网络、报纸、政府公告等公开渠道获取政府关系资源。政府相关政策与法规，在制定前后一般有一个广泛的宣传告知活动，以收集公众反应并据此修改相关内容。如上海在发布“张江科技城”规划时，就曾将主要范围、重点区域功能分布、阶段性建设重点和配套措施等提前向社会公布，鼓励公众参与。这对在沪高校、科研院所和拟在张江创业的企业，以及参建张江综合性国家科学中心的机构和个人都非常有益。创业企业可据此明确创业方向，了解政府产业政策和后期发展重点，便于企业与之同频共振。

二是通过有关单位获取相应政府部门资源。就创新创业来说，近几年各级政府出台了一系列相关政策，优化创业环境，提供相关政策，降低创业者尤其是初始创业人的创业门槛。有关高校、科研院所等主管部门可对接当地人力资源与社会保障部门，将获知的信息及时在单位内部或部门分享。特别是近几年围绕证照分离、注册资本金缴付、税收优惠等出台了一系列政策，极大地便利了创业者。

三是通过相关机构和人员解读相关信息。一般来说，政府部门政策“信息浓度”较大，其中蕴藏较多内容，非认真研读不能理解其意。囿于创业者的知识背景和理解能力，他们有时难以把握其中精髓。为此，一些机构和个人在相关部门授权下举办一些培训班或讲座，指导帮助创业者。参加此类培训与学习，也是一个不错的选择。但是值得注意的是，现在培训机构鱼龙混杂，有的打着政府部门培训旗号，名为培训，实则敛财。因此，要留心识别，避免上当受骗。

(二) 金融部门资源

创业企业多数缺少资金，需要金融部门的支持。但囿于既有金融政策，大多数创业企业，尤其是小微企业得不到金融部门的支持。但此情形正在改变。一些金融机构，特别是随着互联网兴起并附着于一些知名企业的金融机构，如网商银行、微众银行，以及浙江兴隆银行等专注于中小企业的金融机构，均对创业企业提供资金支持。

金融机构拥有大量金融专业人员，具有丰富的融资和投资经验。结识并求教这些资深专家，对创业乃至企业管理均有极大帮助。

(三) 社会资源

创业企业均隶属于某一行业或产业。创业者积极与所在行业地方协会联系，也可以获知行业发展基本情况、国家和地区产业政策、业内企业动态等信息。这也是一些企业参加当地行业协会的主要原因之一。

另外，从中介机构也可以获得一些关系资源。如从律师事务所获得法务服务，从会计师事务所或审计师事务所获得会计、理财、审计等方面的资产评估、融资租赁、担保等创业资源。因为这些机构的专家精于法律、税务、财务制度等，能用专业的眼光审视创业问题，进而提出指导性操作建议。但同样值得注意的是，这些专业机构也良莠不齐，需要认真甄别，避免不必要的损失。

第三节　争取创业融资

创业不但要有好的项目和好的商业模式，还要有能够支撑企业运营的资金，资金是企业的血脉，有效的融资也是确保创业成功的关键因素。其实，即便在企业后期发展过程中，融资也是企业实现成功扩张的关键环节。大学生有必要了解融资的相关理论，以确保在恰当的时机实现有效的融资，为新创企业获得必要的资金支持，继而做好企业发展过程中的融资规划，保证企业发展的可持续性和适度扩张。

一、创业融资分析

（一）融资的概念及相关问题

融资即资金的融通，有广义和狭义之分。狭义的融资，主要是指资金的融入也就是通常意义的资金来源，具体是指在一定的原则下，通过一定的渠道，采用一定的方法，以一定的经济利益付出为代价，从资金持有者手中筹集资金，组织对资金使用者的资金供应，满足资金使用者在经济活动中对资金需要的一种经济行为。广义的融资，不仅包括资金的融入，也包括资金的运用，即包括狭义融资和投资两个方面。我们讨论的创业融资主要指资金的融入，即狭义的融资。

资金作为企业的血脉，必不可少，因此融资问题对新创企业来说尤为重要。企业发展的早期或创业阶段，创业者筹集和运用资金的活动将关系到企业的生存和发展，甚至决定创业的成败。创业融资就是要解决如何在一定的融资风险下，以最小的融资成本取得资金，并使创业企业的价值最大化这一重要问题，这一问题得到妥善解决才能为创业成功奠定坚实的基础。创业者必须对融资的相关问题有清醒的认识。

首先，企业在创业初期，自我积累的资金有限，不可能完全满足生产经营和技术创新的高投入需求，从外部市场取得外源融资是必不可少的手段。即便是已经度过创业阶段的成熟企业，其实也会因为一些原因（如充实流动资金、扩大生产经营规模、追加对外投资、偿还债务和优化资本结构等）而有融资需求。

其次，从融资主体角度，可对企业融资方式进行三个层次的划分：第一层次为外源融资和内源融资；第二层次根据资金供求双方的交易选择方式（是否通过金融中介的代理选择）将外源融资划分为直接融资和间接融资；第三层次根据金融工具的法律性质，对直接融资和间接融资再进一步细分，可分为权益性资本融资（又称股权融资）和债务融资。为了满足新创业企业多方面的融资需求，创业者需要从多种渠道以不同融资方式相结合去筹集资金。

再次，不同的融资方式其融资风险的大小不同，创业企业在不同的发展阶段面临的技术创新的风险不同，投资者的投资风险也有所区别。技术风险和投资风险的最大值分别出现在创新过程的初期和中前期，中后期的风险逐步减小。根据技术创新风险收益的阶段性特征，创业企业在融资过程中应当实施融资组合化，合理、有效的融资组合不但能够分散、转移风险，而且能够降低企业的融资成本和债务负担。

最后，创业企业的融资需要社会各方面的力量，特别是需要政府的引导和扶持。创业企业的发展不仅具有极高的成长性和效益性，而且对国家经济发展具有极为重要的战略意义，创业企业融资离不开国家、不同机构甚至个人的参与。一个国家的经济社会化程度越高，金融越发达，其企业融资的社会性就越强。

（二）大学生创业融资的注意事项

大学生参与创新创业，既是实现人生价值的重要途径，也是对“大众创业、万众创新”时代召唤的呼应。在今天这个全社会都关注并为大学生创新创业提供各种便利条件的时代，融资对于大学生创业者而言相对容易了一些。但大学生也必须认真把握创业融资的相关注意事项，抓住机遇、合理融资。

1. 科学决策以确保融资收益

融资的首要前提，是融资后的经营或投资总收益必须大于融资所产生的费用、利息和不确定的风险成本，否则就应该放弃融资。大学生必须做好前期调查、了解，充分评估并做出科学决策。

2. 正确预测资金需求量

企业组织生产经营和投资活动必须拥有一定数量的资金，及时、适度地满足生产经营或投资的需要。这里就有一个确定合理规模的问题，因为资金不足会影响生产经营和投资活动的正常进行，资金过剩则会影响资金的使用效果，增加融资成本，而且还会增加财务风险。所以，大学生必须根据企业生产经营和投资的需要，按照合理、必需的原则，确定筹集资金的总额，做到既保证生产经营和投资的顺利进行，又不造成资金的浪费。

3. 合理选择融资渠道和方式以降低资金成本

公司筹集资金的渠道和方式是多种多样的，但是不管利用哪种渠道，以哪种方式去筹措，都要发生一定的资金成本。不同的资金来源形成不同的融资成本，即使是同一资金来源，因融资方式的不同也会有所差别，而融资成本又是影响企业融资效益的重要因素。因此，大学生在融资前应认真比较各种资金来源的融资成本，合理选择融资的渠道和方式，力求以尽可能低的融资成本获得尽可能高的资金效益。

4. 树立良好的企业形象以创造良好的融资信誉

从一定意义上讲，市场经济也是一种信用经济。因此，无论是吸引投资者投资，还是向金融机构借款或者向社会进行融资，都以良好的企业形象和商业信誉为首要前提。大学生必须从以下方面提升企业形象，提高融资信誉。首先，创业项目必须符合国民经济发展的趋势和社会发展的需要，并具有较高的经济效益和社会效益，这样才能获得更多的尊重和认可。其次，经营管理必须符合科学化、现代化的要求，并以良好的经营业绩树立良好的企业形象，取得较高的社会信誉。最后，在经营活动中必须讲诚实、守信用，坚守产品和服务的质量底线，规范财务往来、如期履行债务合约，爱惜产品的口碑和企业的形象，否则势必给筹措资金带来困难。

5. 注意资金构成的比例关系以减少融资风险

融资风险主要来源于创业资金的性质、用途、期限和效益。因此，在融资过程中，必须研究创业资金需求情况，并根据项目生产经营的特点、市场供求状况的好坏、资金使用效率的高低、利息变动的程度等因素，合理确定自有资金与借入资金、流动资金与技改资金、长期资金与短期资金的比例，趋利避害，提高资金的增值能力，减少融资风险。

6. 寻求合适的融资机会以确保融资成功

大学生要学会分析宏观经济形势、货币及财政政策等情况，及时了解国内外利率、汇率等金融市场的走势，预测影响融资的各种因素的变化，以便寻求合适的融资机会，做出正确的融资决策。当然，这不是一项普通的任务，需要大学生具备丰富的专业知识及洞察市场的敏锐嗅觉，所以创业的整个过程也是大学生不断学习的一个过程。刚开始可能会很难，也可能会有失误，但坚持下去一定会有收获，没有人一生下来就具备成熟企业家的素质，都是在多年的摸爬滚打中磨炼出来的，就像当初你选择创业那样，一定要有坚持下去的信心。

7. 关注媒体以了解最新的创业政策

出于种种原因，大学生就业难问题一直困扰着高校和大学生。近年来，国务院及各地政府相继出台了许多鼓励创业的政策，为大学生创业提供了优越的条件。除了有创业贷款和基金外，还有减税免税、减少申请流程和手续、减免手续费等。利用政策降低成本，这也是大学生创业融资必须考虑的问题。

二、创业融资的方式与原则

（一）创业融资的方式

融资的方式，以不同的标准可以划分为不同的类型。按照来源，融资可分为内源融资和外源融资；按实际资金流动中的媒介关系，融资可分为直接融资和间接融资；从融资工具的角度，融资又可分为股权融资和债务融资。

1. 内源融资与外源融资

从企业的角度看，内源融资是指企业经营活动创造的利润和扣除股利后的剩余部分（留存收益）以及经营活动中提取的折旧。折旧是以货币形式表现的固定资产在生产过程中发生的有形和无形损耗，它主要用于重置损耗的固定资产的价值。留存收益是企业内源融资的重要组成部分，是企业再投资或债务清偿的主要资金来源。以留存盈利作为融资工具，不需要实际对外支付利息或股息，不会减少企业的现金流量，当然由于资金来源于企业内部，也不需要发生融资费用。

外源融资是指企业通过一定方式从外部融入资金用于投资，包括来自金融中介机构的贷款、企业间的商业信用通过公开市场或私人市场发行股票、债券和票据等。外源融资要靠企业外部的机构或个人获得资金，具有高效性、灵活性、大量性和集中性等特点。

一般来说，内源融资的成本低，但来源有限且不稳定，受到企业的盈利能力、净资产规模和未来收益预期等方面的制约，如果仅仅依靠内源融资，企业的发展会受到很大限制。企业要实现其潜在增长率，必须要有外源融资。事实上，任何企业在创业发展过程中，都有一个确定内源融资与外源融资的合理比例问题。

2. 直接融资与间接融资

直接融资指企业作为资金需求者向资金供给者直接融通资金的方式，而不必通过金融中介机构，一般是指发行股票和债券等。获取资金使用期限一般在一年以上，而且没有资金用途的限制。

间接融资则是企业通过金融中介机构间接向资金供给者融通资金的方式，一般是指银行或非银行金融机构的贷款等。银行贷款一般以中短期为主，而且为了保证资金的安全，减少投资风险，在资金用途上会有一定的限制。

3. 债务融资与股权融资

债务融资是利用发行债券、银行借贷方式向企业的债权人取得资金。从企业融资的渠道看，债务融资可以分为直接债务融资（企业直接发行债券、票据等）与间接债务融资（主要是通过银行中介获得的贷款）。债务融资由于短期债务和长期债务的差别而使融资成本不同，一般来说，长期债务的利息高于短期债务的利息。

股权融资是指企业采用自己出资、政府有关部门投资、吸收直接投资、与其他企业合资、吸引投资基金以及公开向社会募集发行股票等方式，通过出让企业的股权来为企业融得资金的经济活动。在股权融资中，投资者以资金换取公司的股权后，便使企业股东之间的关系产生了变化，股东的权利和义务也将进行重新调整，企业发展模式和经营方式也会随之改变。

在外源融资中，无论是股权融资还是债务融资，都必须支付融资成本，其表现形式分别是股利或利息。但是，二者的融资成本是不同的，一般是债务融资的成本低于股权融资的成本。

(二) 创业融资的原则

任何融资方式都是风险与收益、成本与效益共存的，选择何种融资方式或融资方式的组合都将影响融资的效果。合理选择融资方式需要遵循 5 个原则：

1. 确定合理的融资规模

大学生在进行融资之前，首先要考虑的不是融资途径和方式的问题，更不要草率地做出融资决策。因为融资则意味着需要成本，融资成本既有资金的利息、股息等成本，还可能包括昂贵的融资费用和不确定的风险成本。只有经过深入分析，对融资的收益与成本进行仔细的比较，确信利用资金所预期的总收益大于融资的总成本时，才有必要考虑如何融资。

如果确实有融资需求，就必须慎重考虑融资规模了。融资过多就可能造成资金闲置浪费，导致融资成本的增加，也可能导致企业负债过多，偿债困难，增加财务风险；相反，融资不足就会影响企业经营与投资计划的实施，以及其他业务的正常开展。因此，大学生在进行融资决策时，要仔细斟酌，根据企业对资金的需求、企业自身的实际条件以及融资的难易程度和成本情况，确定合理的融资规模。

2. 制订合理的融资方案

一般而言，企业融资的动机有投资新项目、扩大经营规模、偿还债务等，大学生应根据自身融资动机制订合理的融资方案。创业企业融资的目的一般都是启动项目或投资新的项目，而投资项目一般会从 3 个方面影响企业的融资活动：投资项目所需资金量决定着融资量；投资进度直接影响着融资计划和资金到位的时间安排；投资项目的未来收益能力决定企业的融资方式。大学生需要根据这 3 个方面具体分析、充分论证才能确定出合理的融资方案。

3. 慎重考虑企业控制权问题

通过股票融资时，增加了企业的权益性资本，参与企业经营管理的股东会随新股的发行而增加，原有股东对企业的控制权可能会被分解，可能引起企业以后经营方向、产品结构等方面的变革。从企业发展的角度看，这未必一定是坏事，但创业者必须慎重考虑，因为它还关系到企业利润的分流，包括原有股东利益的巨大损失，甚至可能影响到企业的近期效益与长远发展。

4. 权衡融资成本与风险

股权融资使企业长期占用资金，有利于增强企业的信心，而且融资风险较小，没有使用约束，企业既可用于长期资产投资，也可用于流动资产。债务融资成本较低，但激烈的市场竞争和复杂多变的经济环境会加大企业的偿债压力。企业应充分结合自身的条件及所处的市场环境综合考虑股权融资与债务融资的资金成本、融资风险等因素，正确地选择融资方式，力求降低资金成本，减少融资风险，优化资本结构，增强企业的竞争力。

5. 寻求最佳资本结构

资本结构是指企业取得的长期资金的各项来源及其相互关系。企业的长期资金来源一般包括所有者权益和长期负债，因此资本结构主要是指这两者的组合和相互关系。最佳资本结构也就是要考虑债务资本在资本结构中安排多大的比例的问题。资本结构是企业筹资决策的核心问题，企业的资本结构是由企业采用各种融资方式组合形成的，因此，选择恰当的融资方式才能优化企业的资本结构，实现企业资本成本最低的同时使企业价值最大化。

三、创业融资的渠道及选择策略

(一) 创业融资渠道

融资渠道是指企业筹措资金的方向和通道，体现了资金的来源和流量。认识融资渠道的种类和每种渠道的特点，有利于大学生充分开拓和正确利用不同融资渠道实现有效融资。一般而言，融资渠道有如下八种。

1. 自筹资金

自筹资金的范围比较广泛，主要有创业者（或合伙人、股东）自有资金、向亲戚朋友借用的资金、向企业成员集资和企业留存收益等。这种渠道一般筹措资金速度快、风险小、成本低，但相应的，能筹集到的资金比较有限，而且不宜多轮融资和过度依赖。

2. 国家财政资金

近年来，我国政府充分意识到创业对促进就业、发展经济和推动创新方面不可忽视的作用，在提出“双创”号召的同时也出台了一系列鼓励创新的政策措施。创业者要利用好这些优惠政策，特别关注各级政府投入在鼓励创新创业方面的政策资金。

目前，政府的中小企业扶持资金主要包括税收优惠、财政补贴、贷款援助和开辟直接融资渠道等。税收优惠是最直接的资金援助方式，有利于资金的累积和成长，包括降低税率、税收减免、提高税收起征点和提高固定资产折旧率等；财政补贴是政府为使中小企业在国民经济及社会的某些方面，如吸纳就业、促进中小企业科技进步和鼓励出口等，充分发挥作用而给予的财政援助，包括就业补贴、研发补贴和出口补贴；贷款援助包括贷款担保、贴息贷款、政府优惠贷款等。

需要注意的是，政府每年的投入有限，创业者需面对其他创业企业的竞争。因此，大学生必须认真了解和学习政府的有关产业政策和扶持政策，严格按照规定程序提交申请资料，少走弯路。

3. 金融机构贷款

金融机构贷款包括银行和非银行金融机构对企业的各种贷款。银行是各类企业重要的资金来源，一般分为商业性银行和政策性银行。前者为各类企业提供商业性贷款，后者主要为特定企业提供政策性贷款。银行信贷资金有居民储蓄、单位存款等经常性的资金来源，贷款方式多种多样，可以适应各类企业的多种资金需求。非银行金融机构主要有信托投资公司、租赁公司、保险公司、证券公司、企业集团的财务公司等，它们有的承销证券，有的融资融物，有的为了一定的目的而聚集资金，可以为一些企业直接提供部分资金或为企业融资提供服务。

4. 风险投资

广义的风险投资泛指一切具有高风险、高潜在收益的投资；狭义的风险投资是指以高新技术为基础，生产与经营技术密集型产品的投资。根据美国全美风险投资协会的定义，风险投资是由职业金融家投入到新兴的、迅速发展的、具有巨大竞争潜力的企业中的一种权益资本。一般吸收风险投资都需要创业者出售自己的一部分股权给风险投资者，当企业发展到一定规模时，风险投资者卖出这部分股权获得收益再进行下一轮投资。而能否争取到风险投资则要看创业者的信用保证和项目发展的前景了。采用风险投资来融资不但可以获得一定的资金支持，有的风险投资家还会用他们长期积累的经验、知识和信息网络帮助企业管理人员更好地经营企业，在风险资本支持下发展起来的企业成长速度远高于普通同类企业。这对于大学生来说，无疑是既拿到了资金又拓展了人脉，但相应的融资门槛比较高。

5. 天使投资

天使投资是自由投资者或非正式风险投资机构，对处于构思状态的原创项目或小型初创企业进行的一次性的前期投资。天使投资虽是风险投资的一种，但两者有着较大差别：天使投资是一种非组织化的创业投资形式，其资金来源大多是民间资本，而非专业的风险投资者。天使投资的门槛较低，有时即便是一个创业构思，只要有发展潜力就能获得资金，而风险投资一般对这些尚未诞生或嗷嗷待哺的“婴儿”兴趣不大。由于“天使”往往是创业者的朋友、亲戚或商业伙伴（他们对创业者比较熟悉而且信任，所以才愿意出资），而且一般出资不大或者会涉及控股问题，所以这种渠道融资效果比较有限。

6. 其他股权融资

私募资金、首次公开募股（IPO）、雇员股票期权计划（ESOP）等都是股权资本的来源。私募资金是指企业向一些私人投资者发行股票，而不是向公众公开发行股票，需要的书面工作少，花费的时间也短。以股票形式公开向社会筹集资金的融资方式只有公司制企业才能使用，而且一般只能以柜台交易方式发行，只有极少数严格符合条件的企业才能获得公开上市的机会，或进入“二板市场”进行融资活动。“二板市场”又叫创业板市场，面向高成长与高科技的中小型创新企业，同时也为风险投资提供退出渠道，有助于完善资本市场体系。创业板市场素有门槛低、投资风险大的特点。

7. 商业信用融资

创业企业可以通过经营性融资资金（包括客户预付款、向供应商的分期付款和延长信用期限等）和企业间的信用借款等来缓解短期资金周转压力。企业在生产经营的过程中，往往形成部分暂时闲置的资金，同时为了一定的目的也需要相互投资，这就为企业间相互融资提供了条件。

8. 租赁融资

这对于创业企业来说，是十分有效的融资方式，具体有经营租赁、融资租赁或者分期付款、售后租回等方式。租金的支付可以分期摊付而不是一次性付清，避免支付大量现金，减轻了企业设备改造带来的资金周转压力。

（二）创业融资渠道选择策略

创业企业的资金需求量及其所采取的融资方式与其所处的发展阶段有着密切的联系，创业过程的不同阶段对资金的需求以及获取资金支持的渠道和方式是不断变化的，这就要求大学生在创业之初做好融资的规划，并在创业过程中不断完善，以保证企业的发展获得源源不断的资金支持。

创业企业的发展可以描述为 5 个发展阶段，即种子期、创建期、生存期、扩张期和成熟期，每个阶段企业所面临的风险因素和融资需求各有不同，企业的融资选择也有所不同。

1. 种子期

创业者可能只有一个创意或一项尚停留在实验室阶段的科研项目，所需资金不多，应主要靠自有资金、亲朋借贷，吸引“天使”投资者，也可以向政府寻求一些资助。

2. 创建期

企业需要一定数量的“门槛资金”，主要用于购买机器、厂房、办公设备、生产资料、后续研究开发和初期销售等，所需资金往往较大。由于没有经营和信用记录，从银行申请贷款的可能性较小。这一阶段的融资重点是吸引股权性的机构风险投资。

3. 生存期

产品刚投入市场，市场推广需要大量的资金，现金的流出经常大于流入。此阶段要充分利用负债融资，同时还需要通过融资组合多方筹集资金。

4. 扩张期

企业拥有较稳定的顾客和供应商及良好的信用记录，利用银行贷款或信用融资已经比较容易。但由于发展迅速，需要大量资金以进一步进行开发和市场营销。为此，企业要在债务融资的同时进行增资扩股，并为上市做好准备。

5. 成熟期

企业已有较稳定的现金流，对外部资源的需求不再特别迫切。此时的工作重点是完成股票的公开发行工作。

总之，创业企业发展的每一个阶段都有不同的融资需要、融资环境和融资方式、渠道，大学生应当具体分析不同阶段的特点，结合融资成本与风险分析，制订出不同的融资策略，实现合理融资，助力企业发展。就成本和风险分析，不同融资渠道的资金，融资成本不一样，风险也有不同，大学生在融资过程中要做到在合适的时间，以合适的方式和融资结构寻找到高效、低成本的资金。

第四节　编写创业计划书

一、创业计划书的概念

创业计划是创业者在创业前期必须要进行的一项工作，创业计划书即是创业计划的书面表达。创业计划书是按国际惯例通用的标准文本格式写成的项目建议书，是全面介绍公司和项目运作情况，阐述产品市场及竞争、风险等未来发展前景和融资要求的书面材料。

创业计划书的质量，往往会直接影响创业发起人能否找到合作伙伴、获得资金及其他政策的支持。一份优秀的创业计划书往往会使创业者达到事半功倍的效果。那么，一份优秀的创业计划书包含什么内容呢？创业计划书是一份全方位的项目计划，它从人员、制度、管理、产品、营销、市场等各方面对即将展开的创业项目进行可行性分析。创业计划书是企业管理团队和企业本身给风险投资方的第一印象，其目的就是提供给风险投资者和一切对投资项目感兴趣的人，向他们展现项目投资的潜力和价值，向投资人介绍风险企业的产业和创业环境、市场分析和预测、主要风险因素、管理人员队伍、财务信息、投资建议等各方面的情况，以便投资人能对创业项目做出评判，从而获得融资。创业计划书所关注的重点是6M、6C。6M指的是：商品（Merchandise），所要卖的商品与服务最重要的那些利益是什么；市场（Markets），要影响的人们是谁；动机（Motives）：他们为何要买，或者为何不买；信息（Messages），所传达的主要想法、信息与态度是什么；媒介（Media），怎样才能找到这些潜在顾客；测定（Measurements）：以什么准则测定所传达的成果和所要预期达成的目标、创业计划团队的最佳组合、专业技术人员。

随着时代的进步，人们已经将视线逐渐转移到6C上了。6C指的是：概念（Concept），在计划书里能让阅览者很快了解企业生产的物品或服务；顾客（Customers），明确顾客的范围，即产品的市场定位；竞争者（Competitors），波特的五力模型；能力（Capabilities），强调的是创业团队的能力；资本（Capital），资本可以是现金也可以是资产，这部分计划需要详细制订；永续经营（Continuation），未来计划的制订，随时检查、随时更正。

二、创业计划书的作用

创业计划书具有明显的创业价值。这种创业价值是从多方面表现出来的，不仅可以吸引投资者的投资，从而获得创办企业所需要的资金和资源，而且寻求风险投资只是其中的一个方面。仅把大量精力和时间放在找关系寻资金上，即使碰到了感兴趣的风险投资人，也往往因准备不足而错失良机。这样的案例经常出现，创业者往往会太关注资金，反而把获得资金的有效途径——创业计划书忽略了，其作用主要体现在以下四个方面。

（一）指导作用

创业计划书是创业全过程的纲领性文件，是创业实践的战略设计和现实指导。因此创业计划书对于创业实践具有非常重要的指导作用。只有那种没有真正的战略思考和可操作性的创业文件才没有明显的效果。

（二）聚才作用

创业计划书的聚才作用是很宽泛的。主要表现在：吸引创业人才进入；吸引新股东加盟；吸引有志之士参加创业团队；吸引对创业计划感兴趣的单位赞助和支持。

（三）整合作用

创业计划书的整合作用是一个最根本、最重要的作用。在创业过程中，各种生产要素是分散的，各种信息是凌乱的，各种工作是互不衔接的。通过编写创业计划书的过程，梳理思路，实施调研，完善信息，找到各种程序之间的衔接点，最终把各种资源有序地整合起来，围绕着利润创造和形成，进行最佳要素的组合。

（四）引资作用

资金是企业的血液，是创业的要素，是创业企业能够快速发展和崛起的前提，创业企业要获得风险投资的支持，一个重要的途径就是从审验你的创业计划书开始。因此，写好创业计划书具有获得风险投资支持的不可替代的作用。

可见，一项比较完善的创业计划书能客观地帮助创业者分析创业的主要影响因素，使创业者保持清醒的头脑，成为创业者的创业指南或行动大纲；让创业者明白自己的创业内容，坚定创业目标，而且兼具说服他人的功用。

三、创业计划书的整体要求

那些既不能提供充分的信息也不能使评估者激动起来的创业计划书，其最终结果只能是被扔进垃圾箱里。创业计划书往往会直接影响创业发起人能否找到合作伙伴、获得资金及其他政策的支持。要依目标，即根据计划书的对象而有所不同，譬如是要写给投资者看呢，还是要用来申请银行贷款。从不同的目的来写，计划书的重点也会有所不同。为了确保创业计划书能“击中目标”，创业者应做到以下几点。

（一）关注产品

在创业计划书中，应提供所有与企业的产品或服务有关的细节，包括企业所实施的所有调查。这些问题包括：产品正处于什么样的发展阶段？它的独特性怎样？企业分销产品的方法是什么？谁会使用企业的产品，为什么？产品的生产成本是多少，售价是多少？企业发展新的现代化产品的计划是什么？把出资者拉到企业的产品或服务中来，这样出资者就会和创业者一样对产品感兴趣。在创业计划书中，企业家应尽量用简单的词语来描述每件事——商品及其属性的定义对企业家来说是非常明确的，但其他人却不一定清楚它们的含义。制订创业计划书的目的不仅是要出资者相信企业的产品会在世界上产生革命性的影响，同时也要使他们相信企业有证明它的论据。

创业计划书需要陈述产品或服务，以便让参阅者一目了然。在这个过程中，主要强调生产线的意义和它能带来的最高销售量；未来在产品技术上的发展，如计划扩大生产线用于完善产品或服务，产品的生产或配送等方面的关键特征等；产品或服务的独特性原因；市场定位优势表现。

（二）敢于竞争

在创业计划书中，创业者应细致分析竞争对手的情况。竞争对手是谁？他们的产品如何？与本企业的产品相比，有哪些相同点和不同点？采用的营销策略是什么？要明确每个竞争者的销售额、毛利润、收入以及市场份额，然后再讨论本企业相对于每个竞争者所具有的竞争优势，要向投资者展示，顾客偏爱本企业的原因：本企业的产品质量好，送货迅速，定位适中，价格合适，等等。创业计划书要使它的读者相信，本企业不仅是行业中的有力竞争者，而且将来还会是确定行业标准的领先者。在创业计划书中，企业家还应阐明竞争者给本企业带来的风险以及本企业所采取的对策。

《孙子兵法》上讲“知彼知己，百战不殆”。企业常胜不败之道在于知己知彼和顺应潮流。好的企业家，必须时时了解市场上的竞争对手，知道他们是谁，他们在干什么，他们是怎么干的。在撰写创业计划书时常见的现象之一，是许多新创业的企业家往往低估市场现有的竞争对手，他们缺少对竞争对手的了解。很多企业家自认为天下无敌，甚至认为没有竞争对手。而有经验的投资者看到这种创业计划书之后一定会扔进垃圾桶。他们认为这样的企业或者没有真正地进行市场调查，或者不了解怎么搞企业经营，或者他们的产品或服务根本就没有市场。那些没有竞争的产品，一定是市场不接受的产品。在市场竞争中，既不要害怕对手，也不要轻视对手。市场调查研究是一项科学工作，在分析对手情况时一定要头脑冷静，不能带有感情因素。客观评价竞争对手可以更好地了解你的产品或服务，还可以给投资者留下好印象，让他们看到你经营企业的实力，还有助于你在竞争中让顾客看到你与对手的区别。你的竞争对手会有很多，在撰写创业计划书时要集中在你的目标市场范围内，只分析那些与你有相同目标市场的竞争对手。

（三）了解市场

创业计划书要提供企业对目标市场的深入分析和理解，阐明经济、地理、职业以及心理等因素对消费者选择购买本企业产品这一行为的影响及其所起的作用。创业计划书中还应包括一个主要的营销计划和销售战略，广告、促销以及公共关系活动的地区，每一项活动的预算和收益、销售人员、企业的销售模式、销售培训类型及其他销售中的细节问题。

市场计划和销售策略。不能找到顾客就不能生存是企业经营的最基本原则。好的市场计划就是要能够接近顾客，激发顾客的购买欲望，最终把顾客的购买欲望变成购买现实。一旦定义你的目标市场之后，就要估计其规模和发展趋势，分析竞争对手的情况，探查市场和制订销售策略。投资者认为在进行市场渗透时应该把一个大市场进行分割，有目的地制订市场销售策略。在设计市场策略时最好聘请市场顾问、广告代理人、公共关系顾问等方面的专家一同参与设计，他们可以根据专业方面的背景帮助你突出重点，提高效率。

市场和销售并重。市场和销售虽然紧密相连，却是两个不同的概念。市场是通过传达某些信息促进顾客对产品或服务的了解，销售是直接把产品或服务送到顾客手中。在阅读创业计划书时，投资者总是把审查市场计划放在第一或者第二的地位，他们要知道企业是否有一个实际的和有效的市场计划把企业的产品或服务送到顾客手中。在介绍市场计划时，应该突出市场和销售并重的原则，清楚地阐述顾客可以从产品或服务中得到什么好处，而不是产品的特性。好的信息传达方式可以使顾客买你的产品或服务，而不是你把产品或服务卖给顾客。

市场宣传。当明确了你将要向顾客传达什么信息之后，下一步就是要阐明你如何向顾客传播这些信息，如何接触到未来潜在的顾客，采取什么方式进行市场宣传等问题。

(四) 表明行动方针

企业的行动计划应该是无懈可击的。创业计划书中应该明确下列问题：企业如何把产品推向市场？如何设计生产线,如何组装产品？企业生产需要哪些原料？企业拥有哪些生产资源，还需要什么生产资源？生产和设备的成本是多少？企业是买设备还是租设备？产品组装、储存以及发送有关的固定成本和变动成本的情况等。

这部分的重点是描述企业的日常经营情况。突出描写企业如何用理论与实践相结合的原则经营。这部分内容在创业计划书中要非常具体而实际，包括如何管理库存、如何进行设备更新等内容。这个手册应该描写整个管理经营方面的每一个细节，包括生产、销售、服务等各个方面。如果过分描写经营的细节，不但没有必要，而且显得没有效率。特别是在申请投资时更是如此。如果在非常小的方面花费大量笔墨描述具体细节，会事倍功半。一个企业成为胜利者的关键之处，是建立经营标准，即企业的领导人知道怎么去干他们想干的事情，企业的每个管理人员都知道企业管理的整个程序。良好的企业经营是企业取得成功的关键，良好的企业经营使企业可以在激烈的市场竞争之中常胜不败，可以克服企业发展中经常遇到的问题。

(五) 展示管理团队

企业的成功直接取决于人的素质，即人是决定企业成败的第一因素。人是企业经营的心脏。投资者在决定投资项目时重点看企业的人员素质情况。他们知道企业员工，特别是领导班子人员的素质、经历、技术、人格特点等比技术、产品或服务等更重要。特别是从长远的观点看问题，人的因素更为重要。基于这个原因，投资者在看创业计划书时往往首先看管理部分，而且特别认真、仔细地分析企业的主要管理人员的合格程度。他们不仅要看主要管理人员是否有足够的经验和能力，还要看企业的内部组织结构是否可以充分发挥领导班子的作用。美国投资专家 Ancyglaser 女士说，企业没有合格的领导班子是他们的创业计划书被自动淘汰出局的原因之一。

把一个思想转化为一个成功的企业，其关键的因素就是要有一支强有力的管理队伍。这支队伍的成员必须有较高的专业技术知识、管理才能和多年工作经验。管理者的职能就是计划、组织、控制和指导公司实现目标的行动。在创业计划书中，应首先描述一下整个管理团队及其职责，明确管理目标以及组织机构图，然后再分别介绍每位管理人员的特殊才能、特点和造诣，细致描述每个管理者将对公司所做的贡献。

(六) 出色的计划摘要

创业计划书中的摘要也十分重要。它必须能让读者有兴趣并渴望得到更多的信息，它将给读者留下深刻的印象。计划摘要是创业者所写的最后一部分内容，但却是读者首先要看的内容，它将从计划中摘录出与创业最相干的细节：对公司内部的基本情况，公司的能力、局限性，公司的竞争对手，营销和财务战略，管理队伍等情况的简明而生动的概括。如果公司是一本书，它就像是这本书的封面，做得好就可以把读者吸引住。成功的创业计划书给人这样的印象："这个公司将会成为行业中的巨人，我已等不及要去读计划的其余部分了。"摘要应该使投资者能够马上理解你的基本观点，快速掌握创业计划书的重点，然后做出是否愿意花时间继续读下去的决定。在摘要部分，应该重点向投资者传达以下几点信息：你的基本经营计划是正确的，是合乎逻辑的经营计划，是有科学根据的和充分准备的；你有能力管理好这个企业，你有一个坚强有力的领导班子和执行队伍；你清楚地知道进入市场的最佳时机，并且预料到什么时间适合退出市场；你的财务分析必须是实际的，投资者不会把钱扔到水里。

四、创业计划书的内容

创业计划书是创业者给自己设计的创业目标和创业路线，是创业者对创业活动的更深入的思考，是创业者未来的"创业故事"。虽然，创业计划书没有严格一致的格式与体例，但一般来说，必须包括以下的关键内容。

（一）摘要

摘要列在创业计划书的最前面，它浓缩了创业计划书的精华，要涵盖计划的要点，以求一目了然，以便读者能在最短的时间内评审计划并做出判断，要尽量简明生动。特别要详细说明自身企业的不同之处以及企业获取成功的关键因素。

摘要应该使投资者能够马上理解你的基本观点，快速掌握创业计划书的重点，然后做出是否愿意花时间继续读下去的决定。在摘要部分，应该重点向投资者传达以下内容：

①有关企业的描述。主要包括企业名称、企业类型、地点、法律形式（股份公司、个人公司、合伙人公司等）。

②申请投资的目的。

③企业状况。是老企业还是新企业，或是正在准备成立的企业；企业成立的

时间，项目所包括的产品或服务已经进行了多长时间，是否已经销售。

④产品和服务。列出已经销售或要销售的产品或服务项目。

⑤目标市场。列出产品将进入的市场，以及要选择这个市场的原因，同时还要提供市场调查研究和分析的结果。

⑥销售策略。主要侧重于叙述产品如何进入目标市场，企业如何做广告以及销售方式，指出主要销售方式是直销还是通过代理等。

⑦产品促销的主要方式，如参加展览、有奖销售、捆绑式销售或其他可以促进销售的方法等。市场竞争情况和市场区分情况。简单介绍与产品有关的市场竞争情况、主要竞争对手，以及各自的市场划分和市场占有率。

⑧竞争优势和特点。阐述为什么你的产品能够在市场竞争中获得成功。列举任何可以代表你的产品或服务的优势，如专利、秘方、独特的生产工艺、大的合同、与用户签订的意向性协议等。

⑨优良的经营管理。简述企业管理队伍的历史和能力，特别是企业的创始人和主要决策人的有关情况。

⑩生产管理。简述关键性的生产特点，如地点、关键的销售商和供应商、节省成本的技术和措施等。

⑪财务状况。未来三年的预期销售额和利润。

⑫企业的长期发展目标。企业未来发展的计划，如员工总人数、销售队伍建设情况、分支机构数目、市场占有率、销售额、利润率等。

⑬寻求资金数额。项目需要资金总数、资金来源、筹集资金方式、投资者如何得到报酬等。

（二）公司介绍

这一部分主要说明公司组织结构、业务性质、业务展望、供应商、协作者或分包人及专利与商标等。重点描述公司未来业务发展计划，并指出关键的发展阶段；本企业生产所需原材料及必要零部件供应商。这其中一般包含以下内容：

1. 企业的基本情况

在向投资者介绍营销策略、新产品、新技术、新服务、新想法之前，你必须要先向投资者详细介绍企业的名称、注册地点、经营场所、公司的法律形式、企业的法人代表、注册资本等基本情况。有些内容需要下功夫写好，如企业的目的、发展目标、市场营销、经营原则等。

2. 企业的发展阶段

许多投资者想知道你的企业目前发展到什么程度，经历了哪些主要发展阶段，你已经取得了哪些进展或成绩。在创业计划书中首先要写公司成立的时间，然后写企业的主要发展阶段和企业的近期目标。企业的主要发展阶段应该包括企业创立时的情况、企业的早期发展情况、企业的稳定发展期的情况（如开发新产品、提供新服务、建立新分支机构等），企业扩张期的发展情况，企业合并、企业改产、企业重组或稳固地占领市场等情况，还应该写明目前你的企业距离预定的目标还有多远，如产品是否已经开发出来、是否进入测试阶段、是否已经有订单、是否已经签订合同、是否已经建立可靠的原料供应、是否建立了可靠的销售渠道、是否已开了新的分支机构、是否已经设计好包装、是否已经做了市场调查，过去企业有哪些主要业绩、现在成功的经营有哪些。这部分可以单独成为一个段落，也可以与企业描述部分合并。

3. 产品和服务

如果你的产品或服务技术性很高或具有革命性改进，最好把这部分内容单独列出来。你需要非常详细地描述清楚你的企业和你的产品或提供的服务。要写出产品的技术特点，但如果产品特别多或服务项目特别多，不需要面面俱到。在这种情况下，可以把它们总归成几个类别分别描述。还要写上你的企业未来要研究和开发的产品或要提供的服务，以及你们准备什么时候开始生产这些产品或提供这些服务。

4. 专利许可证

在阐述企业的商标、专利、许可证或版权等方面的情况时，写明这些是否还在保护期之内。如果你有许多商标、专利、许可证或版权，没有必要把它们全部列出一一介绍，只要写出数量和种类就可以。有时为了表示更有说服力，也可以从中挑选出少量几个最有代表性的或最有知名度的商标、专利等给以简单明确的介绍。

(三) 拟提供的产品或服务

产品（服务）介绍应包括产品的概念、性能及特性，主要产品介绍，产品的市场竞争力、研究和开发过程，发展新产品的计划和成本分析，产品的市场前景预测及品牌和专利等内容。

在产品（服务）介绍部分，创业者对产品（服务）的说明要详细、准确、通俗易懂，使非专业人员也能一目了然。一般来说，产品介绍必须要回答以下问题：

①顾客希望企业的产品能解决什么问题，顾客能从企业的产品中获得什么好处？

②企业的产品与竞争对手的产品相比有哪些优缺点，顾客为什么会选择本企业的产品？

③企业为自己产品应采取的保护措施，企业拥有的专利、许可证。强调你所拥有的技术壁垒或提供有效的专利证明，以表示你可以防止别人的盗用和模仿。

④为什么企业的产品定价可以使企业生产拥有足够的利润，为什么用户会大批量地购买企业的产品？每一个产品的价格、价格形成基础、毛利及利润总额等。

(四) 市场分析

鉴于市场的变幻不定和难以捉摸，创业企业应尽量扩大收集信息的范围，重视环境的预测和采用科学的预测手段及方法。创业家应牢记的是，市场预测不是凭空想象的，对市场错误的认识是企业经营失败的主要原因之一。

正确地定义目标市场，是创业计划书中重要的一部分。了解目标市场可以更科学地制订市场销售策略以及开发新产品或服务，还可以预测未来的销售和利润情况。在撰写目标市场部分时主要集中在对市场的描述、市场变化趋势和销售策略等几个方面。投资者最关心的是你的产品或服务一定要有足够大的市场，你是否清晰地了解你的机会和限制。投资者要求企业确保产品或服务有足够的市场，企业要充分了解自己的市场机会和局限性，必须向投资者证明自己有清晰明确、触手可及的目标市场。在定义目标市场时，特别需要定义你的市场区隔。一定要有一个清晰明确、有意义的市场区隔，否则目标市场将毫无用处。市场区隔给出明确的和有意义的全部市场成分，以及给出你的目标市场的全部特点。

1. 定义目标市场

在定义目标市场时，你需要调查在你定义的范围之内，有没有足够的顾客群支持你的生意。正确地定义目标市场，必须满足下述几个条件：市场是可以定义的。市场要有明确的界限，没有界限的市场必将因包括所有的人而变得毫无意义。企业必须根据某顾客群与其他人群相区别的特点来定义市场。潜在的顾客都有其某些共同的、可以与其他人群相区别的特性。定义目标市场之后，企业马上就要估计市场的规模和变化趋势，评估竞争对手的特点，着手进行市场调查研究。定义市场的特点必须与购买相联系才有意义；市场要足够大。目标市场定义的顾客群体还必须大到可以支持企业的生存和发展。企业要长期生存，需要可持续发展的项目，投资者不喜欢很快就饱和的市场；市场具有可接触性，即你所定义的市场一定要切实可行；不超过顾客的承受力，价位一定是在这个目标市场的顾客可以承受的范围之内。

2. 描述市场规模与变化趋势

明确目标市场的特性之后，就需要评价市场的规模和评估市场的发展趋势，找到在不久的将来有可能影响市场规模和顾客消费行为的因素。一般来说，投资者喜欢既不太小也不太大的市场规模。预测未来市场的变化可以从对现在市场的分析着手，它有助于企业制订现在和未来的市场销售策略。企业可以预先做好准备应付未来的变化，对现在种种因素加以综合分析，从而推断将来的变化。预测未来与分析现在不同，预测未来可以根据人口变化和顾客行为等看得见的变化分析。研究市场变化趋势可以从人口增长率、生活习惯、科学技术的发展、新的爱好、收入增加情况、消费习惯等方面入手。

3. 突出市场导向

在申请投资时，定义你的市场的性质和规模是关键性要素。许多投资者要求企业必须具备市场导向，企业一定要深刻地了解自己的市场。通常，投资者愿意把钱投给具备市场导向的企业而不是具备技术导向或产品导向的企业。具备市场导向的企业需要跟着市场走。他们必须随时根据市场的变化，改变广告方式和广告内容、包装、销售结构，有时甚至需要改变产品或服务的特点等。从长远的观点看问题，市场分析可以为企业节省资金。市场分析与制订市场销售计划不同。

市场分析可以使你明确和了解顾客，市场销售计划告诉你如何接近顾客。全面了解顾客是企业成功的基础。企业成功与否依赖于企业的产品或服务是否能够满足顾客的需要和愿望。明确市场的性质和规模是创业计划书的关键部分。企业要想从外界找到资金，必须把企业的性质转到市场导向上，企业的广告、销售结构，甚至产品或服务的特点等都要做相应调整。从长远来看，企业需要有可靠的市场分析来明确企业的具体方向。市场分析不同于市场计划，前者可以使企业明确自己的顾客和了解顾客的具体需要，后者告诉企业如何接触到企业的产品或服务，如果直接接触到最终使用者，则企业的顾客是最终使用者。如果中间还要通过批发商、零售商、业务代理等环节，则企业的顾客就不仅仅是最终使用者，所有中间环节和最终用户都是企业顾客。由于中间环节和最终用户的地位不同，他们的要求也不同，企业对他们必须区别对待。

（五）生产规划

创业计划书中的生产规划应包括以下内容：产品制造和技术设备现状；新产品投产计划；技术提升和设备更新的要求；质量控制和质量改进计划。

在寻求资金的过程中，为了增大企业在投资前的评估价值，创业者应尽量使生产规划更加详细、可靠。一般来说，生产规划应回答以下问题：企业生产制造所需的厂房、设备情况；保证新产品在进入规模生产时的稳定性和可靠性方法；设备的引进和安装情况及供应商；生产线的设计与产品组装方式；供货者的前置期和资源的需求量；生产周期标准的制订以及生产作业计划的编制；物料需求计划及其保证措施；质量控制方法；相关的其他问题等。其中，重点是对产品生产全过程及影响生产的主要因素进行介绍，如生产成本、产品生产过程及生产工艺、员工具有的特殊生产技能、关键环节、产品实际附加值、主要设备及采购周期、厂房和生产设施及生产方案等。

（六）人员及组织结构

企业管理的好坏，直接决定了企业经营风险的大小。而高素质的管理人员和良好的组织结构则是管理好企业的重要保证。因此，风险投资家会特别注重对管理队伍的评估。一般而言，企业的管理人员应该是互补型的，而且要具有团队精神。主要有以下几点。

1. 主要领导人

通常企业最重要的人物是企业的创始人，刚刚成立的企业更是如此。无论老板在主要位置，还是退居二线，都要在创业计划书中描述他们的技术和资格，投资者特别看重企业主要领导人的经历和能力，必须以充足的资料向投资者显示你有足够的能力为他们赚钱。在介绍企业的管理人员时，必须考虑他们是否称职，即他们的经历和能力是否符合当前工作对他们的要求，以及他们是否有能力满足企业发展的需要。企业的领导班子是否是一个团结的整体，领导班子各个成员之间是否能够互相配合。在介绍主要领导人的情况时，要尽可能限制对无关因素的描述，突出与本项目有关的内容。介绍的领导人员数目一般不要超过 4 个，把需要介绍的人员集中在负责企业长期发展的人员身上。在创业计划书中要对这些人物大着笔墨描述，凸显他们的地位。由于篇幅的限制，可以把这些人的简历放在附录部分。

2. 董事会和顾问委员会

投资商一般要了解董事会股东的组成和各自的投资比例情况。创业计划书可以通过表格列出董事会成员和他们在企业的投资情况，以及他们的专业背景。

3. 人才引进

在考虑人才引进时，不但要考虑具体的工作职能，还需要考虑整个领导班子的平衡情况。在引进人才时，应该写出具体情况，如职位、资格要求、大约需要引进的时间、需要起的作用、工资待遇、福利等。

4. 报酬和激励机制

这部分内容需要描述企业如何建立一套有效的激励机制，通过报酬、福利或其他方式激励员工奋发向上。在介绍企业的报酬和激励机制时，要充分体现按劳分配的原则，向投资者显示企业的报酬和激励机制是一整套合理公平的机制。在撰写这部分内容时，要选择重点简要介绍。

5. 管理结构

企业的组织结构和管理风格决定企业的每日工作环境和企业的未来。需要从风险投资公司寻找资金的企业有必要对自己的组织结构和管理结构，如机构设置、人员设置、员工职责等方面进行重新审查，检查企业是否达到最佳运转状态。在讨论管理结构和管理风格时，撰写者应该侧重于如何管理企业、如何做决定、权力如何使用等。同时还要介绍如何创造良好的企业文化，想让员工对企业有什么样的感觉，当企业制订目标或政策时员工有什么反应等。管理结构在创业计划书中，需要用一定的笔墨介绍企业如何发挥人力资源的优势。在检查组织机构时，企业的领导人通常按照正式的组织结构关系决定如何管理员工，如何确定每个人的工作职能。

（七）财务规划

财务规划需要花费较多的精力来做具体分析，财务管理是企业的生命线，因此企业无论在初创或扩张时，对财务都需要有预先的周详计划和严格控制。财务规划一般要包括以下内容。

1. 创业计划书的条件假设

企业的财务规划应保证和创业计划书的假设相一致。事实上，财务规划和企业的生产计划、人力资源计划、营销计划等都是密不可分的。要完成财务规划，必须要明确下列问题：产品在每一个期间的生产和销售量；产品线开始扩张的时间；每件产品的生产费用；每件产品的定价；分销渠道及所预期的成本和利润；需要雇员数量、质量及结构等；雇用时间和工资预算等。

2. 预计财务报告

预计财务报告一般包括预计资产负债表；预计利润表；预计现金流量表及盈亏平衡分析等。

①预计资产负债表：提供新企业拥有的资产和负债等方面的估价，反映在某时刻的企业状况，投资者可以用资产负债表中的数据得到的比率指标来衡量企业的经营状况以及可能的投资回报率，表明未来不同时期（一般 3~5 年）的企业年度或半年度财务状况。

②预计利润表：说明基于损益的预期运营成果，反映企业的赢利状况，记录月度、季度和年度销售额、销货成本、费用、利润或亏损、销售预测、生产成本、广告成本、分销和储存成本与管理费用等，提供运营结果的合理规划。

③预计现金流量表：表明预期现金流入、流出的月度、季度和年度数量和时间安排，通过突出某一特定时期的预期销售额和资本费用，强调融资的需求和时机以及对营运资金的需求。

④盈亏平衡分析：表明为补偿所有成本所需要的销售和生产水平，包括变动成本（制造、劳动力、原材料、销售额）和固定成本（利息、工资、租金等），是创业企业实现盈利的现实检验。

可以这样说，一份创业计划书概括地提出了在筹资过程中创业者需要做的事情，而财务规划则是对创业计划书的支持和说明。因此，一份好的财务规划对评估企业所需的资金数量，提高企业取得资金的可能性是十分关键的。如果财务规划准备得不好，会给投资者以企业管理人员缺乏经验的印象，降低企业的评估价值，同时也会增加企业的经营风险。那么如何制订好财务规划呢？这首先取决于企业的远景规划。

（八）风险分析

创业企业的高风险是众所周知的，因此，风险程度、采取何种措施来降低或者防范风险、增加收益等，在创业计划书中必须做出说明。创业企业面临的主要风险包括经营期限短、资源不足、管理经验不足、市场不确定因素、生产不确定因素、清偿能力、对企业核心人物的依赖、财务储备、市场占有率、经济管制或政府设立的其他规章制度、非控股股东对企业的控制以及欠发红利等可能出问题的其他地方。千万不要为了增大获得投资的机会而故意人为缩小、隐瞒风险因素，否则，只会令风险投资者对你产生不信任，这对于你的融资没有任何帮助。实事求是、诚实坦白的品质才是令人赞赏的。

（九）附录

因为创业计划书正文应该相对简短，提供所有重要信息即可，许多项目信息最好包含在单独的附录部分。包含于附录中的典型项目有详细的财务规划以及创建者与高层管理团队其他成员的完整简历等。通过将这些项目包含于附录之中，创业者能确保将这些重要信息展现给希望查看它的人，但同时使创业计划书的长度保持在适当的限度内。

案例延伸

阿里巴巴的融资始末

阿里巴巴是中国最大的网络公司、世界第二大网络公司，它是由马云在1999年创立的网上贸易市场平台。2003年5月，阿里巴巴公司投资1亿元人民币建立个人网上贸易市场平台——淘宝网。2004年10月，阿里巴巴投资成立支付宝公司，面向中国电子商务市场推出基于中介的安全交易服务。阿里巴巴在中国香港成立公司总部，并在海外设立美国硅谷等分支机构、合资企业共3家，在中国北京、上海、浙江、山东、江苏、福建、广东等地区设立分公司、办事处十余家。阿里巴巴从成立至今经历了以下几次融资：

①创业伊始，第一笔风险投资救急。1999年年初，马云决定回到杭州创办一家能为全世界中小企业服务的电子商务站点。回到杭州后，马云和最初的创业团队开始谋划一次轰轰烈烈的创业。大家集资了50万元，在马云位于杭州湖畔花园的100多平方米的家里，阿里巴巴诞生了。

阿里巴巴成立初期，公司是小得不能再小了，18个创业者都是身兼数职。好在网站的建立让阿里巴巴开始逐渐被很多人知道。来自美国的《商业周刊》、英文版的《南华早报》最早主动报道了阿里巴巴，并且令这个名不见经传的小网站开始在海外有了一定的名气。

有了一定的名气的阿里巴巴很快也面临了资金的瓶颈：公司账上没钱了。马云开始去见投资者，但是他并不是有钱就要，而是精挑细选。即使囊中羞涩，他还是拒绝了38家投资商。马云后来表示，他希望阿里巴巴的第一笔风险投资除了带来钱以外，还能带来更多的非资金要素，例如进一步的风险投资和其他的海外资源，而被拒绝的这些投资者并不能给他带来这些。

就在这时候，现在担任阿里巴巴CFO的蔡崇信的一个在投行高盛的旧关系为阿里巴巴解了燃眉之急。以高盛为主的一批投资银行向阿里巴巴投资了500万美元。这一笔“天使资金”让马云长出了口气。

②第二轮投资，挺过互联网寒冬。更让马云意想不到的是，更大的投资者也注意到了他和阿里巴巴。1999年秋，当时的亚洲首富日本软银总裁孙正义约见了马云。孙正义直截了当地问马云想要多少钱，而马云的回答却是他不需要钱。孙正义反问道：“不缺钱，你来找我干什么？”马云的回答是：“又不是我要找你，是人家叫我来见你的。”

这个经典的回答并没有触怒孙正义。第一次见面之后，马云和蔡崇信很快就在东京又见到了孙正义。孙正义表示将给阿里巴巴投资3 000万美元，占30%的股份。但是马云认为，钱还是太多了，经过6分钟的思考，马云最终确定了2 000万美元的软银投资，阿里巴巴管理团队仍绝对控股。

从2000年4月起，纳斯达克指数开始暴跌，长达两年的熊市寒冬开始了，很多互联网公司陷入困境，甚至关门大吉。但是阿里巴巴却安然无恙，很重要的一个原因是阿里巴巴获得了2 500万美元的中小企业融资。

③第三轮中小企业融资，完成上市目标。2004年2月17日，马云在北京宣布，阿里巴巴再获8 200万美元的巨额战略投资。这是当时国内互联网金额最大的一笔私募投资。2005年8月，雅虎、软银再向阿里巴巴投资数亿美元。

2007年11月6日，阿里巴巴作为全球最大的B2B公司在香港联交所正式挂牌上市，正式登上全球资本市场的舞台。随着这家B2B航母登陆香港资本市场，此前一直受外界争论的“B2B能不能成为一种商业模式”也有了结果。

阿里巴巴的上市，成为全球互联网业第二大规模中小企业融资。在此次路演过程中，许多投资者表示，错过了谷歌不想再错过阿里巴巴。

马云对风险投资的评价是：VC（风险投资家）永远是舅舅。

马云说，跟风险投资谈判，腰挺起来，但眼睛里面是尊重。你从第一天就要理直气壮，腰板挺直。当然，别空说。你用自己的行动证明，你比资本家更会挣钱。我跟VC讲过很多遍，既然觉得你比我有道理，那你来干，对不对？

马云认为，创业者和风险投资商是平等的，VC问你100个问题的时候你也要问他99个。跟VC沟通过程中，不要觉得VC是爷，VC永远是舅舅。你是创业这个孩子的爸爸妈妈，你知道把这个孩子带到哪儿去。舅舅可以给你建议、给你钱，但是肩负着把孩子养大的责任是你，VC不是来替你救命的，只是把你的公司养得更大。

资料来源：根据网络资料整理

思考题：

1.创业资源的含义是什么？它有哪些特点？

2.创业资源的形成及作用机制是什么？

3.融资渠道与融资方式组合的策略有哪些？

4.根据不同的创业阶段，创业者应该制订什么样的融资策略？

第十章　新企业的开办

第一节　新企业选址

生意人常说，位置决定“钱”途。商业选址在企业运营中具有十分重要的地位。选址是建立企业的第一步，不仅关系到企业所提供产品和服务的成本，还在很大程度上决定着企业所面临的目标客户。一个地区的地理位置和商业环境质量将对企业的区域竞争力产生持续影响。有一项针对美国小企业的调查表明，其失败的原因大约16%是选址不当。

一、新企业选址的影响因素

（一）不同业态的选址要求

制造型企业多以降低生产成本和运费为原则，选择分布在原材料基地附近，如石油企业、钢铁企业、依赖果蔬原料的食品加工业等。

仓储型企业以地价低廉、降低物流成本、提高运行效率为原则，一般选在开发区。

轻资产的设计服务类企业以交通便利、商务沟通便捷、商务服务完善为原则，一般选择商业圈或者邻近商业圈的写字楼。

相比之下，餐饮、零售行业受地理位置的影响较大，所以选址最为严苛。有时即使是同商圈几条不同的人行步道都会有很大差别。

（二）消费市场条件

越是接近目标客户，越是有利于产品迅速投放市场，降低运输成本，减少分销费用，提供便捷服务，同时还可以随时听取客户的反馈意见，根据用户意见改进生产和服务产品。

（三）供应链条件

对于加工制造业，布局在原材料产地附近，能有效降低运费以得到较低的原材料采购价格，特别是那些对原材料依赖性较强的企业或者原材料可运性较小的加工制造业。

由于市场需求的多变，生产系统的柔性日益被企业所重视，越来越多的企业要求供应商及时送货、小批量供货。另外，企业之间的竞争逐渐演变为供应链之间的竞争。因此，要求企业与供应商之间要有很好的合作关系。这就要注意选择高素质和竞争力强的供应商。在选址时，要注意与供应商之间的物理距离。

（四）交通条件

对于大多数制造业，应该根据产品及原材料、零部件的运量大小和运输条件，尽量选择临近铁路站点、高速公路、港口或其他交通运输条件较好的地区。对于现代服务业，应该选择城市交通便利、业态相对集中的区域。

（五）基础设施条件

选址必须保证水、电、气等的供应，同时还包括对“三废”的处理。选址关系到能否获得价格相对低廉的能源，从而相对降低生产成本。生产环境、办公环境的好坏也直接关系到企业形象。

（六）当地政策

有些地区为了促进地方经济发展，往往采取鼓励企业在当地落户的政策，在各地划出特区或各种经济开发区，低价出租或出售土地、厂房、仓库，并在税收、资本等方面提供优惠政策。同时，辅以的基础设施，在交通、通信、能源、用水等方面都给予企业便利。

（七）劳动力条件

不同地区的人力资源状况是有很大差别的，其教育水平、文化素质、劳动技能、工资水平等都不同，这也是企业选址的必要考虑因素。制造业出现全球化的主要原因之一，就是用低成本竞争的策略来占领市场。美国、日本以及欧洲的一些国家，把许多成熟产业转移到发展中国家，我国较发达的东部沿海也将很多产业转移到中西部地区进行生产制造，都是出于这种考虑。

(八) 其他条件

气候、温度、湿度、气压、风向等因素会对某些产品的质量、库存和员工的工作条件带来不利的影响。在气候适宜的地方选址，不仅可以降低通风、采暖、除湿、降温的费用，还能避免气候原因导致的停工、延误交货、无法正常生产造成的损失。

另外，工作地点的远近也是应聘者考量的指标之一，太偏远的地区不容易招到合适的员工，并且技能越突出、职位越高的员工一般对于生活配套的要求也就越高。如果企业所在地区交通便利，有良好的住房条件以及学校、医院、体育娱乐设施等，则可以减少企业与社会的负担，提高员工的工作效率。

二、新企业选址的方法

创业者在进行企业选址时应具体情况具体分析。

1. 收集和研究市场信息

在企业创业的早期阶段，信息对新企业的重要性不言而喻，决定着创业者能否正确地做出科学决策。有研究表明，对市场信息的使用会影响企业的绩效，而市场信息与选址决策衔尾相随的关系更是显而易见。因此，根据影响企业选址的多方面因素，创业者可自己或借助专业的中介机构收集市场信息，对收集到的各方面信息进行汇总、整理，并对数据进行定性与定量的科学分析，在此基础上进行科学选址。

2. 考察和评估多个选点

通过对市场上各种信息的搜集、汇总整理以及初步的定性分析后，创业者可以得出若干个新企业的候选地址。经过对候选地址的实地考察与科学的定量分析之后，创业者可以按照新企业“必需的”和“希望的”选址条件对候选地址进行详细比较。

3. 确定最终地点

创业者可以制订详细的候选地址优势与劣势对比表，按照所要进入的行业特点和新企业的特征对候选地址进行综合评估，最终做出新企业的选址决策。创业者还可以就新企业选址的备选方案咨询有经验的企业家或相关人士，听取他们的意见与建议，以获得帮助。

三、新企业选址的注意事项

第一，公司的地址必须跟创业者准备递交申请的注册机构的级别相一致，例如，创业者准备在兰州市城关区工商局注册一家有限公司，那么就不能将公司地址定在七里河区。

第二，公司地址所在地必须具备完整的产权证明文件。产权证明文件证明该所在地归谁所有，一般是指房产证，或者是购房合同加上银行按揭证明。房产证明是拿给工商局做确认用的，确认完了会退给创业者。

第三，一个地址只能注册一家有限公司，如果创业者确定的地址以前已经注册过一家公司，而且那家公司现在还没有搬走或注销，那么现在就不能用来再注册一家公司，即使是原来的公司搬走了，也要确认那家公司有没有办理地址变更手续。

第四，有些地方的工商局对注册有限公司的房屋档次有所要求，在注册之前必须了解当地的规定，或者先到工商局咨询清楚。

第五，如果公司地址所在地的所有权不属于任何一个股东，那么必须由其中一个股东跟业主签订一个租赁合同，在签订租赁合同之前一定要弄清楚上面所说的几点。租赁合同一般要签一年以上，这跟公司的经营期限是相关联的，假如签的租赁合同期是一年，那么工商局审批的经营期限最多也是一年，到期必须办理延期手续或者将公司注销，办理延期手续的时候必须递交新的租赁合同。

四、几种常见业态的选址策略

(一) 餐饮类项目选址

餐饮业比其他行业对选址的要求更高。创业者只有考虑好附近的环境和消费人群，才能够确定餐饮店的装修风格、菜品定位、营业时间等。

餐饮店选址时，一定要结合自身的菜品定位和经营方式。如果你开的是小吃或快餐类型的，必须选在商务区。那里工作节奏快、效率高的白领们进餐要求快捷。假如你开的是休闲餐饮类型的店，最好选在公园或休闲场所附近，因为这类消费人群就图个闲适实惠。

1. 车流多人流少

这里是开办大酒店、大酒楼的优良场所。车多人少之地，车速都会快，停车掉头都不方便，人的精力都会放在车的通行上，对路旁的商铺就不会太注意了。大酒店因其规模庞大，有实力吸引到周边顾客的注意力，而且大都拥有自己的停车场，可以满足高消费人士的需求。

2. 车流少人流多

人流量大的地方，消费需求一般都比较强。有句话说："做中间不如做两端。"即把位置选在两端，要比选在中间位置更容易吸引顾客的注意。选在两端的餐饮店大门要是能开在面对十字路口的位置上，生意大都红火异常。这种位置，就是传统生意人常常提到的"金角银边"。

3. 工业区

工业区的人员数量大，消费能力强，是中低档类餐饮选址的好位置。创业者要特别注意的是，工业区的餐饮受经济形势的影响较大。

4. 商务区

吃请已经成为现代社会商人们的工作内容的一部分。商务区的消费特征是对环境和服务的质量要求高，营业时间长，以中高档餐厅为宜。

5. 市场区

频率高、档次低是市场区的消费特点，这里适合开办快餐类餐饮或特色小吃等。

6. 居民区

创业者判断一个居民区是否适合开餐饮，开什么类型的餐饮，要看周边居民的消费水平。如果是人口流动多、消费水平高的社区，风格餐饮是最好的选择；如果是以大学生或农民工居多的社区，则最好选择中低类型的普通餐饮。

（二）服务类项目选址

怎样向客户更加有效地提供服务，是服务业选址的重点。越是能更快更及时地提供服务，生意就会越好。因此，选址就要以此为方向，比如：要选在离目标客户近的区域；选在目标客户集中的区域；选在客户容易找到的地方等。

服务业的选址费用大都较低。店址的选择和目标市场的确定密切相关。服务业选址的最高要求是利润最大化。影响服务业选址的因素具体有以下五种：

1. 接近顾客

服务型企业选址时，考虑的最重要的因素就是接近顾客，这一点几乎无一例外。一家百货商店或是一家专卖店，在人流量大的繁华地段就是成功的前提；路边加油站生意的好坏主要取决于公路上的汽车流量。因此，对于服务型企业来说，最理想的选址对象就是人流拥挤的繁华地段、人口密度大的居民区。

2. 竞争者的位置

现在各行各业的市场竞争都很激烈，作为创业者要有充分准备，能够精确地估算剩余的市场份额，来确立自己门店的选址定位和经营定位。如果你的服务类企业有鲜明的独特性，或者和竞争对手接近会形成规模效应，那么，可以选择一个靠近竞争对手的位置。

3. 扩展性

既然是创业，就要考虑长远。如果你选一个地方，一开始就达到容积极限，不留余地，这显然不妙。选址是一项要考虑长远的事情，所以要有战略思想，服务型企业更是如此。

4. 环境

服务类企业就是为人服务的，所以它周围的条件、顾客群的情况等是选址的重要考虑因素。有的服务类企业在环境很差的地方选址，这是失败的征兆。

5. 政策条件

当地的政策法规，比如减少税收、开发新区等，对服务业影响极大。

（三）小商品类项目选址

小商品类企业被称为“选址决定命运的产业”，其店址选择的正确与否决定了它以后经营成果的好坏。

小商品类企业有以下几种选址策略：①便利策略；②聚合策略；③人气分析策略。

第二节　成立新企业

一、企业组织形式

企业组织形式是指企业财产及其社会化生产的组织形态。它表明一个企业的财产构成、内部分工协作与外部社会经济联系的方式。创业者创办企业可以选择多种组织形式，如个人独资企业、合伙企业和公司制企业（包括有限责任公司和股份有限公司）。

（一）个体工商户

1. 个体工商户的含义

公民在法律允许的范围内，依法经核准登记，从事工商业活动的为个体工商户。

2. 个体工商户的设立条件

①个体工商户的字号名称在申请登记管辖机关范围内的同一行业中不得重名。个体工商户的字号名称一般应体现所属行业，字号名称前冠以县级地点，直接冠市名的需经市级工商行政管理部门核准后方可使用。

②个体工商户可以个人经营，也可以家庭经营。个人经营的，以个人全部财产承担民事责任；家庭经营的，以家庭全部财产承担民事责任。除以上形式外，个体工商户也可以个人合伙形式经营，即由两个以上公民自愿组成，共同出资，共同劳动经营，但从业人数不得超过 8 人。

（二）个人独资企业

1. 个人独资企业的含义

个人独资企业又称为个人业主制企业。它是指依法设立的，由一个自然人出资兴办，财产完全归投资人个人所有，投资人单独承担企业债务无限责任的企业。在各种企业组织形式中，个人独资企业的设立是最简单的。

2. 个人独资企业的设立条件

①投资人为一个自然人。设立个人独资企业的只能是具有相应的民事权利能力和民事行为能力的自然人，自然人之外的法人、其他组织不能投资设立个人独资企业。

②有合法的企业名称。企业的名称应当如实地表现企业的组织形式特征，并应符合法律、法规的要求。

③有投资人申报的资金。投资人申报的出资额应当与企业的生产经营规模相适应。

④有固定的生产经营场所和必要的生产经营条件。生产经营场所包括企业的住所和与生产经营相适应的处所，它是企业的主要办事机构所在地，是企业的法定地址。

⑤有必要的从业人员。企业要有与其生产经营范围、规模相适应的从业人员。

（三）合伙企业

1. 合伙企业的含义

合伙企业是指自然人、法人和其他组织依照《合伙企业法》在中国境内设立的普通合伙企业和有限合伙企业。普通合伙企业由普通合伙人组成，合伙人对合伙企业债务承担无限连带责任；有限合伙企业由普通合伙人和有限合伙人组成，普通合伙人对合伙企业债务承担无限连带责任，有限合伙人以其认缴的出资额为限对合伙企业债务承担有限责任。

2. 设立合伙企业的条件

①有两个以上的合伙人。若合伙人为自然人，则应当具有完全民事行为能力。法律、法规禁止从事营利性质活动的人（如国家公务员），不得成为合伙企业的合伙人。

②有书面的合伙协议。合伙协议是合伙人建立合伙关系，确定合伙人各自权利和义务的法律契约。合伙协议依法由全体合伙人协商一致，以书面形式订立。

③有各合伙人认缴或实际缴付的出资。合伙人可以用货币、实物、土地使用权、知识产权或者其他财产权利出资。对非货币出资需要评估作价的，可以由全体合伙人协商确定，也可以由全体合伙人委托评估机构进行评估。

④有合伙企业的名称、生产经营场所和从事合伙经营的必要条件。

⑤法律、行政法规规定的其他条件。

（四）公司制企业

按照我国《公司法》的规定，公司是指由股东出资设立的，股东以其全部认缴的出资额或者所认缴的股份为限对公司承担责任，公司以其名下的全部财产对公司的债务承担独立责任的企业法人。公司制企业分为有限责任公司和股份有限公司。

1. 有限责任公司

有限责任公司又称有限公司，它是指由一定人数的股东组成的、股东只以其出资额为限对公司承担责任，公司以其全部资产对公司债务承担责任的公司。

设立有限责任公司应具备以下条件：

①股东符合法定人数。公司由 50 人以下股东共同出资设立，股东可以是自然人，也可以是法人。现行《公司法》允许一个自然人也可以设立有限责任公司。

②股东出资须达到法定资本的最低限额。有限责任公司的注册资本为在公司登记机关登记的全体股东认缴的出资额，最低限额为人民币 3 万元，法律、行政法规对有限责任公司注册资本的最低限额有较高规定的，从其规定。公司全体股东的首次出资额不得低于注册资本的 20%，也不得低于法定注册资本的最低限额，其余部分由股东自公司成立之日起两年内缴足。其中，投资公司可以在 5 年内缴足。

③股东共同制订公司章程。公司章程由全体出资者在自愿协商的基础上制订，经全体出资者同意，股东应当在公司章程上签名、盖章。

④有公司名称，建立符合有限责任公司要求的组织机构。设立有限责任公司，除其名称应符合企业法人名称的一般性规定外，还必须在公司名称中标明“有限责任公司”或“有限公司”。建立符合有限责任公司要求的组织机构是指有限责

任公司组织机构的组成、产生、职权等符合《公司法》规定的要求。有限责任公司的组织机构一般是指股东会、董事会、监事会、经理或股东会、执行董事、一至二名监事、经理。

⑤有公司住所、固定的生产经营场所和必要的生产经营条件。

2. 股份有限公司

股份有限公司是指由一定人数以上的股东组成，其全部资本分为等额股份，股东以其所持股份为限对公司承担责任，公司以其全部资产对公司的债务承担责任的企业法人。

设立股份有限公司应具备以下条件：

①发起人符合法定人数。设立股份有限公司，应当有两人以上两百人以下的发起人，其中必须有半数以上的发起人在中国境内有住所。

②发起人认缴和募集的股本达到法定资本的最低限额。股份有限公司的注册资本为在公司登记机关登记的全体发起人认购的股本总额。股份有限公司注册资本的最低限额为500万元人民币。法律、行政法规对股份有限公司注册资本的最低限额有较高规定的，从其规定。公司全体发起人的首次出资额不得低于注册资本的20%。

③股份发行、筹办事项符合法律规定。这里的股份发行指设立发行，指在设立公司的过程中，为了组建股份有限公司，筹集组建公司所需资本而发行股份的行为。设立阶段的发行分为发起设立发行和募集设立发行两种：发起设立发行即所有股份均由发起人认购，不得向社会公开招募；募集设立发行即发起人只认购股份的一部分（不得少于公司股份总数的35%），其余部分向社会公开招募。

④发起人制订公司章程。以募集设立方式设立股份有限公司的，必须召开由认股人组成的创立大会，并经创立大会决议通过。

⑤有公司名称，建立符合股份有限公司要求的组织机构。公司名称是股份有限公司作为法人必须具备的条件，除必须符合企业名称登记管理的有关规定外，公司名称中还应标明“股份有限公司”字样。股份有限公司必须有一定的组织机构，对公司实行内部管理和对外代表公司。

⑥有公司住所。

（五）各种企业组织形式优势与劣势比较

各种组织形式并没有好坏之分，对创业者而言，需要掌握不同组织形式的优势和劣势，以选择更有利于所创建企业生存和发展的企业组织形式。各种企业组织形式的优劣势比较见表10-1。

表10-1　各种企业组织形式的优劣势

企业组织形式	优势	劣势
个体工商户	申请手续简单，费用少；经营起来更灵活	信用度及知名度较低、个体户不享受优惠政策
个人独资企业	企业设立手续简便，且费用低；创业者拥有对企业的控制权；可以迅速对市场变化作出反应；利润归创业者所有，不需与他人分享；只需缴纳个人所得税，无须双重纳税；在技术和经营方面易于保密	承担无限责任；企业的成功过多地依赖创业者的个人能力；不易从外部获得信用资金，筹资困难；企业寿命有限，容易随着创业者的退出而消亡；投资的流动性低
合伙企业	企业设立手续简单，费用低；企业经营上比较灵活；企业资金来源较广，信用度较高；企业拥有更多人的技能和能力	合伙人承担无限连带责任；投资流动性低，财产转让困难；融资能力有限，企业规模受限；企业往往因关键合伙人的死亡或退出而解散；企业经营存在分歧时，决策困难
有限责任公司	创业股东只承担有限责任，风险小；公司具有独立寿命，易于存续；所有权与经营权分离，聘用经理人管理，更能适应市场竞争；出资人以出资额为限承担经营风险；多元产权结构有利于科学决策；可吸纳多个投资人，资本易于集中	创立的程序比较复杂，费用较高；存在双重纳税，税收负担较重；不能公开发行股票，筹集资金规模受限
股份有限公司	股东只承担有限责任，风险小；公司具有独立寿命，易于存续；公司产权可以股票形式充分流动；筹资能力强；职业经理人进行管理，管理水平较高	创立程序复杂，费用高；存在双重纳税问题，税收负担较重；公司定期报告其财务状况、公开自己的财务数据，使公司的相关事务不能严格保密；政府限制较多，法规要求比较严格

二、公司设立方式

公司设立的方式基本为两种，即发起设立和募集设立。

发起设立又称“同时设立”“单纯设立”等，是指公司的全部股份或首期发行的股份由发起人自行认购而设立公司的方式。有限责任公司只能采取发起设立的方式，由全体股东出资设立。股份公司也可以采用发起设立的方式。《公司法》第七十七条明确规定，股份有限公司可采取发起设立的方式，也可以采取募集设立的方式。发起设立在程序上较为简便。

募集设立又称“渐次设立”或“复杂设立”，是指发起人只认购公司股份或首期发行股份的一部分，其余部分对外募集而设立公司的方式。《公司法》第七十七条第三款规定：“募集设立，是指由发起人认购公司应发行股份的一部分，其余股份向社会公开募集或者向特定对象募集而设立公司。”所以，募集设立既可以是通过向社会公开发行股票的方式设立，也可以是不发行股票而只向特定对象募集而设立。这种方式是只为股份有限公司设立的方式。由于募集设立的股份有限公司资本规模较大，涉及众多投资者的利益，故各国公司法均严格限制其设立程序。如为防止发起人完全凭借他人资本设立公司，损害一般投资者的利益，各国大都规定了发起人认购的股份在公司股本总数中应占的比例，中国规定的这一比例为35%。

三、公司设立登记

公司设立登记是指公司设立人按法定程序向公司登记机关申请，经公司登记机关审核并记录在案，以供公众查阅的行为。设置公司设立登记制度，旨在巩固公司信誉并保障社会交易的安全。在中国，公司进行设立登记，应向各级工商行政管理机关提出申请，并应遵守《公司登记管理条例》的有关规定。

（一）公司名称预先核准

根据《公司登记管理条例》第十七条的规定，设立公司应当向公司登记机关申请公司名称的预先核准。其中，法律、行政法规等规定设立公司必须报经批准，或者公司经营范围中属于法律、行政法规等规定在登记前须经批准的项目的，应当在报送批准前办理公司名称预先核准，并以公司登记机关核准的公司名称报送批准。

设立有限责任公司，应当由全体股东指定的代表或者共同委托的代理人向公司登记机关申请名称预先核准；设立股份有限公司，应当由全体发起人指定的代表或者共同委托的代理人向公司登记机关申请名称预先核准。申请名称预先核准，应当提交下列文件：①有限责任公司的全体股东或者股份有限公司的全体发起人签署的公司名称预先核准申请书；②全体股东或者发起人指定代表或者共同委托代理人的证明；③国家市场监督管理总局规定要求提交的其他文件。预先核准的公司名称保留期为6个月。预先核准的公司名称在保留期内不得用于从事经营活动，不得转让。

（二）公司设立登记程序

公司设立人首先应当向其所在地工商行政管理机关提出申请。设立有限责任公司应由全体股东指定的代表或共同委托的代理人作为申请人；设立国有独资公司应由国家授权投资机构或国家授权的部门作为申请人；设立股份有限公司应由董事会作为申请人。

申请设立有限责任公司应向公司登记机关提交下列文件：①公司法定代表人签署的设立登记申请书；②全体股东指定代表或者共同委托代理人的证明；③公司章程；④依法设立的验资机构出具的验资证明，法律、行政法规另有规定的除外；⑤股东首次出资是非货币财产的，应当在公司设立登记时提交已办理其财产权转移手续的证明文件及其相关非货币财产的资产评估报告；⑥股东的主体资格证明或者自然人身份证明；⑦载明公司董事、监事、经理的姓名、住所的文件以及有关委派、选举或者聘用的证明；⑧公司法定代表人任职文件和身份证明；⑨企业名称预先核准通知书；⑩公司住所证明；⑪国家市场监督管理总局规定要求提交的其他文件（《公司登记管理条例》第二十条）。

申请设立股份有限公司，应当向公司登记机关提交下列文件：①公司法定代表人签署的设立登记申请书；②董事会指定代表或者共同委托代理人的证明；③公司章程；④依法设立的验资机构出具的验资证明；⑤发起人首次出资是非货币财产的，应当在公司设立登记时提交已办理其财产权转移手续的证明文件；⑥发起人的主体资格证明或者自然人身份证明；⑦载明公司董事、监事、经理姓名、住所的文件以及有关委派、选举或者聘用的证明；⑧国家市场监督管理总局规定要求提交的其他文件。其中，以募集方式设立股份有限公司的，还应当提交创立大会的会议记录；以募集方式设立股份有限公司公开发行股票的，还应当提交国务院证券监督管理机构的核准文件。法律、行政法规或者国务院决定规定设立股份有限公司必须报经批准的，还应当提交有关批准文件。对于公司申请登记的经营范围中属于法律、行政法规或者国务院决定规定在登记前须经批准的项目的，应当在申请登记前报经国家有关部门批准，并向公司登记机关提交有关批准文件（《公司登记管理条例》第二十一条、第二十二条）。

由此可见，设立有限责任公司与设立股份有限公司在设立申请文件方面其实是一样的，只是相关法律文件的签署人的称谓不同而已：在前者称为股东，在后者则称为发起人。当然，以募集方式设立的股份有限公司在设立申请时需要提交的文件也有所不同，主要是增加了创立大会的会议记录；其中以募集方式设立公开发行股票的，还需提交国务院证券监督管理机构的核准文件。

（三）公司登记

公司登记是指公司登记机关对公司法人团体资格确认的一种法律宣告，是一种公示和监督法律行为。公司登记在本质上仍属公司设立行为，是公司设立这一系列行为的最后一个阶段，而公司成立则是公司设立和公司登记的法律后果。

四、公司章程

公司章程是指公司所必备的，规定其名称、宗旨、资本、组织机构等对内、对外事务的基本法律文件。公司章程作为规范公司的组织和活动的基本规则，在公司存续期间具有重要意义。

（一）章程订立

公司章程的订立通常有两种方式：一是共同订立，是指由全体股东或发起人共同起草、协商制订公司章程，否则公司章程不得生效；二是部分订立，是指由股东或发起人中的部分成员负责起草、制订公司章程，而后再经其他股东或发起人签字同意的制订方式。公司章程必须采取书面形式，经全体股东同意并在章程上签名盖章后，公司章程才能生效。

（二）章程内容

公司章程的内容即指公司章程所记载的事项。公司章程的具体内容可因公司种类、公司经营范围、公司经营方式的不同而有所区别，但都可以归为以下3类：

1. 绝对记载事项

公司章程的绝对记载事项是指法律规定公司章程中必须记载的事项。对于绝对记载事项，公司有义务必须一一记载，没有权利做出自由选择。如果缺少其中任何一项或任何一项记载不合法，将导致整个章程无效。

2. 相对记载事项

公司章程的相对记载事项，是指法律列举规定了某些事项，但这些事项是否记入公司章程，全由章程制订者决定。相对记载事项，非经载明于章程，不生效力。

3. 任意记载事项

公司章程的任意记载事项是指法律并无明文规定，但公司章程制订者认为需要协商记入公司章程，以便使公司能更好运转且不违反法律的规定和公序良俗的原则的事项。如公司的存续期限，股东会的表决程序，变更公司的事由，董事、监事、高级管理人员的报酬等。

（三）法律规定章程应载明事项

《公司法》第二十五条和第八十二条分别对有限责任公司和股份有限公司的章程应当载明的事项给予了规定。

1. 有限责任公司章程的绝对记载事项

有限责任公司的章程应当载明下列事项：公司名称和住所；公司经营范围；公司注册资本；公司股东的姓名或名称；股东的出资方式、出资额和出资时间；公司的机构及其产生办法、职权、议事规则；公司法定代表人；股东会会议认为需要规定的其他事项。

2. 股份有限公司章程的绝对记载事项

股份有限公司的章程应当载明下列事项：公司名称和住所；公司经营范围；公司设立方式；公司股份总数、每股金额和注册资本发起人的姓名或者名称、认购的股份数、出资方式和出资时间；董事会的组成、职权和议事规则；公司法定代表人；监事会的组成、职权和议事规则；公司利润分配办法；公司的解散事由和清算办法；公司的通知和公告办法；股东大会会议认为需要规定的其他事项。

（四）章程变更

公司章程的变更是指已经生效的公司章程的修改。原则上公司章程所记载的事项，不论是绝对记载事项还是任意记载事项，只要确属必要，均可变更。但公司章程在变更时，应遵循以下原则：其一，不损害股东利益；其二，不损害债权人利益；其三，不妨害公司法人的一致性原则，即不得因公司章程的变更，而使一个公司法人转变为另一个公司法人。

就公司章程变更的程序而言，首先，由董事会提出修改公司章程的提议；其次，将修改公司章程的提议通知其他股东；再次，由股东会或股东大会表决通过。《公司法》规定，有限责任公司修改公司章程的决议，必须经代表 2/3 以上表决权的股东通过（《公司法》第四十四条第二款）；股份有限公司修改公司章程的决议，必须经出席股东大会的股东所持表决权的 2/3 以上通过（《公司法》第一百零四条第二款）。公司章程变更后，公司董事会应向工商行政管理机关申请变更登记。

五、公司资本

公司资本也称为股本，它在《公司法》上的含义是指由公司章程确定并载明的、全体股东的出资总额。公司资本的具体形态有以下四种：

1. 注册资本

狭义上的公司资本，是指公司在设立时筹集的、由章程载明的、经公司登记机关登记注册的资本。《公司法》第二十六条规定：“有限责任公司的注册资本为在公司登记机关登记的全体股东认缴的出资额。”第八十一条规定：“股份有限公司采取发起设立方式设立的，注册资本为在公司登记机关登记的全体发起人认购的股本总额。股份有限公司采取募集方式设立的，注册资本为在公司登记机关登记的实收股本总额。”

2. 发行资本

发行资本，是指公司实际上已向股东发行的股本总额。发行资本可能等于注册资本，也可能小于注册资本。实行法定资本制的国家，公司章程所确定的资本应一次全部认足，因此，发行资本一般等于注册资本。但股东在全部认足资本后，可以分期缴纳股款。实行授权资本制的国家，一般不要求注册资本都能得到发行，所以它小于注册资本。

3. 认购资本

认购资本是指出资人同意缴付的出资总额。

4. 实缴资本

实缴资本，是指公司成立时公司实际收到的股东的出资总额。它是公司实际拥有的资本。由于股东认购股份以后，可能一次全部缴清，也可能在一定期限内分期缴纳，故而实缴资本可能等于或小于注册资本。

2018 年新修订的《公司法》在公司资本制度方面做了重大修订，体现在四个方面：一是大幅度降低了公司的法定最低注册资本的数额，有限责任公司的法定最低注册资本由原来的 10 万元、30 万元和 50 万元降低为 3 万元，股份有限公司的法定最低注册资本由 1 000 万元降为 500 万元；二是取消实缴资本制，由原来的公司成立时股东必须缴清全部注册资本才能成立公司（即原《公司法》规定的“注册资本为公司在登记机关登记的全体股东实缴的出资额”）修改为分期出资，即“注册资本为在公司登记机关登记的全体股东认缴的出资额”，亦即公司成立时股东不必实际缴纳全部出资，而可以先成立公司，再分期缴纳出资；三是取消了原《公司法》对公司转投资比例的强行性规定的限制，即累计投资额不得超过公司净资产的 50% 改为根据公司章程由公司董事会或者股东会、股东大会决定；四是取消了原《公司法》将有限责任公司的注册资本按公司种类分别采取不同法定最低注册资本数额的规定，改为统一的法定最低注册资本数额。

六、企业面临的法律环境

企业法律环境是指和企业事务有关的法律及其实施所形成的外部客观条件和基本氛围，包括规范企业的基本权利义务的法律，规范企业之间的法律关系的法律，规范企业与消费者的相互关系的法律，规范企业与管理者的权利义务关系的法律，规范企业与司法机关的权利义务关系的法律，规范企业与相关人员的权利义务关系的法律，如公司法、知识产权法、劳工法、产品责任法、合同法、侵权法、环境法，以及一系列的经济法，甚至是公法、国际法等都有可能构成企业开展经营活动的基本法律环境。

法律环境是制约企业经营的重要外部条件，企业既要受到它的保护，又要受到它的限制，企业必须在法律规定的准则指导下开展经营活动。因此，企业所需要法律具有权威性、强制性、公平性。与新创企业密切相关的法律内容，见表10–2。

表 10–2　与新创企业密切相关的法律内容

法律名称	相关基本内容
企业法	公司法、个人独资企业法、合伙企业法、个体工商户管理条例、中外合资合作企业法、乡镇企业法等
民法通则	个体工商户、农村承包经营户、个人合伙企业、企业法人、联营、代理、财产所有权、财产权、债权、知识产权、民事责任等
合同法	一般合同的订立、效力、履行、变更和转让、权利义务终止、违约责任等。具体合同如买卖、借款、租赁、运输、技术、建设工程、委托等
劳动法	促进就业、劳动合同和集体合同、工作时间和休息休假、工资、职业安全卫生、女职工和未成年工特殊保护、职业培训、社会保险和福利、劳动争议、监督检查等

对新创企业来说，下面是比较关键的几部法律：

(一) 商标与《中华人民共和国商标法》（以下简称《商标法》）

商标是用以区别商品和服务的不同来源的商业性标志，由文字、图形、字母、数字、三维标志、颜色组合或者上述要素的组合构成。商标权是指商标主管机关依法授予商标所有人对其注册商标享有受国家法律保护的专有权。

我国《商标法》规定，商标必须经商标局核准注册方受法律保护，即所谓的注册商标。注册商标包括商品商标、服务商标、集体商标和证明商标，有效期为10年，到期后可申请续展，每次续展注册的有效期也为10年。

我国《商标法》于1983年3月1日首次施行，最近一次修订是2013年8月。

（二）《中华人民共和国合同法》（以下简称《合同法》）

合同是指平等主体的双方或多方当事人（自然人或法人）关于建立、变更、终止民事法律关系的协议。我国于1999年颁布和施行了《中华人民共和国合同法》。《合同法》规定，合同是双方的法律行为，双方当事人意思表示须达成合议，合同以发生、变更、终止民事法律关系为目的，是当事人在符合法律规范要求的条件下达成的协议。

合同一经成立即具有法律效力，在双方当事人之间就发生了权利、义务关系；或者使原有的民事法律关系发生变更或消灭。当事人一方或双方未按合同履行义务的，就要依照合同或法律承担违约责任。

（三）《中华人民共和国劳动法》（以下简称《劳动法》）

《劳动法》是国家为了保护劳动者的合法权益，调整劳动关系，建立和维护适应社会主义市场经济的劳动制度，促进经济发展和社会进步，根据宪法而制定的法律。因为创业型企业一出世，面临的竞争难度就超越其他企业，这些企业首先面临的不是赚钱的问题，而是能否生存下来和生存多久的问题，因此很多人呼吁《劳动法》应对处于婴儿期的创业型企业予以特殊的保护。

（四）专利与《中华人民共和国专利法》（以下简称《专利法》）

专利包括发明、实用新型、外观设计3种。发明是指对产品、方法或者其改进所提出的新的技术方案；实用新型是指对产品的形状、构造或者其结合所提出的适于实用的新的技术方案；外观设计是指对产品的形状、图案或者两者的结合，以及色彩与形状、图案的结合所做出的富有美感并适于工业应用的新设计。

专利权的获得需要申请人向国家专利局递交申请，专利局通过形式审查、公开申请文件、实质审查等一系列程序之后，对通过审核的申请人颁发专利证书授予专利权，专利权人在法律规定的期限内，对制造、使用、销售享有专有权。

（五）著作权与《中华人民共和国著作权法》（以下简称《著作权法》）

著作权即版权，是指自然人、法人或者其他组织对文学、艺术或科学作品依法享有的财产权利和人身权利的总称。

我国《著作权法》中规定著作权分为两类：著作人身权和著作财产权。著作人身权是指作者通过创作表现个人风格的作品依法享有获得名誉、声望和维护作品完整性的权利。该权利由作者终身享有，不可转让、剥夺和限制。著作财产权是指作者及传播者通过某种形式使用作品，从而依法获得经济报酬的权利，包括复制权、发行权、出租权、展览权、表演权、放映权、广播权、网络信息传播权等多项权利。

七、国家对于大学毕业生注册公司的补充规定

第一，大学毕业生在毕业后两年内自主创业，在创业实体所在地的工商部门办理营业执照时，注册资金（本）在 50 万元以下的，允许分期到位，银行可以提供贷款，首期到位资金不低于注册资本的 10%（出资额不低于 3 万元），一年内实缴注册资本追加到 50% 以上，余款可在 3 年内分期到位。

第二，大学毕业生新办咨询业、信息业、技术服务业的企业或经营单位，经税务部门批准，可免征企业所得税两年；新办从事交通运输、邮电通信的企业或经营单位，经税务部门批准，第一年可免征企业所得税，第二年可减半征收企业所得税；新办从事公用事业、物资业、商业、对外贸易业、旅游业、物流业、仓储业、饮食业、居民服务业、教育文化事业、卫生事业的企业或经营单位，经税务部门批准，可免征一年企业所得税。

第三，各国有商业银行、股份制银行、城市商业银行和有条件的城市信用社等金融机构要为自主创业的毕业生提供小额贷款，并简化程序，提供开户和结算便利，贷款额度在 2 万元左右。贷款期限最长为两年，到期确定需延长的，可申请延期一次。贷款利息按照中国人民银行公布的贷款利率确定，担保最高限额为担保基金的 5 倍，期限与贷款期限相同。

第四，政府人事行政部门所属的人才中介服务机构，免费为自主创业毕业生

保管人事档案（包括代办社保、档案工资、职称等有关手续）两年；提供免费查询人才、劳动力供求信息，免费发布招聘广告等服务；适当减免参加人才集市或人才劳务交流活动收费；优惠为创办企业的员工提供一次培训、测评服务。

此外，为鼓励和支持大学生创业，各地也出台了很多不同的优惠政策。在北京，毕业一年之内的应届毕业生到工商部门办理证照，一年内免缴个体工商户登记注册费和个体工商户管理费、集贸市场管理费、经济合同鉴证费、经济合同示范文本工本费等费用。创业大学生只需带着学历证明和北京市户籍证明，到户口或经营所在地的社保所申请即可。未就业大学毕业生想要从事个体经营或自主、合伙创办小企业自筹资金不足的，也可申请小额担保贷款。上海地区应届大学毕业生创业可享受免费风险评估、免费政策培训、无偿贷款担保及部分税费减免四项优惠政策，并专门设立了大学生创业“天使基金”。“天使基金”将根据学生的申报计划，严格评估学生创业项目，然后确定实际支持金额。这笔资金将以股权形式投入到学生企业中，获利部分将成为创业者的利润，而一旦创业失败也无须学生还款。广东大学生创办公司可免缴首期注册资本，还可享受税费减免。除国家限制的行业外，按照规定，大学生毕业两年内从事个体经营的，自其在工商部门首次注册登记之日起 3 年内免缴登记类、证照类和管理类行政事业性收费，并可享受免收两年保存人事关系及档案的费用和各项服务收费。高校毕业生创办的高新技术企业、软件生产企业、小型微利企业或从事农林牧渔业，符合现行税法规定条件的，均可享受相关税收优惠。创业大学生本人可同等享受就业困难人员灵活就业社保补贴政策，还可享受小额担保贷款政策，贷款额度最高不超过 5 万元，对合伙经营或组织起来就业的，可按规定适当扩大贷款规模，从事当地政府规定微利项目的，可按规定享受贴息扶持。创业成功后可享受一次性创业资助。

案例延伸

肯德基选址的秘密

肯德基作为全球快餐连锁企业巨头，非常重视选址。选址决策一般是两审批制，通过两个委员会的同意，一个是地方公司，另一个是总部。其选址成功率几乎是百分之百，这是肯德基的核心竞争力之一。

通常，肯德基选址按以下几个步骤进行。

一、商圈的划分与选择

①划分商圈。肯德基计划进入某个城市，就先通过有关部门或专业调查公司收集这个地区的资料。资料收集齐了，才开始规划商圈。商圈规划采取的是计分的方法，如这个地区有一个大型商场，商场营业额在1 000万元算1分，5 000万元算5分，有一条公交线路加多少分，有一条地铁线路加多少分。这些分值标准是多年平均下来的一个较准确的经验值。通过打分把商圈分成好几大类，以北京为例，有市级商业型、区级商业型、定点消费型，还有社区型、社区商务两用型、旅游型等。

②选择商圈。即确定目前重点在哪个商圈开店，主要目标是哪些。在商圈选择的标准上，一方面要考虑餐馆自身的市场定位；另一方面要考虑商圈的稳定度和成熟度。餐馆的市场定位不同，吸引的顾客群也不一样，商圈的选择也就不同。例如，马兰拉面和肯德基的市场定位不同，顾客群不一样，有人吃肯德基也吃马兰拉面。而麦当劳与肯德基市场定位相似，顾客群基本上重合，所以在商圈选择方面也是一样的。可以看到，有些地方同一条街的两边，一边是麦当劳，另一边是肯德基。

二、聚客点的测算与选择

①确定这个商圈内最主要的聚客点在哪。例如，北京西单是很成熟的商圈，但不可能西单任何位置都是聚客点。肯德基开店的原则是：努力争取在最聚客的地方或其附近开店。过去古语说“一步差三市”，这跟人流活动的线路有关，可能有人走到这，该拐弯，则这个地方就是客人到不了的地方，生意就差很多。这些在选址时都要考虑进去。人流动线是怎么样的，在这个区域里，人从地铁出来后是往哪个方向走等。这些都派人去掐表，去测量，有一套完整的数据之后才能据此确定地址。肯德基选址人员将采集来的人流数据输入专用的计算机软件，就可以测算出，在此地投资额不能超过多少，超过多少这家店就不能开。

②选址时一定要考虑人流的主要动线会不会被竞争对手截住。人流是有一个主要动线的，如果竞争对手的聚客点比肯德基选址更好，那就有影

响。如果是两个一样，就无所谓。

③聚客点选择影响商圈选择。聚客点的选择也影响到商圈的选择。因为一个商圈有没有主要聚客点是这个商圈成熟度的重要标志。为了规划好商圈，肯德基开发部门投入了巨大的努力。以北京肯德基公司而言，其开发部人员常年跑遍北京各个角落，对这个每年建筑和道路变化极大，当地人都易迷路的地方了如指掌。在北京，肯德基已经根据自己的调查划分出的商圈，成功开出了56家餐厅。

资料来源：根据网络资料整理

思考题：

1. 创业企业选址应当考虑哪些因素？
2. 请描述企业开办的流程。
3. 试收集你所在地区的区域性大学生创业扶持与优惠政策。
4. 国家对大学生创业扶持的政策主要体现在哪些方面？

第十一章　新创企业的管理

企业注册成功，意味着创业者在创业道路上又迈出了重要的一步，创业者马上要面临的问题就是如何通过高效的企业管理，提高企业竞争力，在激烈的市场竞争中生存下来。但新创企业往往缺乏足够的声誉来取信客户或者供应商，并且难以达到规模经济而取得规模效益；同时他们也很难立刻取得正现金流，因而在财务方面时常陷入被动。2006年，德勤华永会计师事务所优先公司北京分所对“中国高科技、高成长50强”入选企业开展了首席执行官调查。调查结果显示：可靠、有效的商业战略（77%），强大的领导能力（60%）以及高素质的员工（56%），被首席执行官们认为是对公司增长最关键的3个成功要素。制订强有力的销售和市场营销战略（23%），被首席执行官们认为是最大的运营挑战。超过三分之一（38%）的首席执行官认为扩大销售是最重要的财务挑战。由此可见，企业战略规划、人力资源管理、财务管理和营销规划是企业生存和发展的关键所在。

第一节　新创企业管理的特点

与成熟企业相比，新创企业具有自己独有的特征，因此新创企业的管理方式与成熟企业的管理方式存在一定的差异。

一、新创企业的特征

新创企业一般规模比较小，具有一般小企业的典型特征：

(一) 容易创建

新创企业由于自身在资金、人才等方面的不足，创业时一般不轻易涉足进入和退出障碍都比较高的行业。在大多数情况下，小企业比较集中的行业，进入障碍较低。大量新兴企业之间的过度（甚至是无序）竞争，必然导致一方面是大量的企业在竞争中退下阵来，倒闭破产；另一方面是那些成功的企业在原来基础很薄弱的情况下实现跳跃式发展。

(二) 自筹资金经营

相对于大企业，规模较小的新创企业在筹资方面要困难得多。许多国内外学者都已证实，资金短缺是新创企业面临的首要经营难题。自筹资金兴办企业，利用企业盈利滚动发展便成为新创企业的又一显著特征。自筹资金经营，使企业所有权比较集中，经营权也比较集中，从积极的方面看，这有助于培养和强化企业主的企业家精神。

(三) 对创业者本人的依赖性强

这是新创企业最明显的特点。对于大多数新创企业来说，企业的创业者往往也是企业资产的所有者。他们凭借对资产的所有而集中了企业经营所必需的各种决策权力，使新创企业的竞争力状况在很大程度上几乎完全依赖于创业者本人。小企业间的竞争多表现为经营者个人间的竞争。企业经营者个人对小企业的成败起决定性作用。他们往往集责、权、利三位于一体，实现所有权与承担风险的统一，领导企业、决策自主与担负责任的统一，所有者经济上的存在与企业的存在之间的统一。

(四) 管理结构简单

由于新创企业的经营者集中了企业经营所必需的各种决策权力，所以没有必要建立复杂的组织机构。同时，新创企业多处于创业初期，资金上的困难迫使新创企业保持组织结构的简单和压缩开支。新创企业管理结构简单主要表现在：组织结构简单，决策权比较集中，所有权与经营权统一，决策权、指挥权与监督权划分不明确，通过非正式渠道沟通频繁等。

(五) 富于创新精神

新创企业经营者之所以更富有创新精神，一方面是受经济与心理方面需求满足的驱动；另一方面是企业主利益与企业利益休戚相关，甚至融为一体。强烈的开拓意识和承担风险的勇气等促使企业家和企业积极创新，善于发现潜在的营利机会并极力捕捉每一个营利机会。不断创新使企业富有灵活性，为发现和捕捉营利机会而接近顾客，并通过降低成本、精简组织机构等实实在在的措施增加盈利。

(六) 受环境的影响程度大

新创企业大多都针对外部环境中存在的某种机会而创业，以至于一旦出现机会，便会在短时间内涌现大量的企业；另外，由于新创企业拥有或所服务的顾客少、信息拥有量相对不足、企业规模实力弱等特点，而难以了解整体环境变化，更谈不上驾驭环境变化。因此，小企业被动接受环境的影响，风险很大。

上述六条特征紧密关联，甚至互为因果。例如，因为容易创建、受环境的影响程度大等原因，使新创企业具有较大的创新压力；新创企业经营者的创业动机和在企业中的主导地位，使他们有较强的创新动力；管理结构简单又为新创企业的创新创造了有利条件。

二、新创企业管理的特点

由于新创企业具有以上特征，新创企业的管理也随之表现出不同的特点。与成熟、规模较大的企业相比，新创企业管理通常具有小企业管理的特点：

(一) 新创企业的计划工作

新创企业一般规模较小，但企业规模小并不意味着计划工作容易或不重要。在许多情况下，小企业因面临市场和产品周期的快速变化而格外关注经营计划，依靠其灵活性和短期的快速反应能力适应未来的变化。

新创企业的经营者因缺乏制订计划的技能及数据资料而需要用更多的时间制订计划，但他们不必像大企业制订计划那样考虑得宽泛而长远。新创企业的经营者因为创业和经营的艰难，很容易陷入日常的事务处理活动中，他们虽然是企业的创业者或所有者，但他们也必须像企业其他员工一样从事具体的工作，具有双重身份。另外，小企业因不愿或无力承担高昂的管理费用，通常不会聘用专职的管理人员，管理工作分工和专业化程度比较低，这也是促使经营者陷入日常事务之中的主要原因。因此，小企业改进工作计划的首要任务是，让经营人员把时间从处理眼前事务转向未来收益上。

（二）新创企业的组织结构

企业的规模和组织的复杂性之间有直接的联系，或者说，相关性很强。当一个企业的规模发展得过于庞大时，运行效率必然下降。然而企业规模过小则又难以组建起能够满足经营要求的高层管理团队，因为企业不会去承担比较高的管理成本，企业的管理体系没有建立起来，也使得人们认为企业没有那么多的管理工作要做。所以，新创企业的组织结构往往比较简单，规模也很小。新创企业组织很少采用部门化，没有明确的分工，管理简单，不需要明确控制和协调。

（三）新创企业的领导方式

由于规模小、实力较弱而且风险较大，新创企业吸引有能力的人才更加困难，但新创企业在人才招聘上也有一定的优势：一是晋升速度快和机会多；二是涉及的经营活动范围广；三是快速积蓄经验；四是人际关系简单；五是个人的贡献很容易被识别；六是工作安全性并不比大企业差。

在领导方式上，新创企业由于没有一整套规范化的组织结构体系，所以经营者的领导方式便在很大程度上取决于经营者的个人风格，并在具体的领导方式上表现出各种各样的形式。一般来说，新创企业的领导方式倾向于实质性的集权，也可能走向另一个极端，即比较放任。当然，随着企业不断发展和壮大，企业经营者的领导方式也会发生一定程度的变化。

在沟通和人际关系方面，新创企业整体就好像是一个非正式组织，其正式组织和非正式组织往往融为一体。

（四）新创企业的控制方式

新创企业要想长期生存，经营者必须平衡增加价值或用更少的成本维持目前的价值关系，成本会计系统和成本控制对新创企业来说十分重要，因为新创企业更多的是产量或销量导向而非利润导向。

企业中财务控制的基础是预算，其中费用标准可以列入控制规范之内，预算是控制费用开支的依据。有些新创企业试图不进行预算，但企业也应该有一个大概的费用标准和执行规范，当费用超出预计的标准时，就应该调查原因。

第二节 新创企业管理的内容

一、新创企业战略管理

波特提出了三种基本的竞争战略：差异化战略、总成本领先战略和专一化战略。采用差异化战略的企业特点是强有力的市场开拓能力、创新能力、产品驱动能力和各部门有效的协调能力；而选择总成本领先战略的企业特点是严格的成本控制、工艺驱动能力、有效的分销渠道和程式化的组织机构；专一化战略是指主攻某个特殊的顾客群、某产品线的一个细分区段或某一地区市场。

有研究者认为，企业能否在激烈竞争的环境下做出快速反应，也同样应该成为企业的一种基本竞争优势，也有战略学者把快速反应战略归为广义的差异化战略。对于大多数新创企业而言，其技术和市场通常不太成熟，也没有实现大规模的生产，需要在技术研发和市场开拓上投入大量资金以获得市场上的竞争优势，过分追求总成本领先战略会使企业绩效下降。当然，这与力求节约是两个不同的概念，两者并无矛盾。此外，新创企业一般具有相对良好的快速反应能力。

新创企业相对更加缺乏资源，所以应避免和大公司直接竞争，宜采用差异化战略。此外，新创企业能够提供更多的客户服务，致力于特殊产品（或服务）开发，以获得市场竞争优势。所以，新创企业的竞争战略选择主要是差异化战略，以此推动有效的创业成长。

创业企业的存在与可持续发展，不仅在于创业者本身的资源禀赋，还在于创业团队有把握机会并合理利用机会的能力。因此，新创企业在企业战略制订中应注意以下几点：

第一，模仿或轻微改进他人的想法。研究表明，以重大创新为起点的企业家很少，大多数成功的创业者都是通过模仿或轻微改进他人的想法开始创业，多年以后才引入创新性产品或者新的交易方式。

第二，先服务小的市场。资源有限的新企业，无法与规模大的、成熟的公司竞争。为避免和强手硬碰硬，可以从服务于当地或区域性市场起步。比如，微软当时起家时的市场就非常小，根本不会引起成熟公司的兴趣。当比尔·盖茨和保罗·艾伦在 1975 年创办微软时，他们的第一个产品“8080 BASIC 计算机语言”，只能在一家小公司制造的初级个人电脑上运行，并没有引起资金充裕的 IBM 或者 Digital 的警惕。

第三，留意新兴市场的机会。新兴市场的最大特点是其不确定性。新技术、规章制度、时尚或其他类似的外部变化就可能使新兴市场动荡不安。但是对于缺乏资源的创业者而言，这种不确定性却可能是一个更好的获利机会。创业者可以从顾客口味和规章制度的变化中找到获利机会。变动的市场上，创业者通常不需要进行重大的创新，也不必具有敏锐的洞察力就能盈利。信息不对称、顾客和供应商经验不足，以及没有积累日久的强大竞争对手，使得创业者更容易获得成功。另外，新市场的不确定性，也往往让对大额投资十分谨慎的决策者敬而远之。直到此时，自力更生的企业家们面临的竞争对手还都是一些面临资本束缚的企业。

第四，选择尺度相对模糊的领域。许多新创企业之所以能盈利，一个重要的原因就是创业者依靠个人能力提供顾客认为有价值的服务。比如，在娱乐、时尚、专业服务和定制建筑物等领域中，顾客对时尚、优雅和响应度等的衡量尺度很“模糊”。创业者可以借此让自己的产品或服务差异化，而不需要什么专门的技术或资产。凭借倾听顾客的心声、对顾客没有说出来的需求作出响应、对质量作出多种解释，他们甚至可以将自己的缺陷转变为优势。

二、新创企业的人力资源管理

2006 年，德勤华永会计师事务所北京分所对“2006 中国高科技、高成长 50 强”入选企业开展了首席执行官调查时发现：雇用和留住合格的员工（31%）是首席执行官面临的最大运营挑战，同时，培养领导人才和建立授权机制（40%）是首席执行官遇到的最大的个人挑战。大部分首席执行官认为可以通过实施职业发展计划（81%）、实施培训和发展计划来加强管理人员的领导能力（9%），可以通过对员工实施股权 / 利益分享计划（79%）的方法来吸引和留住人才。通过开展针对性的培训、设置适合的岗位、提供充沛的人才供给和运用激励手段，达到选拔、培养留住人才的目的，为新创企业正常且长期运转提供必要的人力资源支持。

(一) 组建优秀的创业团队

团队是人力资源的核心，建立优势互补的创业团队则是人力资源管理的关键。团队人员组织要注意以下几方面：第一，团队选人的时候要注意人员的异质化。应选择有不同教育背景、工作经历和性格的人，这样才能使团队成员之间取长补短，从而产生 1+1>2 的效果。第二，创业团队的组织还要注重和选用有“个性”的人物。每个人的性格与看问题的角度是不同的，如果一个团队里能够有能提出可行性建议的和能不断地发现问题的批判性的成员，这将能够有助于团队的成长和整体水平的提高。第三，选择对项目有热情的人对团队非常重要，并且要使所有人在企业初创时期就要有每天长时间工作的心理准备。任何人才，不管他（她）的专业水平多么高，如果对项目信心不足，将无法适应创业的需求，而这样一种消极思想，可能对团队中其他成员造成消极影响。只有通过以上方法选拔人员建立的优势互补的团队才是高效的。这种高效团队才有可能具有强大的处理事务的能力，如开拓能力、交际能力、研究能力等。这些能力是团队领导和成员具有的技能的综合，而不仅仅是技能的叠加。这些综合的能力对于创业来说是至关重要的，也是创业团队成功的前提。

同时，新创企业要将岗位设置制度化、规范化，对人力资源配置进行谋篇布局，并在此基础上知人善任。设置合适的岗位，选任合适的人才非常重要。要不拘一格地选拔人才，同时还要各尽所能。对员工要充分信任，疑人不用，用人不疑，这样才能形成有战斗力的创业团队。

(二) 新创企业人力资源管理机制

1. 培育企业文化，留住最好的人才

企业文化是人力资源管理的有效途径与载体，它不仅能够协助企业建立深厚的文化基础，而且还能有效地帮助企业走向成功。新创企业应当准确定位、建立独具特色的企业文化，培育团队合作精神，增强自身凝聚力，并塑造企业品牌，这样才能留住最好的人才。

（1）将共同愿景作为吸引员工的根本

共同愿景是企业上下由心认同、齐心共筑的未来景象，是看得见的“好处”，也是潜在的长期收益。让员工看到企业的宏伟蓝图，看到企业的未来愿景，使有抱负的雇员产生向往和期待，可以减少新创企业由于待遇较低所带来的负面影响，对员工产生长期的吸引力和内驱力。

（2）将人本主义作为管理员工的准则

将员工看作企业的主体，强调员工对管理的参与，从感情上与员工建立心理契约，最大限度地关心人、依靠人、培养人和造就人，才能充分激发员工的热情和进取心，使之从内心深处产生对企业强烈的归属感和责任感，并真正把个人的前途和企业的命运联系在一起。

（3）将团队精神作为凝聚员工的动力

团队精神使员工产生归属感，愿意把自己的命运和荣辱与团队的发展前途联系在一起，团队成员之间相互信任、帮助扶持、共同进步，融洽的工作氛围和强烈的责任感，使员工对企业产生较高的忠诚度。

2. 建立独有的激励与薪酬管理制度

新创企业比成熟企业更应该重视的是建立自己独有的，具有凝聚、激励与约束为一体的管理体制。

（1）开展针对性的培训，培养优秀的人才

长期、持续、有计划的员工培训，是企业运行和发展的重要保障，也是吸引优秀人才的有效手段之一。新创企业要以承受能力为基础，从长远发展需要出发，建立全程性、全面性、全员性的培训体系。首先，要营造奋发向上、不断进取的学习氛围。其次，要分层次有重点地制订全员培训计划。最后，要在实际工作中科学地衡量培训效果。即培训贯穿员工职业生涯的全过程，涵盖从业技能和综合素质的各方面，覆盖到从高层领导到一线员工的每个人。

（2）完善薪酬制度

对员工的调查反馈表明，员工期望的薪酬制度是：①一整套根据工作任务制订的分岗位、分业绩的制度，而不是随意决定的；②业绩考核过程应尽量科学、公正；③用于考核的指标应尽量系统化、制度化；④考虑员工在企业的工作年限，予以鼓励。因此，新创企业要广泛采用宽带薪酬体系，即在组织内用少数跨度较大的工资范围来代替原有数量较多的工资级别的跨度范围，取消原来狭窄的工资级别带来的工作间明显的等级差别。员工在组织中的流动是横向的，但是随着他们掌握新的技能、能力，承担新的责任，或者在原有岗位上不断改善自己的绩效，他们就能够获得更高的薪酬，即使是被安排在低层次工作上，他们依然有机会因为自己出色的工作而获得较高的薪酬。以此薪酬体系来奖励和酬劳人才，可以走出一条“利用经济来吸引人才，依靠人才拉动经济效益”的新路。

（3）采用适当的激励手段

任何激励都包含三个因素：货币价值、表彰价值（对员工业绩表示认可的奖励因素）以及激励价值（促使员工想再做一次的奖励因素）。大多数企业包括新创企业过分重视第一个因素而忽视了另外两个更为重要的因素。加强和巩固精神激励、物质激励、领导行为激励、授权激励、情感激励等各种激励制度的建设，从而以良好的激励手段来吸引人、激发人，营造一个富有激励机制的环境。

3. 完善考核机制，激励有为的人才

绩效考核是指企业以既定的考核标准作为依据，对在岗员工的工作行为、工作表现、工作结果等信息进行收集、评价和反馈。绩效考核是企业人力资源管理的核心内容，是企业人力资源发展的基本保证，既可以对员工进行甄选区分，也可以保障企业目标的实现。其具体作用表现在：①有利于获得员工的工作绩效信息，从而完善公司人力资源规划；②可以针对性地进行员工培训，提高他们的工作能力，还可作为员工选拔、轮岗、晋升、确定劳动报酬的参考依据；③可以有效激励员工勇于发现自身的不足，不断完善自我，增强竞争力，充分发挥员工的潜能和积极性；④有利于形成高效的工作氛围。因此，建立科学完备的绩效考核制度对于新创企业来讲意义重大。

（三）人力资源管理的方法

1. “抽屉式”管理

在现代管理中，它也叫作“职务分析”。当今一些经济发达国家的大中型企业，都非常重视“抽屉式”管理和职位分类，并且都在“抽屉式”管理的基础上，不同程度地建立了职位分类制度。据调查统计：泰国在 1981 年采用“抽屉式”管理的企业为 50%。在 1985 年为 75%，而在 1999 年为 95% 以上。最近几年，中国香港的大中型企业也普遍实行“抽屉式”管理。

“抽屉式”管理是一种通俗形象的管理术语，它形容在每个管理人员办公桌的抽屉里，都有一个明确的职务工作规范，在管理工作中，既不能有职无权，也不能有责无权，更不能有权无责，必须职、责、权、利相互结合。

企业进行“抽屉式”管理有如下5个步骤：

第一步，建立一个由企业各个部门组成的职务分析小组；

第二步，正确处理企业内部集权与分权关系；

第三步，围绕企业的总体目标层层分解，逐级落实职责权限范围；

第四步，编写“职务说明”“职务规格”，制订出每个职务工作的要求准则；

第五步，必须考虑到考核制度与奖惩制度相结合。

2.“危机式”管理

在世界著名大企业中，随着世界经济竞争日趋激烈化，相当一部分企业进入维持和衰退阶段，可口可乐、杜邦、福特这样的大企业，也曾出现大量的经营亏损。为改变状况，美国企业较为重视推行“危机式”管理，并掀起了一股“末日管理”的浪潮。

美国企业界认为，如果一位经营者不能很好地与员工沟通，不能向他的员工们表明危机确实存在，那么他很快就会失去信誉，因而也会失去效率和效益。美国技术公司总裁威廉·伟思看到，全世界已变成一个竞争的战场，全球电信业正在变革中发挥重要作用。因此，他启用两名大胆改革的高级管理人员为副董事长，免去5名倾向于循序渐进改革的高级人员职务，在职工中广泛宣传某些企业由于忽视产品质量、成本上升失去用户的危机，他要全体员工知道，如果技术公司不把产品质量、生产成本及用户时刻放在突出位置，公司的末日就会来临。

3.“一分钟”管理

目前，西方许多企业纷纷采用“一分钟”管理法则，并取得了显著的成效。具体内容为：一分钟目标、一分钟赞美及一分钟惩罚。

一分钟目标，就是企业中的每个人都将自己的主要目标和职责明确地记在一张纸上。每一个目标及其检验标准，应该在250个字内表达清楚，一个人在一分钟内能读完。这样，便于每个人明确认识自己为何而干，如何去干，并且据此定期检查自己的工作。

一分钟赞美，就是人力资源激励。具体做法是企业的经理经常花费不长的时间，在职员所做的事情中，挑出正确的部分加以赞美。这样可以促使每位职员明确自己所做的事情，更加努力地工作，使自己的行为不断向完美的方向发展。

一分钟惩罚，是指某件事应该做好，但却没有做好，对有关的人员首先进行及时批评，指出其错误，然后提醒他，你是如何器重他，不满的是他此时此地的工作。这样，可使做错事的人乐于接受批评，感到愧疚，并注意避免同样错误的发生。

“一分钟”管理法则妙就妙在它大大缩短了管理过程，有立竿见影的效果。一分钟目标，便于每个员工明确自己的工作职责，努力实现自己的工作目标；一分钟赞美可使每个职员更加努力地工作，使自己的行为趋向完善；一分钟惩罚可使做错事的人乐意接受批评，促使他今后工作更加认真。

4.“破格式”管理

在企业诸多管理中，最终都通过对人事的管理达到变革创新的目的。因此，世界发达企业都根据企业内部竞争形势的变化，积极实行人事管理制度变革，以激发员工的创造性。

在日本和韩国企业里，过去一直采用以工作年限作为晋升职员级别和提高工资标准的“年功制度”，这种制度适应了企业快速膨胀时期对用工、用人的要求，提供了劳动力就业与发展的机会。进入 20 世纪 80 年代以来，这些发达企业进入低增长和相对稳定阶段，“年功制度”已不能满足职员的晋升欲望，使企业组织人事的活力下降。20 世纪 90 年代初起，日本、韩国发达企业着手改革人事制度，大力推行根据工作能力和成果决定升降员工职务的“破格式”的新人事制度，收到了明显成效。

世界大企业人事制度的变革，集中反映出对人的潜力的充分挖掘，以搞活人事制度来搞活企业组织结构，注意培养和形成企业内部的“强人”机制，形成竞争、奋发、进取、开拓的新气象。

5.“和拢式”管理

“和拢”表示管理必须强调个人和整体的配合，创造整体和个体的高度和谐。在管理中，欧美企业主要强调个人奋斗，促使不同的管理相互借鉴。

它的具体特点是：

①既有整体性，又有个体性。企业的每个成员都对公司产生使命感，“我就是公司”是“和拢式”管理中的一句响亮口号。

②自我组织性。放手让下属作决策，自己管理自己。

③波动性。现代管理必须实行灵活经营战略，在波动中产生进步和革新。

④相辅相成。要促使不同的看法、做法相互补充交流，使一种情况下的缺点变成另一种情况下的优点。

⑤个体分散与整体协调性。一个组织中单位、小组、个人都是整体中的个体，个体都有分散性、独创性，通过协调形成整体的形象。

⑥韵律性。企业与个人之间达成一种融洽和谐充满活力的气氛，激发人们的内驱力和自豪感。

6.“走动式”管理

这是世界上流行的一种创新管理方式，它主要是指企业主管体察民意，了解实情，与部属打成一片，共创业绩。这种管理风格，已显示出其优越性。

①主管动部属也跟着动。日本经济团体联合会名誉会长士光敏夫采用“身先士卒”的做法，一举成为日本享有盛名的企业家，在他接管日本东芝电器公司前，东芝已不再享有“电器业摇篮”的美称，生产每况愈下。士光敏夫上任后，每天巡视工厂，遍访了东芝设在日本的工厂和企业，与员工一起吃饭，闲话家常。清晨，他总比别人早到半个钟头，站在厂门口，向工人问好，率先示范。员工受此气氛的感染促进了相互间的沟通，士气大振。不久，东芝的生产恢复正常，并有了很大进步。

②投资小，收益大。“走动”管理并不需要太多的资金和技术，就可能提高企业的生产力。

③看得见的管理。就是说最高主管能够到达生产第一线，与工人见面、交谈，希望员工能够对他提意见，能够认识他，甚至与他争辩是非。

④现场管理。日本为何有世界上第一流的生产力呢？有人认为是建立在追根究底的现场管理上。主管每天马不停蹄地到现场走动，部属也只好跟着到现场走动。

⑤“得人心者昌”。优秀的企业领导要常到职位比他低几层的员工中去体察民意，了解实情，多听一些“不对”，而不是只听“好”的。不仅要关心员工的工作，叫得出他们的名字，而且关心他们的衣食住行。这样，员工觉得主管重视他们，工作自然十分卖力。一个企业有了员工的支持和努力，自然就会昌盛。

美国麦当劳快餐店创始人雷·克罗克，是美国有影响的大企业家之一，他不喜欢每天坐在办公室里，大部分时间都用在“走动式”管理上，即到所属各公司、各部门走走、看看、听听、问问。公司曾有一段时间面临严重亏损的危机，克罗克发现其中一个重要原因是公司各职能部门的经理官僚主义突出，习惯躺在舒适的椅背上指手画脚，把许多宝贵的时间耗费在抽烟和闲聊上。于是克罗克想出了一个“奇招”，要求将所有经理的椅子靠背都锯掉，经理们只得照办。开始很多人骂克罗克是个疯子，不久后大家悟出了他的一番“苦心”，纷纷走出办公室，开展“走动式”管理，及时了解情况，现场解决问题，终于使公司扭亏为盈，有力地促进了公司的生存和发展。

三、新创企业的财务管理

财务是一个企业的命脉，不管在任何阶段的企业都必须要重视财务工作。对于初创企业来讲，进行财务管理是非常必要的，原因有三：第一，利益相关方时刻关注企业的财务状况。一个企业的财务问题不仅仅受到企业本身的关注，还会受到诸如供应商、客户、政府、银行、投资人等各个利益相关方的关注。第二，需要对财务管理模式不断调试以找到最适合企业的财务管理办法。一般来讲，在企业创立的前一两年，都是企业对自身业务模式不断试错的阶段，而其中也包括财务管理的调试，且企业业务的好坏也反映在财务上面，所以财务管理模式也处在摸索的阶段。第三，确保企业现金流不断。很多时候初创企业明明是赚钱的，但是由于财务管理不到位，却导致亏损甚至倒闭。

（一）财务及财务管理的概念

财务泛指财务活动和财务关系。财务的内涵是本金的投入收益活动，以及在本金投入收益活动中所发生的特有经济关系。

财务管理是企业根据经济法规制度，利用价值形式组织企业再生产过程的财务活动，并处理在这种价值运动中形成的财务关系的一项经济管理工作。简言之，财务管理是对企业财务活动和财务关系的管理，是企业管理的一个重要组成部分。

（二）企业财务管理的对象

企业财务管理把资金作为研究对象，财务管理主要是资金的管理，一方面研究资金运动，即如何合理配置和有效使用企业资金；另一方面研究资金运动反映的财务关系，即合理设计财务制度和管理结构，妥善处理和协调各相关利益集团的经济关系。企业资金运动过程中，资金运动的起点和终点都是现金，其他资产都是现金在流转过程中的转化形式。因此，财务管理的对象也可以说就是现金及其流转。

在生产经营中，原材料通过加工，伴以人工费和制造费用的投入，形成产品。在此过程中，固定资产不断地被磨损，其价值逐步减少，减少的价值称为折旧费，包括材料费、人工费和折旧费在内的制造费用构成了产品的生产成本。产品完成后，通过现销和赊销方式对外销售，现销在出售产品的同时收回了现金，而建立在商业信用下的赊销，会在信用期限内收回现金。在回笼现金的同时，固定资产的部分成本（即折旧费）被回收，这种回收的折旧费积累形成企业的折旧基金，用于固定资产的更新改造和重置。在产品生产和销售中，同时也会发生诸如管理部门的办公费、工资等管理费用，还有为销售产品而发生广告费、装卸费和运费等销售费用，这些费用的产生最终都会导致现金的流出。

综上所述，企业生产经营过程，从现金投入开始，现金转化为非现金资产，又由非现金资产转化为现金，形成一次现金流转。这种流转周而复始，不断循环，形成现金的循环。在现金流转中，由于企业所处的宏观经济状况不同、市场需求不同、行业竞争激烈程度不同，企业的现金流转顺畅程度不同。一般来讲，盈利企业的现金流转比较顺畅；而亏损企业的现金流转不顺畅，长期来看，这种企业难以维持其生产经营而最终面临破产倒闭。

（三）财务活动

企业财务活动可分为筹资活动、投资活动、资金营运活动、分配活动4个方面。

1. 筹资活动

筹资活动是指筹集资金的活动。企业要进行生产经营，首先必须从各种渠道筹集资金。筹资是企业生产经营活动的起点和必要条件。企业筹资要本着节约原则，合理确定筹资总规模和资本结构，既要保证必要的资金需求又不浪费。筹资决策要解决的问题是如何取得企业所需要的资金，包括筹资规模选择（筹集多少资金）、筹资渠道选择（向谁筹资）、筹资方式选择（发行股票还是债券等）、筹资时间选择（在什么时候）、筹资速度、筹资成本、筹资风险及借款企业所受的限制等。企业在筹资过程中，涉及以下的财务关系：①与债权人的财务关系；②与企业所有者的财务关系。

2. 投资活动

投资活动是指以收回本金并取得收益为目的而发生的现金流出活动，是资金运动的中心环节。企业筹集资金后，必须将资金投入使用以谋求低风险高收益。企业投资活动可分为对内投资活动和对外投资活动两种方式。对内投资活动是指企业购买机械设备和无形资产、建造房屋等形成劳动手段，以及购进原材料、燃料、零部件等形成劳动对象所进行的投资活动；对外投资活动是指企业购买股票、债券或者直接对其他单位进行投资的活动。

资金投放是现金流动的中心环节，它不仅对资金筹集提出要求，而且也是决定未来经济效益的先决条件。这个过程中要处理的财务关系有：①企业与债务人的关系；②企业与被投资单位的关系；③企业内部各单位之间的财务关系；④企业与员工之间的财务关系。

3. 资金营运活动

企业在日常生产经营活动过程中，会产生一系列的资金收支。首先，企业要采购材料或商品，以便从事生产和销售活动，同时，还要支付工资和其他营业费用；其次，当企业把产品或商品销售出去后，便可取得收入，收回资金；最后，如果现有资金不能满足企业经营的需要，还要采取短期借款方式筹集所需资金。上述各方面都会产生企业资金的收支，属于企业经营活动引起的财务活动。营运资金管理涉及流动资产、流动负债及二者相互关系的研究。具体而言，主要包括了耗费管理和收入管理两个方面的内容。企业生产经营过程中必然发生资金的消耗，耗资管理就是对费用发生和成本费用的管理。耗资管理通过降低成本费用，发挥资金利用效率，达到企业利润的提升。

4. 分配活动

分配活动是指企业利润获取和利润分配的活动。资金分配是一次资金运动的终点，同时又是下一次资金运动的起点。企业在经营过程中会产生利润，也可能会因对外投资而分得利润，这表明企业有了资金的增值或取得了投资报酬。企业的利润要按规定的程序在国家、企业、职工、投资者之间进行分配。首先，要依法纳税；其次，要用来弥补亏损，提取公积金、公益金；最后，要向投资者分配利润。企业在经营中回笼的货币资金，还要按计划向债权人还本付息。用以分配投资收益和还本付息的资金，就从企业的资金运动中退出。这种因利润分配而产生的资金收支便属于由利润分配而引起的财务活动。资金的留存和退出，会影响企业的资金规模和资金结构，因此如何依据一定的法律原则，确定合理的分配规模和分配方式，确保企业取得更大的长远利益，是企业重点关注的问题。

（四）企业财务管理的目标

财务管理的目标，是指企业进行财务活动所要达到的根本目的，是评价企业财务活动是否合理的标准。

1. 利润最大化

利润最大化的财务管理目标是微观经济学的理论基础，西方经济学家以边际收入等于边际成本来确定企业的产销量，使企业利润达到最大化，并以利润最大化来分析和评价企业的业绩。在市场经济中，企业作为自主经营、自负盈亏的经济实体，必然更关心市场、关注利润，并且将职工的经济利益同企业利润直接挂钩，从而使利润最大化成为企业财务管理的主要目标。

2. 权益资本利润率最大化

权益资本利润率是利润额与权益资本额的比率，每股利润是利润额与普通股股数的比值。这里的利润额指税后净利润。计算公式如下：

$$权益资本利润率=\frac{净利润}{全年平均权益资本额}$$

$$每股利润=\frac{净利润}{普通股在外发行的股数}$$

3. 股东财富最大化

股东财富最大化的理论依据是资本的强权理论和股东利益与社会利益相统一理论。资本强权理论认为，资本的专用性、非流动性、稀缺性和信号显示功能等，决定了企业的“剩余控制权”或所有权天然地归资本所有者所有，“资本雇佣劳动”是最合理的企业制度，因此企业的财务管理自然也应当以股东利益为基本取向。股东利益与社会利益相统一的理论认为，最大限度地为股东赚钱，就能极大地增进社会福利。股东财富最大化的目标在一定条件下也就演变成股票市场价格最大化这一目标。

4. 企业价值最大化

该观点在当前学术界得到普遍认可。支持这种观点的人认为，现代企业是多边契约关系的集合，不能只考虑股东的利益，而应体现企业整体的利益。企业的价值，就在于它能给企业的所有者和其他利益相关者带来未来的报酬。企业价值最大化更能体现企业主体的特征和利益相关者的利益，较股东财富最大化更为合理。这里的企业价值不是资产的账面价值，而是企业全部财产的市场价值，它反映了企业潜在或预期的获利能力。企业价值不仅包括债权价值、股权价值，还有人力资本价值、商誉等。

（五）财务报表

财务报表是向企业管理者和外界提供企业经营状况的正式文件，创业者重点掌握资产负债表、损益表和现金流量表等三大报表。现金流量表是对资产负债表和损益表的补充和完善。资产负债表反映企业一定时期期末的财务状况，但无法解释财务状况形成的原因和过程；损益表说明一定时期的经营成果，却无法表达经营成果是否与现金流量相匹配；而现金流量表则可以解释财务状况变动的原因和过程，并说明经营成果对财务状况的影响。所以，资产负债表、损益表、现金流量表是三分天下，各有其用，缺一不可。

1. 资产负债表

资产负债表是反映企业某一特定日期（月末、年末）财务状况的报表（表11-1）。通过资产负债表，可以了解企业所掌握的经济资源以及这些经济资源分布的情况和结构；可以揭示企业资产的构成、企业所负担的长、短期债务，以及企业的投资者在企业里所持有的权益；通过对年初数与年末数的对比分析，可以看出企业财务状况的增减变化以及发展趋势。

表 11-1　资产负债表

年　　月　　　日
资产负债表

资产	金额	负债	金额
1. 流动资产		1. 短期负债	
2. 固定资产		2. 长期负债	
3. 减：累计折旧		负债总额	
固定资产净值		所有者权益	
4. 其他资产			
资产总额		负债与所有者权益总额	
附注		附注	

单位：元
编制单位：
复核：
制表：
单位负责人：　　　　　　　　　　财会负责人：

说明：资产负债表在结构上主要以“资产 = 负债 + 所有者权益”的平衡关系为依据，并按照资产流动性大小、变现能力强弱以及负债偿还期限的长短为标准，把各项目适当地加以排列。该表分为左右两方，左方为资产，表明资产由哪些项目构成；右方为负债及所有者权益方，说明企业应承担的经济责任。资产总额与负债及所有者权益的总额应该是相互平等的关系。

2. 损益表

损益表是反映企业一定时期（月份、年度）内净利润或者亏损情况的报表（表

11-2）。它是企业必须按月编报的一张动态报表。企业利润的多少，不仅表明企业实现了多少利润或者发生了多少亏损，同时，在一定程度上也可以说明企业的经营管理水平。

表 11-2　损益表

编制单位：　　　　　　　　　　年　月　日　　　　　　　　　　单位：元

项目	行次	年份			月份		
		金额	目标	趋势	金额	目标	趋势
销货净额	1						
减：销货成本	2						
销货毛利	3						
减：管理费用	4						
营业利润	5						
加：营业外收入	6						
减：利息支出	7						
其他费用	8						
利润总额	9						
减：所得税	10						
本期净利润	11						

单位负责人：　　　　　财会负责人：　　　　　复核：　　　　　制表：

损益表数据关系及计算步骤如下：

第一步，计算商品销售毛利润（即第 3 行）

商品销售毛利润 = 商品销售净额 – 商品销售成本

其中

商品销售净额 = 销售收入 – 销售折扣折让

商品销售成本 = 商品采购成本 + 销售税金及附加 + 销售费用

第二步，计算营业利润（即第 5 行）

营业利润 = 商业销售毛利润 – 管理费用

第三步，计算利润总额（即第 9 行）

利润总额 = 营业利润 + 营业外收入 – 利息支出 – 其他费用

第四步，计算净利润（即第 11 行）

净利润 = 利润总额 − 所得税

当然，如果利润总额为负数，则不必缴纳所得税，说明存在亏损。

3. 现金流量表

现金流量表（表 11-3）一般由主表和附表（补充资料）组成，主表由经营活动现金流量、投资活动现金流量和筹资活动现金流量 3 个部分构成，分析现金流量及其结构，可以了解企业现金的来龙去脉和现金收支构成，评价企业经营状况、创现能力、筹资能力和资金实力。

表 11-3 现金流量表

编制单位：　　　　　年　月　日　　　　　单位：　元

项目	行次	月份
一、经营活动产生现金流量		
销售商品、提供劳务收到的现金	1	
收到增值税销项税额	2	
现金收入合计	3	
购买商品、接受劳务支付现金	4	
支付给职工以及为职工支付的现金	5	
支付的各项税费	6	
支付的其他与经营活动有关的现金	7	
现金支出合计	8	
经营活动产生现金净额	9	
二、投资活动产生的现金（略）		
三、筹资活动产生的现金流量		
借款所收到的现金	10	
现金收入小计	11	
偿还债务所支付的现金	12	
偿还利息所支付的现金	13	
现金支出小计	14	
筹资活动产生的现金净额	15	
四、现金及现金等价物增加额	20	

单位负责人：　　　财会负责人：　　　复核：　　　制表：

现金流量表附表是现金流量表中不可或缺的一部分，项目金额则是相应会计账户的当期发生额或期末与期初余额的差额。

（六）财务分析

企业编制的资产负债表、损益表和现金流量表是以一系列财务数据来反映企业的财务状况和经营成果的。对于创业者而言，这些数据是初步的、原始的，还不能直接为决策服务。创业者应当根据自己的实际需求，运用各种专门的工具，对会计报表提供的数据进行加工、整理、分析和研究，从中提取有用的信息，从而为预测和决策提供依据。

1. 现金流量表分析

现金流量表分析就是在现金流量表有关数据的基础上，进一步明确现金流入的构成、现金支出的构成及现金余额情况。现金流入构成反映企业的各项业务活动现金流入，如经营活动的现金流入、投资活动现金流入、筹资活动现金流入等在全部现金流入中的比重以及各项业务活动现金流入中具体项目的构成情况，明确企业的现金究竟来自何方，要增加现金流入主要应在哪些方面采取措施等。现金支出结构分析是指企业的各项现金支出占企业当期全部现金支出的百分比。它具体地反映企业的现金用于哪些方面，怎么支出的等。

通过现金流量分析，创业者可以进一步了解企业财务状况的形成过程、变动过程及变动原因，以便做到及时把握企业发展方向。

2. 盈利质量分析

盈利质量分析主要是根据经营活动现金净流量与销售收入、净利润等之间的关系，揭示企业保持现有经营水平，以及将来创造盈利能力的一种分析方法。主要包括销售净现率、净利润现金比率和现金毛利率。

销售净现率 = 经营现金流量净额 / 销售收入。该比率反映了企业本期经营活动产生的现金净流量与净利润之间的比率关系，反映了当期主营业务资金的回笼情况。该数值越接近 1，就说明企业资金回笼的速度越快，企业应收账款的数量少，反之则会造成企业大量的资金的积压，加大筹集资金的成本和难度，更有可能造成大量的坏账损失。

净利润现金比率 = 经营现金流量净额 / 净利润。这一比率反映企业本期经营活动产生的现金净流量与净利润之间的比率关系。一般情况下比率越大，企业的盈利越高。如果净利润高，经营活动产生现金流量低，说明本期净利润中存在尚未实现现金的收入，企业净收益很差，即使盈利，也可能发生现金短缺，严重时会导致企业破产。需要注意的是，在分析这一指标时，只有在企业经营正常，既能创造利润，同时现金净流量又为正时才可比，分析这一比率也才有意义。

3. 支付能力分析

支付能力分析是指企业除了用现金偿还债务外，还用现金来支付企业的其他各项开支的能力的一种分析方法。企业如果没有支付能力，拖欠职工工资、拖欠货款，会影响到企业的正常经营活动，企业无法成长和发展。

支付能力分析主要通过企业当期取得的现金（特别是其中的经营活动产生的现金收入）与各项支出的现金来进行比较。如果余额大于 0，则企业有支付能力，如果余额小于 0，则存在支付风险，企业必须通过筹资来弥补这方面的不足，否则将会倒闭。

4. 偿债能力分析

企业的偿债能力是指企业用其资产偿还长期债务与短期债务的能力。企业有无支付现金的能力和偿还债务能力，是企业能否健康生存和发展的关键。

（1）流动比率 = 流动资产 / 流动负债合计

一般情况下，这个指标要达到 200% 左右为好，指标越低，即说明企业依靠现金偿还债务的压力越大，指标越高，即说明偿还债务越轻松。

（2）速动比率 =（流动资产总额 – 存货净额）/ 流动负债总额

一般情况下，该指标越大，表明公司短期偿债能力越强。

四、初创企业的营销管理

成熟企业往往设有专门的营销费用，可以承受高额的广告费、赞助费等，而且在市场中已经有了一些知名度，做营销相对容易。而初创企业做营销是比较困难的，主要是因为初创企业资源有限，而营销资源又更是有限。那初创企业怎样做营销呢，关键就是要“准”。精准的市场定位能够有效弥补初创企业在营销资源上的短板，并且有助于企业快速抓住市场机会。

简而言之，精准的市场定位要做到以下几点。

(一) 合理的市场细分

市场细分的概念是美国市场学家温德尔·史密斯（Wendell Smith）于20世纪50年代中期提出来的。市场细分是指营销者通过市场调研，依据消费者的需要和欲望、购买行为和购买习惯等方面的差异，把某一产品的市场整体划分为若干消费者群的市场分类过程。每个消费者群就是一个细分市场，每一个细分市场就是具有类似需求倾向的消费者构成的群体。

市场细分作为一个比较、分类、选择的过程，通常有这样几步：

1. 确定进入市场的范围

企业根据自身的经营条件和经营能力确定进入市场的范围，如进入什么行业，生产什么产品，提供什么服务。

2. 进一步确定细分标准

例如，消费者市场的细分标准有：

①按地理因素细分，也就是按消费者所在的地理位置、城镇大小、地形、地貌、气候、交通状况、人口密集度等进行细分；

②按人口因素细分，即按消费者年龄、性别、职业、收入、民族、宗教、教育、家庭人口、家庭生命周期等细分；

③按心理因素细分，即按消费者生活方式、性格、购买动机、态度等进行细分；

④按行为因素细分就是按消费者的购买时间、购买数量、购买频率、购买习惯（品牌忠诚度），对服务、价格、渠道、广告的敏感程度等细分。

3. 分析潜在顾客的不同需求，初步划分市场

企业将所列出的各种需求通过抽样调查，进一步收集有关市场信息与顾客背景资料，然后初步划分出一些差异最大的细分市场，至少从中选出三个分市场。

4. 剔除无效市场

根据有效市场细分的条件，对所有细分市场进行分析研究，剔除不合要求、无用的细分市场。

5. 为细分市场定名

为便于操作，可结合各细分市场上顾客的特点，用形象化、直观化的方法为细分市场定名，如某旅游市场分为商人型、舒适型、好奇型、冒险型、享受型、经常外出型等。

6. 充分分析细分市场的特点

进一步对细分后选择的市场进行调查研究，充分认识各细分市场的特点，本企业所开发的细分市场的规模、潜在需求，还需要对哪些特点进一步分析研究等。

7. 决定细分市场规模，选定目标市场

企业在各子市场中选择与本企业经营优势和特色相一致的子市场，作为目标市场。没有这一步，就没有达到细分市场的目的。

(二) 建立竞争优势

企业和国家，都想要维持不败的竞争力，究竟什么是竞争力 ?1980 年哈佛大学商学研究院迈克尔 · 波特出版的《竞争策略》一书做了详细介绍，此书一时受到美国企管学术与实务界的共同重视。竞争优势理论，就是波特提出的，波特的国际竞争优势模型（又称钻石模型）包括 4 种本国的决定因素和两种外部力量。4 种本国的决定因素包括要素条件，需求条件，相关及支持产业，公司的战略、组织以及竞争。两种外部力量是随机事件和政府。

波特对于竞争优势理论做出了非常重要的贡献，他提出了著名的“五种竞争力量”，是分析产业环境的结构化方法；他更具影响的贡献是在《竞争战略》一书中明确地提出了 3 种通用战略。

波特认为，在与 5 种竞争力量的抗争中，蕴涵着 3 类成功型战略思想，这 3 种战略思想是：总成本领先战略、差异化战略和专一化战略。波特认为，这些战略类型的目标是使企业的经营在产业竞争中高人一筹：在一些产业中，这意味着企业可取得较高的收益；而在另外一些产业中，一种战略的成功可能只是企业在绝对意义上能获取些微收益的必要条件。有时企业追逐的基本目标可能不止一个，但波特认为这种情况实现的可能性是很小的。因为企业贯彻任何一种战略，通常都需要全力以赴，并且要有一个支持这一战略的组织安排。如果企业的基本目标不止一个，则这些方面的资源将被分散。

1. 总成本领先战略

成本领先要求坚决地建立起高效规模的生产设施，在经验的基础上全力以赴降低成本，抓紧成本与管理费用的控制，以及最大限度地减小研究开发、服务、推销、广告等方面的成本费用。为了达到这些目标，就要在管理方面对成本给予高度的重视。尽管质量、服务以及其他方面也不容忽视，但贯穿于整个战略之中的是使成本低于竞争对手。该公司成本较低，意味着当别的公司在竞争过程中已失去利润时，这个公司依然可以获得利润。

赢得总成本最低的有利地位通常要求具备较高的相对市场份额或其他优势，诸如与原材料供应方面的良好联系等，或许也可能要求产品的设计要便于制造生产，易于保持一个较宽的相关产品线以分散固定成本，以及为建立起批量而对所有主要顾客群进行服务。

总成本领先地位非常吸引人。一旦公司赢得了这样的地位，所获得的较高的边际利润又可以重新对新设备、现代设施进行投资以维护成本上的领先地位，而这种再投资往往是保持低成本状态的先决条件。

2. 差异化战略

差异化战略是将产品或公司提供的服务差异化，树立起一些全产业范围中具有独特性的东西。实现差异化战略可以有许多方式：设计名牌形象、技术上的独特、性能特点、顾客服务、商业网络及其他方面的独特性。最理想的情况是公司在几个方面都有其差异化特点。例如履带拖拉机公司不仅以其商业网络和优良的零配件供应服务著称，而且以其优质耐用的产品质量享有盛誉。

如果差别化战略成功地实施了，它就成为在一个产业中赢得高水平收益的积极战略，因为它建立起防御阵地对付 5 种竞争力量，虽然其防御的形式与成本领先战略有所不同。波特认为，推行差别化战略有时会与争取占有更大的市场份额的活动相矛盾。推行差别化战略往往要求公司对于这一战略的排他性有思想准备。

这一战略与提高市场份额两者不可兼顾。在建立公司的差别化战略的活动中总是伴随着很高的成本代价，有时即便全产业范围的顾客都了解公司的独特优点，也并不是所有顾客都将愿意或有能力支付公司要求的高价格。

3. 专一化战略

专一化战略是主攻某个特殊的顾客群、某产品线的一个细分区段或某一地区市场。正如差别化战略一样，专一化战略可以具有许多形式。虽然低成本与差别化战略都是要在全产业范围内实现其目标，专一化战略的整体却是围绕着很好地为某一特殊目标服务这一中心建立的，它所开发推行的每一项职能化方针都要考虑这一中心思想。这一战略依靠的前提思想是：公司业务的专一化能够以高的效率、更好的效果为某一狭窄的战略对象服务，从而超过在较广阔范围内竞争的对手们。波特认为这样做的结果，是公司或者通过满足特殊对象的需要而实现了差别化，或者在为这一对象服务时实现了低成本，或者二者兼得。这样的公司可以使其盈利的潜力超过产业的普遍水平。这些优势保护公司抵御各种竞争力量的威胁。

但专一化战略常常意味着限制了可以获取的整体市场份额，其必然包含着利润率与销售额之间互以对方为代价的关系。

五、新创企业的风险管理

创业风险具有不确定性，企业风险由创业过程当中各种难以预计和无法控制的因素造成，一旦发生就会给创新型企业带来严重的经济损失。创业风险并不是只代表着经济损失，经历过风险之后可能为企业带来更高的经济价值。企业家必须采取积极谨慎的态度面对风险，对创业风险进行有效的认识，对可能出现的未知风险进行有效的预防，并且对发生的风险进行有效的控制和处理。当风险与利益共存时，创业者需要沉着地判断利弊。

（一）企业风险识别与评估

1. 企业风险类型

按照创业风险的内容，企业风险可以分为以下类型，具体见表 11-4。

表 11-4　企业风险类型

风险类型	具体表现
环境风险	国家宏观经济政策变化，使企业受到意外的风险损失； 企业的生产经营活动与外部环境的要求相违背而受到的制裁风险； 社会文化、道德风俗习惯的改变使企业的生产经营活动受阻而导致企业经营困难
市场风险	企业对市场需求预测失误，不能准确地把握消费者偏好的变化； 竞争格局出现新的变化，如新竞争者进入所引发的企业风险；市场供求关系发生变化
技术风险	技术工艺发生根本性的改进； 出现了新的替代技术或产品； 技术无法有效地商业化
管理风险	组织结构出现问题，管理能力与管理水平不足； 生产过程发生意外中断，生产计划失误，造成生产过程紊乱
财务风险	由于企业收支状况发生意外变动给企业财务造成困难而引发的企业风险
人才风险	道德风险，选人不当会造成成员的职责工作和自身能力不相适应； 人事变动风险，企业人事管理方面的风险

2. 企业风险的识别

风险识别是指在风险出现或出现之前就予以识别，以有效把握各种风险信号及其产生的原因。企业经营者如不能正确、全面地认识企业可能面临的所有潜在损失，就不可能及时发现和预防风险，就难以选择最佳的处理方法。

常见的风险识别方法有以下四种。

（1）风险清单法

风险清单法主要是指通过编制风险清单，列出各种可能的风险，并将这些风险与创业企业及其生产经营活动联系考察，以发现各种潜在的风险因素。在罗列风险因素时，企业既要考虑自身所处的自然、社会、经济、法律、政治等宏观外部环境因素，也要充分考虑市场、消费者、竞争者和企业自身条件等微观环境因素，以使风险清单更加全面、更具普遍性。

（2）调查法

创业企业可以通过定期调查来辨识相关因素的变化，以及时发现风险。创业企业具体可以通过现场调查法、问卷调查法、专家咨询法了解市场的变化、需求的变化、竞争对手的变化，以便及时发现各方面出现的不确定性给创业企业带来风险的可能性、损失的幅度等。调查的对象范围也较为广泛，如创业企业管理者、研发人员、风险投资家、生产一线人员、营销人员、外部专家和消费者等。

（3）财务报表法

企业通过分析资产负债表、损益表和现金流量表等报表中的每一个项目，确定某一特定企业在何种情况下会有什么样的潜在损失及其成因。每个企业的经营活动最终要涉及商品和资金，所以，财务报表法比较直观、客观和准确。

（4）流程图法

企业可以将创业企业的发展阶段和经营过程中的各环节按其逻辑关系以流程图显示出来，并以此判断各要素之间的联系和风险因果的传导机制，进而识别风险。

3. 企业风险的评估

（1）企业风险分析

我国创业企业的成长可以划分为孕育期、求生期、扩张期和稳定前期四个阶段。各个阶段呈现出不同的风险类型和风险特点。孕育期可能面临一系列的外部环境风险、市场风险以及财务风险；求生期最常遇到的是财务风险、市场风险、技术风险；在扩张期，管理风险、市场风险都是创业企业将遇到的显著风险；稳定前期，成长动力风险和战略风险初现端倪。风险分析既需要对风险本身进行界定，如界定风险发生的可能性、强度、持续时间、发生的区域和关键风险点，还需要对风险的作用方式进行界定，如界定风险对企业的影响是直接的还是间接的、是否会引发其他的相关风险、风险对企业的作用范围等。

（2）企业风险评价

企业要结合对自身的分析和对风险的分析，评估风险对企业目标实现的影响程度、风险的价值等。例如，企业要分析风险可能会给企业带来的损失，这个损失有多大；如果避免或者减少风险，企业需要付出多大的代价；如果企业承担风险，能给企业带来多大的利益；如果避免或者减少风险，企业得到的利益又能有多少。

（二）企业风险规避的对策

为避免造成重大经济损失和社会不良影响，每个创业者都应花大力气进行风险预防。创业者应选择那些发生概率大、后果严重的事件进行重点防范。企业可以采取以下防范风险的措施。

1. 降低市场风险的对策

以市场及消费者的需求为生产的出发点；时刻关注市场变化，善于抓住机会来满足消费者的产品需求；广泛收集市场情报，并加以分析比较，制订有效的市场营销策略；研究、分析竞争对手的优势和劣势，寻找突破口；对各种成本进行细化、量化的测算，杜绝不必要的费用；健全符合自身产品特点的销售渠道网络；充分了解各主管机关的职能及人员的构成情况；以良好、诚信的售后服务赢得顾客青睐。

2. 降低人事风险的对策

建立完善的雇员选择标准，综合考虑技术能力和团队协作能力两个因素；建立合理的信息沟通及汇报制度，使创业者能充分地、迅速地、准确地掌握员工及企业动态；建立完善的人事考核标准，公平、公正、全面地考核员工的工作业绩和对企业的贡献程度，在完善的人事考核标准的基础上建立合适的薪酬发放制度。除此之外，企业还应该考虑人员流动给企业带来的风险，所以，企业应该建立人才需求体系和人才资源库，以保证人员配备的充足和完整；记录并跟踪新雇员的情况，熟悉各个职员的素质及发展，做到人尽其才；友好对待并鼓励新雇员，使其早日适应新环境，进入工作角色。

3. 降低财务风险的对策

为了应付财务风险，领导班子和财务人员要有适当分工并且提升自身的财务管理观念和技能，加强对财务预算与财务风险的把控；请专家和银行来咨询，帮助创业者以风险投资、典当投资、网络融资和租赁设备等方式选择最佳的资金来源以及选择最合适的时机筹措资金；建立完善的财务信息体系，督促相关工作人员做好财务报表等工作，加强对流动资金的管理；在企业内部进行财务知识普及工作，提高企业员工对财务管理的认识；提高资金的使用率，提高资源的利用效率，从而使得企业的发展能够取得较好的效果。

4. 降低技术风险的对策

综合考虑企业自身的技术能力、资金量和所需时间，选择技术获得途径；若选择引进技术，则要在引进技术前对所引进技术的先进性、经济性和适用性进行评价；加强对职工的技术培训，提高员工对高科技设备的操作熟练度，减少不必要的风险损失。在技术开发的过程中，企业应加强技术管理，建立健全技术开发和管理的内部控制制度，对科技人员实行特殊的优惠政策，保证技术资料的机密性，以防范因技术人员离职和外调而引起核心技术流失，避免公司的利益产生极大的损失。

案例延伸

老干妈管理圣经

陶华碧说："我从不欠别人一分钱，别人也不能欠我一分钱。"从第一次卖玻璃瓶的几十元钱，到现在日销售额过千万，她始终坚持这个原则。她不识字，没有任何财务知识，但她喜欢钻研，记忆力惊人，不畏艰难，执着于想做的事，对现金近乎偏执地重视，绝不涉足自己不熟悉的行业，每一次迈出扩张的脚步都慎之又慎。2012 年，她以 36 亿元身家登上胡润中国富豪榜。她，就是老干妈陶华碧。2012 年，老干妈产值达到 33.7 亿元，纳税 4.3 亿元，人均产值 168.5 万元。

"老干妈麻辣酱"靠的是什么？论实力，丈夫早逝，她带着两个孩子四处打工；论机会，她做的是麻辣酱，属于传统产业；论学历，她没有读过大学。而她却创造了非凡的业绩。她以前没有听过诚信，但她以一个农民的朴实本质，做到了诚信；她不懂得新词"凝聚力"，只会苦干、蛮干，和大家一起干；她不识字，不懂账，但她信任专业管理人员。

她只知道一点——和气生财，这暗合了最新最全的管理大全。所以，老干妈的成功是神奇，而不是神话。

1. 不贷款、不欠账

老干妈从来不拖欠国家一分一厘。老干妈不欠国家税收，也没有贷款，贴息贷款都不要，该赚的钱就赚，不干净的钱不要。老干妈从不欠员工一分钱，和代理商、供货商之间也互不欠账，收购农民辣椒，或者把辣椒酱卖给经销商，永远是现款现货，有很多供应商都是从建厂维持到现在的。

她说："政府很早以前提出要扶持，我也不要，我有多大本事就做多大的事，踏踏实实做，不欠别人一分钱，这样才能持久。不贷款，自己去做，你晓得压力压在自己肩膀上，晓得去努力去奋斗。人有压力，就有动力。"

2. 做专做精

老干妈数年来专做本行，不跨行，实实在在把本行做好做大、做专做精。认为自己有多大能力就应该做多少事情，自己打下一片天，才是真本事。"这也做那也做，你哪有那么多的精力？我一心投入辣椒行业，越做越大，而且要做好。我们利润很薄，就靠量，薄利多销。靠暴利那是不行的，滴水成河、粒米成箩。钱再来得快，也不能贪多。滴水成河，把一个行业做精。不要去贪大，要先把自己做强，做成精钢、好钢，吃的东西祖祖辈辈都可以延续下去。"

3. 诚信经商，勤奋做事

她早期挑着担子卖米豆腐，很多人耻笑她。但是她说她不怕，靠自身的努力，她觉得光荣和自豪，无论种地还是做其他，不怕苦、不怕累，才能打造出金山、银山。

陶华碧就要做实业，要上对得起祖宗，下对得起百姓，还要对得起党和政府。实实在在、诚诚恳恳地做，讲质量，还要讲产量。过去十多年，老干妈基本上没有发生质量安全事件。她说她脾气不好，但是心诚，不说假话，说真话，说实话，赚清清白白的钱。先做人，后做本，你人都不会做，怎么经商呢？陶华碧这个没上过一天学的农村"老太太"，把一个民营公司办到这种程度，创造了新时代一个令人难以想象的童话。她的成功，令人叹为观止；而她的成功之道，更值得人们反思和借鉴！

4. 干妈式管理：大道至简

有一次公司召开全体员工大会，陶华碧说："有几个老阿姨问我，你已经有那么多钱了，还苦哈哈地拼哪样哦？我想了一晚上，也没有想出个味来。看到你们这些娃娃，我想出点味来了：企业我带不走，这块牌牌我也拿不走。毛主席说过，未来是你们的。我一想呀，我这么拼命搞，原来是在给你们打工哩！你们想想是不是这个道理？为了你们自己，你们更要好好干呀！"

1998年陶华碧制订的规章制度非常简单，只有一些诸如“不能偷懒”之类的句子。再就是做任何事情，不允许过夜，安排的事马上做，夜长梦多。这套制度用了十几年，从没出过什么问题。

再比如，所有员工包吃包住。从当初200人的小厂开始，就有宿舍，一直到现在2 000多人，员工的工资福利在贵阳也是顶尖的。公司所有人都喊陶华碧“老干妈”。“我经常到员工家串门，能叫出60%人的名字，许多人的生日我都记得，谁生日到了，都有礼物和一碗长寿面加两个荷包蛋。谁结婚我都当证婚人。”

老干妈没有董事会、副董事长、副总经理，只有5个部门。“我下面就是谢邦银和王武，一个管业务，一个管行政。管业务就是要把所有精力扑到一线拼命。现在，大儿子李贵山负责市场，小儿子李辉负责生产，我只负责签字、盖章、把握大方向。”

她让公司管理人员轮流去考察学习，给她带点文化回来。她对管理团队有个要求就是不能接受外界采访，要低调、勤勉。

在经销商管理上，她比较严格。要想成为老干妈的经销商，首先，得交数千万元的押金，证明你的实力；其次，现金流要好，因为老干妈从创业之初到现在，一直进行现款现货交易，基本上不赊账，而且老干妈从不退货，你货多了卖不出去，是无法退给老干妈厂家的，都得自己消化，除非产品有质量问题。不过，所幸的是老干妈的货物不愁卖。

资料来源：创业邦网，2014-01-09

思考题：

1. 新企业的管理有哪些特征？
2. 什么是财务预算？为什么要编制财务预算？
3. 如何管理并留住核心员工？
4. 通过对本章的学习，你对“创业失败率很高”如何看待？